教师教育核心课系列教材

SHIDEXIUYANG YU JIAOYUFAGUI

师德修养与教育法规

陈大伟◎著

北京师范大学出版集团
BEIJING NORMAL UNIVERSITY PUBLISHING GROUP
北京师范大学出版社

图书在版编目（CIP）数据

师德修养与教育法规/陈大伟著．—北京：北京师范大学出版社，2013.9（2023.7 重印）

教师教育核心课系列教材

ISBN 978-7-303-14054-1

Ⅰ.①师…　Ⅱ.①陈…　Ⅲ.①教师-职业道德②教育法-中国

Ⅳ.①G451.6②D922.16

中国版本图书馆 CIP 数据核字（2012）第 018280 号

图书意见反馈： gaozhifk@bnupg.com　010-58805079

营销中心电话：010-58802755　58800035

北师大出版社教师教育分社微信公众号　京师教师教育

出版发行：北京师范大学出版社　www.bnupg.com

北京市西城区新街口外大街 12-3 号

邮政编码：100088

印　　刷：北京溢漾印刷有限公司

经　　销：全国新华书店

开　　本：730 mm×980 mm　1/16

印　　张：16.75

字　　数：325 千字

版　　次：2013 年 9 月第 2 版

印　　次：2023 年 7 月第 22 次印刷

定　　价：34.00 元

策划编辑：郭兴举　　　责任编辑：谢　影

美术编辑：陈　涛　焦　丽　　　装帧设计：陈　涛　焦　丽

责任校对：陈　民　　　责任印制：马　洁

前 言

党的二十大报告提出了“坚持以人民为中心发展教育，加快建设高质量教育体系，发展素质教育，促进教育公平”的教育发展方向和目标，培养高素质教师队伍是高质量教育体系中的主要内容和重要基础。报告指出：“加强师德师风建设，培养高素质教师队伍，弘扬尊师重教社会风尚。”百年大计，教育为本；教育大计，教师为本；教师大计，师德领先。加强和改善师德教育，是高素质教师队伍建设的应有之义。《中共中央 国务院关于全面深化新时代教师队伍建设改革的意见》强调：“健全师德建设长效机制，推动师德建设常态化长效化，创新师德教育，完善师德规范，引导广大教师以德立身、以德立学、以德施教、以德育德，坚持教书与育人相统一、言传与身教相统一、潜心问道与关注社会相统一、学术自由与学术规范相统一，争做‘四有’好教师，全心全意做学生锤炼品格、学习知识、创新思维、奉献祖国的引路人。”在内容上，本教材落实课程思政，致力于培养有理想信念、有道德情操、有扎实学识、有仁爱之心的“四有”好教师。本书遵循认识道德规范、形成道德观念、产生新的道德行为的道德修养路径，既注重道德规范，更注重教师本身的道德批判和道德内化。在回答教师职业道德修养的内涵、意义和作用的基础上，不仅探讨教师与职业、学生、同事、家长、法律等方面的关系和问题，而且着重阐述了教师与自我完善、教师职业道德修养与教师专业发展的关系。

本书分“师德修养”和“教育法规”上下两编。上编依据教育部《幼儿园教师专业标准（试行）》《小学教师专业标准（试行）》《中学教师专业标准（试行）》和《中小学教师职业道德规范（2008年修订）》，并遵照《教师教育课程标准（试行）》《中小学教师培训课程指导标准（师德修养）》等理念和要求，结合教育实践案例，讨论师德修养的内容与方法。下编分两章，“教育法规基础”章根据教师生活实际需要介绍教育法规常识，立足为教师提供守法和维护自身合法权益的称手工具；“教育法律关系中的学校、教师和学生”章讨论教师生活中最经常、最普遍的法律关系，以22个不同种类的教育法规案例解析和讨论教师如何依法执教。

我在写作过程中参阅了相关书籍，在此向有关作者致敬！我也参考了有关的文献和资料（包括网络资料），我也要向这些文献的作者和资料的传播者表示谢意！因为书的页码限制，也因为对当事人隐名的考虑，我对所引案例进行了一些删节和改编，这还要请大家理解和宽容！

应该感谢的还有我的学生，他们曾经在学习该课程的时候贡献他们的经验，对书中引录的他们的经验和他们引用的资料，我大多以“学生师德修养课程作业”呈现，这里也要请同学们理解。

还要感谢的是我的家人和朋友，感谢你们支持和理解！也请原谅我因为深陷其中而出现的可能的怠慢！

最后要说的话是：水平真的有限，能力真的不足，问题在所难免，在请求大家原谅的同时，我也诚恳地欢迎大家批评。谢谢！

陈大伟

2023 年 7 月

目 录

下编 教育法规

上编　师德修养

第一章　道德与师德

【本章学习目标】

体会道德的含义和道德的价值，学习怎样进行道德修养，理解教师的劳动特点和劳动关系。理解教师职业道德的内涵、意义、范畴和基本要求。体会树立正确教育观念的意义和价值，梳理自己的教育观念，确立自己的教育信念，端正自己的教育思想。

第一节　道德含义

一、怎样理解道德

要认识什么是道德，可以先来了解什么是“道”、什么是“德”。

有这样一个故事：

一个在外地读书的小伙子找了个女友，晚上带她兜风，遇到红灯，在没有车辆穿行和警察巡视的情况下，小伙子闯了过去。那女友很快就和他分手了：“红灯都敢闯，和这样的人在一起没有安全感。”

小伙子毕业回到家乡了，又谈了一女友，晚上又到了红灯前，也在没有车辆穿行和警察巡视的情况下，小伙子停住了，没有闯，女友又很快跟他分手了：“闯个红灯都不敢，这人不会有什么出息。”

（一）“道”与“德”

“道”是什么呢？“道者，路也。”“道”既可以是人们行走遵循的道路，又可以指事物存在、运行、生灭所遵循的规律和法则。“路”也好，“规律”“法则”也好，对每一个个体而言，它都是一种先在的要求，外在的规范。“道”作为行走的道路，指示着人的行走方向。合“道”就是走正路，合“道”就是符合外在的价值标准。因为符合外在的价值标准，所以合“道”更容易受到公众舆论的肯定和鼓励；不合“道”就是违反公认的外在要求，就可能受到外在舆论的批评和谴责。这样，“道”就有了一种“他律”的力量，这种力量一般表现为社会的舆论、公众的目光、自我良心的责备。在上述故事中，“红灯停，绿灯行”就是一种指引人行为的“道”，小伙子在外地交的女友用“分手”表达了对小伙子不遵循“道”的要求的谴责。

什么是“德”呢？古人说：“行道，有得于心，谓之德。”“得”的是什么呢？得的是“道”。简单地说，“德”是将外在的规则和要求转化为内在的信念，并表现出符合“道”的行动。“红灯停，绿灯行”是一种先在和外在的“道”，得“道”就是自觉地将这种“道”转化为内在信念，表现出相应的行为来。得了“道”，人才成为某种道德要求的有“德”之人。对上例中的小伙子，我们可以说，在外地的时候还只是有“道”的存在，但还没有“德”；回到家乡在红灯面前的行为是一种对“道”有所“德”的行为。“德”重在主观修养，强调自我约束，它要求人在规则面前自觉地“自律”。

“道”与“德”的关系是互相依存的关系：“道”是“德”的前提，是“人所共有”的，是要求大家都遵循的，没有了“道”人无从所得，也就谈不上人的内在所得了，《释名·释言语》中说：“道者导也，所以导万物也。”“德”则是“道”的内在获得，没有“道”的内在获得和外在遵循与坚守，也就不会有“德”。如果我们把“道”看成规律，我们需要遵循规律，按规律办事，循道才能德，才能有所得，否则就可能“欲速则不达”。

（二）道德的含义

概括地说，道德是由一定社会的经济关系决定的，以善恶标准评价的，依靠人们内在信念、社会舆论和传统习惯来维系的，调整人与人、人与社会之间的社会意识和行为规范的总称。作为一种特殊的社会调节规范体系，道德具有以下特征：

（1）道德规范是一种非制度化的规范。它是处于同一社会或同一生活环境的人们在长期的共同生活过程中逐渐积累形成的要求、秩序、准则和信念，它表现在人们的言行举止上，深藏于人的习性品格和意向中。

（2）道德行为规范的遵行，主要借助于传统习惯、教育宣传、内在信念、社会舆论实现的。道德不像国家法律，有专门的机关强制执行，也不像社会团体组织的规章制度，有明确的奖惩措施迫使人们照办。对于违背道德规范要求的人和行为，人们只能求诸于社会舆论的谴责及其本人“道德良心”的自责，以此来规范和纠正不道德的行为。

（3）道德是自律和内化的规范。道德的要求、规则只有在人们真心诚意地接受，并转化为人的情感、意志、良心和信念时，才能得到实施。它体现了主观性与客观性的统一，外在规范和内在要求的统一，他律和自律的统一。

在“红灯停，绿灯行”的道德实践中，我们可以看出，道德的范畴包含了道德规范、道德意识、道德情感、道德意志和道德行为。道德规范表现为一种外在要求——“要求你这样做”“你应该这样行为：红灯停，绿灯行”；道德意识是对道德实践相关因素的自觉自知；道德情感是对道德关系、道德实践的情感体验，道德意识和道德情感是对“红灯停，绿灯行”的认同和接纳，由此确立起一种行为的观念和思想；道德意志是克服困难、战胜自我而自觉循“道”的内在力量；道德行为是在实践情境中表现出的行为方式和行为习惯。一般而言，道德行为的过程往往是战胜自我欲望（比如赶时间）的过程，需要自我选择，自我控制，自我约束。所以，在道德行为背后，不仅有愿意这样行动、喜欢这样行动的道德情感支撑，而且伴随着道德意志的斗争和努力。

作为调节人与人之间的关系的外在规范，道德与法律不同。道德是非制度化的；法律是制度化的。法律具有强制性，依靠强制手段实施；道德的调节力量主要来源于社会舆论和个体良心自觉来维持。“小呀嘛小儿郎，背着书包上学堂，不怕太阳晒，不怕风雨狂。只怕先生骂我懒呀，没有学问我无脸见爹娘。”“太阳晒”其实是怕的，“风雨狂”也是怕的，“先生骂我懒”表现为社会舆论和他人谴责，是一种他律的力量；“没有学问我无脸见爹娘”是一种内在的良心不安，是一种自律的力量。两种道德力量使“小儿郎”对“风雨”和“太阳”不怕，作出了克服困难坚持上学的道德行为。道德与伦理也有差别。檀传宝认为：“伦理主要指客观的道德法则，具有社会性和客观性；而道德是客观见之于主观的法，主要是指个人的道德修养及其结果。”① 我们可以说，伦理则是对个人道德行为的一般法则或规则，更多地表现为社会性、客观性和外在性的特点；道德更多的是一种个人的修养行为，表现为一种个人行为主观选择，是对伦理规范的一种“得”，它包含了人们对外在规范、规则的认同和实践。在本书，我们用“道德”而不用“伦理”就在于不仅只是介绍规范，而且强调修养，指引修养，帮助读者朋友从规范中、从伦理要求中通过修养有所“得”。

二、为什么需要道德

在上述故事中，闯红灯的主要目的是为了抢时间。人为什么要抢时间？因为时间就是金钱，时间就是财富，所以，闯红灯本质上是为了一种利益而抢。抢时间本来无可厚非，而且在日常生活中我们还鼓励抓紧时间，有效利用时间——“一寸光阴一寸金”“明日复明日，明日何其多”——不浪

① 檀传宝．教师伦理学专题［M］．北京：北京师范大学出版社，2000：6。

费时间本身是一种美德。但是，在时间和机会有限的情况下，大家都抢时间就必然出现拥挤、冲突，其中的弱小者不仅会因为无力争抢而失去机会，而且可能在争抢中受到伤害。为了避免拥挤、冲突，以及对弱小者的不公平，这时就需要一种方法安排行进的顺序、行进的方式。可以采用的办法就是设置红灯、绿灯，并明确“红灯停，绿灯行”的交通规则。当这种规则以法律、法规的方式颁布，并采取强制方式执行时，它就是一条法律要求；而当这条规则依靠教育、社会舆论和人们内心信念的力量执行时，它就是一种道德要求。由此可以看出，道德的产生主要是为了调节人与人之间的利益关系，它起源于社会生活中的利益冲突，其作用就在于以规范的方式调节其冲突。

遵守交通规则，表面是对自身行为的约束，实质是对自身利益的调整，这种调整首先是有利于他人，是对他人争取时间的成全。但道德并不仅仅只对他人有意义和价值：因为在他人眼里，“我”又是“他人”和“别人”；在下一次的红灯面前，他人遵守道德，也就是他人在出让自身利益时，又在保证和成全着“我”的利益。由此可以说，道德的产生和发展又是基于增进人类利益的动机，它是人类有益于个体、群体和全人类以及环境的现在和将来利益的规范的总和。

参考阅读：

关于“道德健康”①

很多情况下，个体在采取利他行为时也会产生快感。同样，如果个体采取过于不道德的行为，会产生痛苦。研究发现，道德感强的人心态良好，能促进人体内分泌更多有益的物质，甚至会出现生理变化，使人体处于更好的状态，增强机体的抗病力，促进其健康长寿。而违反道德的人常常会出现紧张、恐惧、内疚等心态，从而引起神经系统和内分泌系统的紊乱，损害机体健康。因此，近年来国际上出现了“道德健康”的概念。道德健康的标准是：健康者不以损害他人的利益来满足自己的需要，具有辨别真伪、善恶、美丑、荣辱的能力，能按照社会行为的规范准则来约束及支配自己的思想和行为。

三、道德的外在评价

在某城市的几个大学，观察者曾经在教室门口安放针孔式摄像镜头，

① 姜岩．“道德”的多版本解读［N］．中国教育报，2009-05-25（4）。

考察大学生的道德水平——比如是否把挡路的物品放在应该放置的地方，是否对应该清理的垃圾进行清理……结果发现，大多数大学生采取的是置之不理的态度和行为。

观察者将这些现象拍摄下来，然后请被观察者参加道德问题的座谈会。会上，观察者首先请与会者就“在教室门口，如果发现挡路的凳子，你是否会移动它？如果发现教室门口很脏，你是否会主动清扫？为什么？”等问题发言，大学生们慷慨陈词：“我们会搬动凳子。”“我们会主动清扫。”——“因为这是社会公德的要求，何况它只需要举手之劳。”……在大家发言结束以后，观察者开始播放录像。看到录像中自己的实际表现，一些大学生羞愧地低下了头；但也有的大学生对此十分坦然，他们有了新的理由：“社会存在分工，我们的任务主要是学习。清理垃圾这些事是清洁工的事，如果我们都做完了，他们就可能失业。现在的社会需要提供更多的就业机会。”……

应该怎么评价这些大学生的道德水平呢？这里涉及怎么完整理解道德内涵的问题。我们说道德不仅仅是外在的行为规范要求，而且包括了内在的道德观念意识，以及表现出来的行为品质。外在规范只能反映对人有哪些要求以及这些要求是什么，而道德观念意识又只能反映道德主体认识了什么，只有道德行为品质才是实际道德水平的真实体现。因此，评价大学生的道德水平，我们不能仅仅看他说得怎么样，认识水平有多高，而是要看他在实践中到底怎么想的、怎么做的。同样，评价其他人、一个社区、一个社会在交通规则面前表现出的道德水平，也不能仅仅看交通规则本身如何完善和有质量，而是要看这个人、这个社区和社会的公民在实际生活中所表现的对交通规则的行为表现。

第二节 道德修养

一、修养的含义

对于修养，《辞源》中有这样的解释：“修以求其粹美，养以期其充足。修犹切磋琢磨，养犹涵育熏陶。”“求其粹美”“期其充足”是修养的目的；“切磋琢磨”“涵育熏陶”是修养的方法。

对于切磋琢磨，《诗·卫风·淇奥》中有：“骨曰切，象曰磋，玉曰琢，石曰磨；切磋琢磨，乃成宝器。”骨质类的东西加工方法用切，象牙类的东西加工方法用磋，玉质的东西加工方法用琢，石质的东西加工方法用磨。这里，我们试以“治玉”的过程解读。

在《韩非子·和氏第十三》中有“和氏璧”的故事：春秋时，楚人卞和在荆山见凤凰栖落青石之上（古人曾有“凤凰不落无宝地”之说），于是他将此璞石献给楚厉王，经玉工辨识认为是石块。卞和以欺君罪被刖左足。楚武王即位，卞和又去献宝，仍以前罪断去右足。至楚文王时，卞和抱玉痛哭于荆山下，哭至眼泪干涸，流出血泪。文王甚奇，便命人剖开璞石，果得宝玉，经良工雕琢成璧，人称“和氏璧”。

剖“石”见“玉”，这是一种“切”的功夫。在东方，“大学之道，在明明德”，彰显人人本有、自身所具的光明德性就是修养的一种方法。在西方，据说苏格拉底小时候看他父亲雕刻狮子，就问父亲：“怎样才能成为一个好的雕塑师?”父亲的回答是：“以这只小狮子来说吧，我并不是在雕刻它，我只是在唤醒它。狮子本来沉睡在石块中，我只是在将它从石头监牢中解救出来而已。”苏格拉底从父亲的话中得到启发，日后成为了一位唤醒人们心灵的大师。唤醒别人首先需要唤醒自己，“人之初，性本善”，我们需要剖开自己的心灵，唤醒自己的“小狮子”，发现自己的“美玉”，然后坚守它，彰显它，让它发扬光大。

切开璞石，见到美玉，这时还是有“石”有“玉”。要获得纯玉，需要去掉包裹玉的杂质，我们可以把这样的过程看成“蹉”。据说，米开朗琪罗在完成《大卫》的雕刻以后，有人提出这样的问题：“你是如何雕刻出大卫的?”这位雕刻大师的回答是：“大卫就在那里，我只是去掉多余的石料，让他解放出来而已。”西方谚语说人“一半是野兽，一半是天使”，如果说“切”的功夫是让天使的美好显现出来，“蹉”的目的在于让野兽的粗鄙减少一些。

“玉不琢，不成器”，“琢”的功夫是根据玉的特征和人的需要，对玉所下的雕琢的功夫。我们谈教师职业道德修养，就是根据理想的教师特征，把外在雕琢和自我塑造结合起来，以成为理想教师的过程。

玉器经过雕刻之后，就要进入打磨程序了。“琢”是粗加工，“磨”是精细加工。通过打磨，玉器表面细致光滑，呈现灿烂的光泽。以教师修养为例，师范院校的学习和锻炼只能算成为教师的“粗加工”，要成为一名优秀的教师，还需要在工作过程中的修炼和成长，这种修炼和成长我们可以看成一种“精细的磨”。

朱熹在《孟子集注》中说：“养，谓涵育熏陶，俟其自化也。”涵育熏陶是处于某一种环境中，受环境浸润、培养和熏陶而逐渐和环境一致协调，这样所产生的自我变化过程。生活在社会环境中，人总要和周围环境相互作用彼此影响，这种影响和作用既改变环境，又改变人自身，人的改变就是受到“涵育熏陶”所产生的变化。

结合“切磋琢磨”和“涵育熏陶”，我们可以说修养是一个外部影响和自我改变统一的过程，是长期而缓慢的一种变化。

二、道德修养方法

人的向善向恶能力是在一定的社会关系中形成的，人的道德品质的善恶优劣是后天养成的。也就是说，人的道德水平与自我道德修养关系密切，没有个人的主观努力，就不可能形成高尚的道德品质。古希腊哲学家赫拉克利特曾经说：“教养是有教养的人的第二个太阳。”① 一个道德高尚的人，必定是一个自觉进行道德修养的人。

所谓道德修养，是指人们为了培养优良的道德品质而进行的自我锻炼、自我改造、自我陶冶、自我教育的过程和所用的功夫，它可以指一个人已经达到的道德境界，又可以指为达到这种道德境界而进行的自我锻炼和陶冶提高。

道德修养的过程是个体的道德理性与本能欲望对抗平衡的过程，修养的目的在于自觉地以理性引导欲望，解决理性与欲望之间的冲突和矛盾。以理导欲、解决理欲矛盾并不是说要抹杀、消灭自然欲望，而是要以道德理性驾驭自然欲望，使自然欲望得到升华和超越。通过道德修养，人从“自然人”向“道德人”转化，道德主体不断超越自我，完善自我。

道德包括道德规范、道德意识和道德行为，道德修养的过程就是认识道德规范、提升道德意识、养成道德行为的过程，修养的途径和方法既包括“学”，也包括“思”和“行”。

（一）在学习中明“道”

1. 学习道德知识，认识道德规范和道德要求

道德知识不仅是道德行为的基础，而且对整个道德行为起指导作用，因此，学习道德知识，了解道德要求是养成道德品质的前提。只有懂了规矩，才可能自觉地守规矩。我们只有认真学习和掌握各种道德知识和做人的道理，并对所学的道德知识和人生哲理予以深入思考，才能在自己的心

① 北京大学哲学系．古希腊罗马哲学［M］．北京：商务印书馆，1961：31。

灵深处培养趋善避恶的道德意向和情感，从而择善而为。在我国，古代儒家把“尊德性”与“道问学”连在一起，强调“格物致知”在道德修养中的基础地位；在西方，苏格拉底认为，美德出于有知，知识是一切德行之母。

了解道德知识主要有两个途径：一是从书本学习，在接受教育的活动中学习；二是观察和借鉴他人的道德行为，向榜样学习。

2. 把握教育规律，确立正确的教育观念

案例 1.1：

一位初中生和他的两位班主任老师的故事①

两年前，小 A 是一个让妈妈绝望、让学校老师头疼的孩子，初二结束时，7 门功课只考了 260 分。一年后，他的中考成绩翻了一番，上升到 528 分。这之间，他先后经历了两位班主任的教育和管理。

在 G 老师当班主任的时候，小 A 破罐破摔，经历了这样的过程：

开始就是贪玩，不完成作业，上课讲话，老师罚写“说明书”。先写了一遍，老师说不深刻，再写。因为写说明书，误了两节课，不知道讲了什么，也不知道留的作业。第二天没法完成作业，就再写检查，又耽误课。几次以后，小 A 就听不懂了，小测验只能得 10 多分，这样越来越不愿学。

第一次旷课是在初二。有一天要请家长，小 A 不敢告诉妈妈，可去学校又没法交代，干脆就不去上学，在外面玩了两天，第三天一回学校，老师直接送到思教处。思教处的老师拧着小 A 的耳朵，一边用手拍小 A 的脸，说，“好小子，会旷课了……”让他到一边站着去，一站就站到下午放学。放学，小 A 的妈妈也去了学校，晚上又打了小 A 一顿。

小 A 说：“从初一到初二末，别人是没上课的时间数得出来，我是上课的时间数得出来。经常是一两个星期不上课，有被老师赶出去的，有自己不去的。”

初二结束时，小 A 的处分已经升到记大过。他说：“第一次受处分挺怕，第二次不觉得怎么样，第三次无所谓，第四次还挺美，出名了。我升到记过的时候，差不多全校有处分的同学我都认识。学校大喇叭广播，天天有人挨处分。一听又有受处分的，都跑去问‘什么处分’，听说是‘记过’，就说‘噢，再发展，再发展’。到后来大家好像就争着看谁先到留校察看。初二期末考试，除了语文，其他都不及格。还带着一个记大过的处

① 冯玥．报复与报答［N］．中国青年报，1999-03-22。

分。我妈那时候讲，只要不进公安局，不进派出所，不打架斗殴……分数对她来说已经无所谓了。”

老师对学生的惩罚激起了学生的反抗，G老师的教育并没有得到期望的效果，学生想尽办法对她展开了报复：

“我们在课上故意捣乱，非气得她动怒。那时候为了和老师作对，我们什么法子都想了。给她的水杯里放感冒药，让她吃了犯困。给她的大衣领子上涂胶水，把吃完的口香糖粘在她鞋里，把她挂在办公室的钥匙偷偷扔掉。有一次，我中午去办公室，看见G老师靠在那里睡觉，我看她睡得挺香的样子，其实我不是去找她的，可我就成心过去了，把她推醒，随便问她一个问题。偏让她睡不好。”

改变发生在初中第二学年结束。

第三学年初，新的班主任T老师特意问小A，能不能也留下为班里做值日。小A当时觉得T老师的说话态度比G老师好多了，所以特别卖力，T老师表扬了他，又让他介绍自己。

“我就说自己喜欢踢球，不爱学习，纪律也不好，爱花钱，还有旷课，上课吹泡泡糖，反正就是把原来G老师说我的话都说了，最后又加了一句，我说我是个坏孩子。我想老师还不都一样?”

“没想到T老师马上说‘你不是一个坏孩子。’她说，你只是原来不知道努力，成绩差了点，但不能代表你坏。人的好与坏只能说现在，不能说他以前和以后。如果你现在好，你就是好。她说，‘我看你做值日挺卖力气的，我觉得你是个好孩子。’”

这是让小A特别感动的一句话。小A妈妈回忆说，有一天小A跑回家来，特别激动，一个劲儿跟妈妈说，“妈妈，你知道老师跟我说什么吗，她说我不是坏孩子!”她感叹道：“我没想到，老师的一句话，对孩子有那么大的影响。”

小A还清楚地记得他的英语成绩从10来分涨到20多分，T老师专门在全班表扬他：“当时她说，虽然小A只有20多分，但是他在进步，他如果总能这样，我相信他能赶上来。听了这种话，我觉得自己就憋着一口气，我一定要把学习搞上去。我中考考了528分，很多老师同学都不相信。”

对T老师，同学们在用自己的方式进行感激和报答：

T老师是教政治的，“那时候班里同学的政治成绩都挺好。初二没几个及格的，到了初三，没什么人不及格。”“其实学政治全是冲着T老师。如果T老师是教物理的，那肯定我们都学物理了。”

在学校里，T老师的自行车最干净，不停地有学生去擦。“有时候早上看T老师车脏了，你中午去擦时没准儿就已经干净了，不知道谁擦的。”这些过去能把老师车轮卸下来的学生说。下雨了，老师车棚里的车放不下，校工也知道，“把T老师的车抬出来，一会儿准有学生来擦干净。”

……

G老师过去对小A批评得十分厉害，但小A从来不哭。但小A曾经在T老师面前哭过两次，他说：“原来的G老师说我，我根本不在乎。G老师一说，‘你今天又怎么了，去思教处，去写检查’，马上就能激起我和她吵的斗志。她批评一句我顶10句，和她对着吵，能把G老师气哭。”

小A心里一直想着如何报答T老师：“T老师说过，想办一所自己的学校。等我有了本事，一定要给T老师建她自己的学校。”

说这话的时候，这个15岁的少年一脸认真。

对于小A的变化，小A妈妈有一句话：“我没想到，老师的一句话，对孩子有那么大的影响。”这句话就是当小A说“我是个坏孩子”时，T老师马上说：“你不是一个坏孩子。……我觉得你是个好孩子。”

对于G老师，我们可以肯定她也想为着小A好的，小A自己就说：“现在毕业了，再回头去想，其实有时也觉得老师说的是对的，可就是老师的方法不能接受。”

G老师的方法是什么呢？当小A妈妈向她请教如何教育孩子时，G老师给小A妈妈的方法——也就是她自己施行的方法：“你对他就得严厉，你就得让他怕你。打他手心的时候，我心里也不好受，自己的嘴唇上都咬的是血印。后来孩子和我越来越远，什么话都不和我说。”那G老师为什么要这样做呢？因为在G老师眼里，小A就是一个坏孩子：“他有什么地方值得我表扬？”

认定是“好孩子”是一种假设，认定这个孩子“没有优点”是另外一种假设。两种假设影响着两种不同的管理行为，而不同的管理行为又导致了不同的管理效果。教师的教育假设不仅潜在地影响教师的教育教学行为，而且它还间接地影响家长对子女的教育行为。在上述故事中，G老师给小A妈妈的指导是：“你对他就得严厉，你就得让他怕你。”于是小A妈妈“我就经常打他，笤帚都能打断。”而T老师则说：“孩子没有坏孩子，他有什么坏啊，不就是闹就是淘吗？男孩子天性就是这样，如果你把这种东西当做一种品性的坏，他当然接受不了了。”小A妈妈说“她（T老师）还一再和我说，千万不要打孩子，你越这样做，孩子离你越远。”

综上，我们可以梳理出两位老师班级管理的链条：动机和目标（相同）——观念和假设（相反）——方法和行动（不一样）——结果和效果（报复与报答）。

教师对人性的看法是教师的人性观念。平常，我们很容易把教育观念当成“虚”“空”的东西，认为它没有什么用处。实际上，在我们每一个行为背后都有一个价值观念在支撑、在潜在地发挥作用，在影响我们的教育决策和教育行为。比如，有一位教学能力很突出的教师上课常常过度惩罚学生，学生和家长都对此有很大的意见。学校领导与这位老师多次交流，这位老师都说：“我小时候特别调皮，是我的老师把我打出来的。在学生出现错误时，必须给学生以重重的惩罚他才能记住教训并改进。”他的受教育经历形成了他“黄荆棍下出好人”的教育观念，把这种教育观念外化，他很难不对学生惩罚。最后他被学校劝退。相反，如果坚信“数子十过，不如赞子一功”，在教育教学活动中，就可能对学生欣赏有加，鼓励有加。

观念是行为的先导。可以说，没有观念的转变就很难有行为的转变，树立先进的教育观念是师德修养的前提和基础。因此，道德修养中“学”的任务不仅要学习明了教师的职业道德规范，而且要首先理解和把握教育规律，树立正确的教育观念。

参考阅读：

我从人性假设中获得的教育启示

英国哲学家大卫·休谟在《人性论》中指出，“显然，一切科学对于人性总是或多或少地有些关系，任何学科不论似乎与人性离得多远，它们总是会通过这样或那样的途径回到人性。”“任何重要问题的解决关键，无不包括在关于人的科学中间：在我们没有熟悉这门科学之前，任何问题都不能得到确实的解决。”“说明人性的原理……也正是一切科学唯一稳固的基础。”① 人性研究是对人的一切（科学、道德或宗教）研究的基础。每一个管理工作者都有自己的管理哲学，以人为主要对象的管理工作者都有对人的基本认识。对人和他们的需求愿望、行为可能的不同看法，导致了管理思想和管理行为的分野。教育是人与人的交往，在以人为主体的交往实践活动中，对人的假定和认同作为一种逻辑前提，对师生交往态度和交往选择具有决定性作用。

关于人性，牵涉两个最根本的问题：一是人究竟有没有本性？二是人

① 大卫·休谟．人性论［M］．北京：商务印书馆，1994：引论。

的本性是固定不变的、永恒的，还是在不断变化、可以改造的？

一、我国古代的人性说

在我国，孟子是性善论的最重要的代表，他认为，人是有本性的，人的本性不仅是善的，而且几乎是至善的，他的观点是“恻隐之心（仁也），人皆有之；羞恶之心（义也），人皆有之；恭敬之心（礼也），人皆有之；是非之心（智也），人皆有之。仁义礼智，非由外铄我也，我固有之也。”（《孟子·告子》）而荀子则是主张“人性恶”的代表，他认为：“今人之性，饥而欲饱，寒而欲暖，劳而欲休，此人之情性也。”“人之性恶，其善者伪也。”（《荀子·性恶篇》）

尽管对人“性”善恶的认识不同，但我国古代的思想家都十分重视后天的修“习”。孔子认为“性相近，习相远”，性是先天禀赋，是与生俱来的先天素质，习是后天经过习行、学习所获得的素质。也就是说人的先天禀性没有太大差异，人的差异主要缘于修“习”的不同。在加强后天修习基础上，孟子说“人人可以为尧舜”，荀子说“涂之人可以为禹”，“可以为尧舜”，他们都勾画了人只要向善就可以成为圣人的美好图景。

在具体方法上，孟子在性善论的基础上提出了“尽心”“尽性”“养心”的修“习”方法，也就是发扬先天善性，以保住善心。孟子强调人是道德的主体，主张发扬“仁”心，进而外化到“仁政”。孟子对人性的乐观主义态度和强调人是道德主体的认识对今天的教育无疑具有极大的启示作用。

荀子认为人性是恶的，所以重要的是改造，如果不加以改造，放任自流，就会和礼义相违背，因此人性要靠礼义之道来改造。他说“人能思虑”，因此能够“化性起伪”，主张用后天的学习和教化铸造人的道德品质。荀子着眼于社会教化、法制对个性的约束和限制，强调“礼”与“法”等社会功能和社会制度的权威，强调它们对个体道德的制约作用。“蓬生麻中，不扶而直；白沙在涅，与之俱黑。”（《荀子·劝学》）荀子的观点对改善教育环境，加强制度建设具有积极意义。

关于人性，与孟子争论的告子认为：“性犹湍水也，决诸东方则东流，决诸西方则西流。人性之无分于善不善也，犹水之无分于东西也。”（《孟子·告子上》）另外一位扬雄的观点则是“人之性也善恶混。修其善则为善人，修其恶则为恶人。”（《法言·修身》）他不仅肯定了后天教育的作用、环境的作用，而且隐含着“教育是双刃剑，好的教育成人，坏的教育毁人。”

应该如何看待学生呢？

立定性善说的观点，可以说，每个人都有一颗成为好人的心。作为教育工作者，更应该对学生先天的“善”性抱有更多的信心和希望，我们只有坚信他想改变，想成为好人，想有出息，能够成长，“诲人不倦”才有动力和基础，工作才不至于失去希望和信心。如果在我们眼中，学生无可救药，我们就很难全心全意去帮助他。谁会真正愿意去对一颗已经认定是毫无是处的顽石下工夫呢？周弘曾经对家长说：“无论别人怎么不相信你的孩子，做家长的，你都要满怀热情和期望地相信他，拥抱他，鼓励他。”对于教师，这句话可以换成“无论别人怎样不相信你的学生，做教师的，你都要满怀热情和期望地相信他，拥抱他，鼓励他。”老师只有对学生的“善”性抱有信心和希望，才可能尊重学生，才可能对学生投入热爱和感情。而教育应该是以尊重赢得尊重，以感情收获感情。有了感情的交流，才能促进知识的交流。只有尊重的基础，才能有效地进行引导，也才能在理解和相信的基础上要求和约束。

从性恶说中借鉴智慧，我们应该意识到，人总是有这样那样的问题，对于有问题的学生，我们需要理解和宽容，教育的使命就在于通过创造良好的教育环境，帮助学生克服身上的弱点。

从善恶混的学说中，我们应该知道，人是复杂的，也是变化的，我们需要以复杂的视角来看待人，理解人。

二、从马克思主义人性论的理解

“人的本质并不是单个人所固有的抽象物。在其现实性上，它是一切社会关系的总和。”① 因为人的本质不是“单个人所固有的抽象物”，所以，我们需要从“社会关系”的总和中去把握人，要全面地了解一个人，就应该从他周围和与他发生联系的多方面的社会关系入手，从发展的角度把握人的关系性。

作为完整的个体的人，人是自然属性、社会属性和精神属性的统一体，我们应该从人的需要的角度去认识和理解人的复杂性和整体性。“人直接地是自然存在物”，而且是“有生命的存在物”，因而具有“自然力”和“生命力”，而“这些力量作为天赋和才能、作为欲望存在于人身上”②，这使人具有自然属性。人性的社会属性是指由人所过的社会生活所决定的人的类特性，这种“社会属性”实质上就是超生物属性或超自然属性，人性的

① 马克思恩格斯选集（第 1 卷）［M］．北京：人民出版社，1972：18。

② 马克思恩格斯全集（第 42 卷）［M］．北京：人民出版社，1979：167。

社会属性是一定社会关系的产物——“个人是社会存在物”①。人性的精神属性，是指人在自己的精神需要、精神能力、特别是精神生活等方面所具有的类特性，人与只能进行自然活动的其他动物不同，人是“有意识的存在物”，他能“使自己的生命活动本身变成自己的意志和意识的对象”②。

“一个种的全部特性，种的类特性就在于生命活动的性质，而人的类特性恰恰就是自由的自觉的活动。”③自由的自觉的活动是人的本质特征，我们应该从本体论的角度把握人的能动性和创造性。

（二）在思考中悟“道”

人因思而变。在道德修养中，“思”的作用：一是接受和认同道德规范，形成积极的道德价值观念和道德情感，变外在规范为内在要求；二是反省、思考道德言行，调整自己的价值取向和行为追求。人非圣贤，孰能无过，由于种种原因，每个人都可能受落后、错误、腐朽道德思想的侵蚀和影响，都会有这样或那样的缺点和错误。“思”要求我们在掌握道德知识的同时，严格要求自己，自觉解剖自己，不断抵制和消除外在诱惑的侵蚀，保持积极健康的精神追求。

1. 在学中思

学而不思则罔。做教师，很容易被日常繁杂的教育教学事务纠缠，被各种外来的信息包围，这容易使教师因为缺乏足够的思考而迷失，从而导致“思路不清方法多，方向不明干劲足”。改变这种现象，需要用自己的思考，从更高层次、用更广阔的视野来审视和把握教育，从全局去理解教育的社会意义、文化意义乃至对促进人发展的意义。寻找教育的方向、目标和意义，也就是寻找自己的教育理想，形成理想的过程也是审视和澄清自己的教育观念的过程。这种审视既是一种追问，又是一种检讨。比如我们需要追问和检讨：

理想的、幸福的人生需要什么？我的教育教学对学生追求理想幸福的人生有什么帮助？

理想的社会是什么？我们培养的学生是否有利于建构和服务理想的社会？

好的教育是什么？我们是否在推进这样的教育？

……

---

① 马克思恩格斯全集（第42卷）[M]．北京：人民出版社，1979：122。

②③ 同上，96。

德国哲学家雅斯贝尔斯在《什么是教育》中说："教育须有信仰，没有信仰就不能称其为教育，而只是教学的技术而已。教育的目的在于让自己清楚当下的教育本质和自己的意义。除此之外，是找不到教育的宗旨的。"[①] 教育信仰从何而来？将思考获得的教育理解和认识付诸行动，被行动检验，使其成为行为准则、坚守的观念，获得了这样的准则和信念也就形成了自己的教育信仰。

参考阅读：

什么是学生[②]

当了这么多年教师，突然有一天有人问你什么是学生，不知道你会怎么回答？我在遭遇这样的提问时，不由一楞，是啊，我们天天和学生打交道，什么是学生呢？学生是干什么的呢？当教师的，又教学生什么？

对这个问题进行思考，就我自己来说，就像在茫茫的黑夜中寻找自己的"北斗星"。

人并不像自然存在物，兰德曼在《哲学人类学》中说："它出自这样一种存在物的最深沉的必然性，这种存在物必须塑造自己，并因此需要一个指明方向的榜样和理想以供他参照。人的不完满性为理解所补偿，这种补偿告诉他怎样来完善自己。"人的"不完满性"通过学习这种"塑造自己"的方式弥补和完善。这是学习的意义和价值。

学习什么呢？每一个完整的个体的人都是生物属性、社会属性和精神属性的统一体。生物属性是基础，人要吃、喝、拉、撒、睡以及有性的需求；满足生物属性要求，人要学习谋生的本领和能力；但仅仅有生物属性，并只追求生物本能需要的满足，人就不像人，是"畜生"。社会属性使人合群，并获得归属感和安全感；缺乏基本规范，人就难以融入社会；满足社会属性的要求，人必须学习基本的社会规范，养成基本的道德观念和行为，并遵纪守法；但人仅仅满足社会规范的获得而没有自己的精神追求，人又只是社会的奴隶、他人的奴隶。精神属性是人的内在品性，体现人的高贵性，人因为有理想、有追求，因为向往自由以超越生物属性的局限和社会属性的羁绊而显得高贵；也正是人的精神属性和精神追求，使人具有创造性和超越性。在不断追求和超越中，人性不断完善，社会不断进步。

---

① 雅斯贝尔斯．什么是教育［M］．北京：生活·读书·新知三联书店，1991：44。

② 陈大伟．我的教育道路［M］．成都：天地出版社，2008：49。

从这种意义上，学生学生，简单地说就是学会生存，学习生活，也就是既要学习生存的本领和规范，又要学习生活的智慧和意义。学会生存是学习适应，以实现人的社会化；学习生活是学习超越，实现人的个性化。两者既相互矛盾，又相互依存，学会生存是基础和前提，学习生活是目标和方向。

教育的使命和责任是什么呢？也无非是生存的本领，生存的规范，生命的意义，生活的智慧。学生是来学“生”的，而不是学“考”的。教育应该是“育人”的，而不是“育分”的。这应该成为我的教育信仰。

2.“行”前“思”

马克思说过：“蜜蜂建筑蜂房的本领使人间的许多建筑师感到惭愧。但是，最蹩脚的建筑师从一开始就有比最灵巧的蜜蜂高明的地方，是他在用蜂蜡建筑蜂房以前，已经在自己的头脑中把它建成了。劳动过程结束时得到的结果，在这个过程开始时就已经在劳动者的表象中存在着，即已经观念地存在着。”① 建筑蜂房以前在头脑中建蜂房的过程就是“行”前“思”的过程，是面向实践、针对实践的“虚践”。虚践赋予实践以意义，使实践更理性、更科学。这就是平常所说的“三思而后行”。对于道德实践，三思而行意味着需要用道德规范和信念去审视即将实施的主体行为。

“行”前“思”从行动的目的说，是发现行动的有意义，追求有意义和有价值的目标，以课堂教学为例，追求有意义的课堂教学，宁虹教授曾经说：“教师应对自己的课堂教学的教育意义有四个清醒意识：一是对教育意义有清醒的意识；二是对所教学科特点和特有的教育意义有清醒的意识；三是对课堂讲授内容在整个学科体系中的位置及怎样显现整体的教育意义有清醒的意识；四是对教育意义怎样通过每一个教学活动在学生身上实现有清醒的意识。”②

“行”前“思”从行动的方式和手段说，是行动前的深思熟虑。与深思熟虑的对立面就是墨守成规和任性的行为，“墨守成规的行为把习惯的事物作为预料未来可能发生的结果的全部标准，而不顾他所做的特殊事情的种种关联。任性的行为把顷刻的行为作为价值的标准，不顾我们个人的行动与环境势力的联系。任性的行为实际上就是说：‘我在顷刻之间，碰巧喜欢东西怎样，它们就得怎样。’墨守成规的行为实际上就是说：‘任何事情过

---

① 马克思．资本论［M］．北京：人民出版社，1975：202。

② 任小艾．走进教师发展学校［J］．人民教育，2004：5。

去怎样，就让怎样。’这两种行为，对目前行动产生的结果都不负责任。”①

3.“行”中“思”

“行”中“思”就是在道德实践的过程中用道德规范提醒自己，控制自己，从而调节自己的行为，改进自己的行为，以免事后后悔。这可以说是一种自我监控的调节能力，它是道德主体意识的集中体现。

有这样一个例子：清明节后，一位归校的学生见到自己的老师，于是很热情地给老师打招呼“老师，节日好”。这位老师大为光火，对学生劈头盖脸一顿臭骂，从此以后，这位同学开始和老师对着干。在这里，老师就缺乏了“行”中“思”的功课，把学生可能的善意当成了恶意。

4.“行”后“思”

“行”后“思”是事后反省的功课。对于反省的内容和方式，孟子主张“三反”：“爱人不亲，反其仁；治人不治，反其智；礼人不答，反其敬。行有不得者，皆反求诸己。”（《孟子·离娄上》）他的意思是：我爱别人而别人不亲近我，应反问自己的仁爱之心够不够；我管理别人而未能管理好，应反问自己的知识能力够不够；我礼貌地对待人而得不到回应，要反问自己态度够不够恭敬；任何行为得不到预期效果，都应反躬自问，好好检查自己。曾参则提出了“三省”：“吾日三省吾身，为人谋而不忠乎？与朋友交而不信乎？传不习乎？”（《论语·学而》）他也就是说，每天都要从三个方面反省：一是反省谋事情况，想一想对自己所承担的工作是否忠于职守；二是反省是否诚信，想一想自己与朋友交往是否信守诺言；三是反省自己是否巩固复习所学的东西。无论“三反”还是“三省”，它对加强道德修养都具有实际操作的指导意义。

参考阅读：

尊重儿童的底线②

故事：有一天我带我们班的小朋友（中班）到户外去玩，当时的桂花开得很好，我实在是忍不住就去摘了两朵，小朋友也纷纷去摘。我一看坏事了，就赶紧说“不能摘花”。有小朋友问：“老师，你为什么摘？”我就骗他们说：“我不是摘的，是花正好掉到我手里的。”小朋友们都伸出他们的小手，放到花的下面，期待着花掉到他们的手里。这个时候，我真是羞得

---

① 约翰·杜威．民主主义与教育（第2版）［M］．北京：人民教育出版社，2001：160。

② 鄢超云．尊重儿童的底线［J］．教师博览，2005：2。（选用有改编）

无地自容，我觉得我太对不起他们了。

评述：这位S老师“犯了很多错误”，比如，违反社会道德（摘花），没有“为人师表”（在儿童面前摘花），欺骗儿童（是花掉到手里）等。每一条似乎都是做教师、特别是幼儿教师的“大忌”。但是，我们看到S老师在反思，在自觉不自觉地思考自己的思想和行为。她的心灵被幼儿的纯真和成人的狡诈深深地震撼。以此相反，也有不少老师在口中大呼“尊重儿童”的同时，却似乎缺乏S老师的这种心灵的震撼和深深的自责，他们还可能将故事中的“欺骗”视作有用的“招术”。

（三）在实践中行“道”

“行”是践履和实践道德规范。一个人不仅要通过学习来分清是非，更重要的是要身体力行，用道德规范指导自己的行动。因此，仅仅了解和认识道德规范远远不够，在将道德要求内化为道德信念后，还需要使其外化为道德行为。养成道德行为离不开实践：一方面，实践是正确道德观念的认识来源，只有在社会交往和实践活动中，才能正确认识各种利益关系和道德关系，打好道德修养的基础；另一方面，社会实践又是不断提升道德修养的动力，正是社会实践提出的道德问题和道德难题使我们不断思考和改变行动。实践的过程是积善成德的过程，“不积跬步，无以至千里；不积小流，无以成江海。”（《荀子·劝学》）只有不弃小善，才能积成大善；只有广积众善，才能养成高尚的德性；平时不检点，不积善，在紧要关头很难义无返顾、挺身而出。

“行”的过程往往是战胜各种困难、克服各种障碍的过程，道德行为检验和考验着每一个行为者的道德意志。一般来说，不需要主观努力、不需要战胜自我的行为很难得到人们的肯定和称赞，自身也很难获得道德实践的光荣感和成就感。孟子认为：“天将降大任于斯人也，必先苦其心志，劳其筋骨，饿其体肤，空乏其身，行拂乱其所为，所以动心忍性，曾益其所不能。”（《孟子·告子下》）也就是说，要想担当大任、开创伟业，不仅要身体力行，还要自觉地接受各种严酷环境的磨炼和艰难挫折的考验，这样才可能获得卓越的才能，形成完善的人格，达到崇高的道德境界。孟子的这一光辉思想蕴藏着巨大的精神动力，过去它是儒家学者完善自我的修身明训，今天应该成为我们战胜困难、超越自我的座右铭。

“行”无疑是整个道德修养的核心和目的，关于“行”的方法，历代先哲有很多精辟的论述和见解，包括“克己”“忠恕”“慎独”“中庸”“进取”等。

1. 克己

“克己”是自我克制和自我约束。孔子有一句名言“克己复礼为仁”，意思是每个人都应克制自己不正当的欲望、冲动情绪和不正确的言行，自觉遵守社会公德规范。孔子对“克己”十分重视，他认为“一日克己复礼，天下归仁焉”。（《论语·颜渊》）也就是说只要每个人都能够按礼的要求来克制、约束自己，就可以使人人成为君子，全社会也就可以弘扬仁道，实现理想的大同世界。

参考阅读：

能不能对学生说刻薄的话①

曾经有一位老师提出这样的问题：“教师能否对学生说刻薄的话？我指的是一对一的情况下，并且学生有侮辱老师人格言行时。”

我的看法是：

无论如何，教师还是要尽可能善意地理解学生，他毕竟不懂事，还未成年。刻薄的话是伤人的话，只会加深彼此的矛盾和冲突。往往的情况是，说过以后仔细想一想，发现总是于事无补，还伤害了人，这时又来后悔。因此，不要说，不能说，说了也没有什么作用，它不过逞一时口舌之快而已。

你可以看看这个故事：

有一个男孩有着很坏的脾气，于是他的父亲就给了他一袋钉子；并且告诉他，每当他发脾气的时候就钉一根钉子在后院的围篱上。

第一天，这个男孩钉下了37根钉子。慢慢地每天钉下的数量减少了。他发现控制自己的脾气要比钉下那些钉子来得容易些。

终于有一天这个男孩再也不会失去耐性乱发脾气，他告诉他的父亲这件事，父亲告诉他，现在开始每当他能控制自己的脾气的时候，就拔出一根钉子。

一天天地过去了，最后男孩告诉他的父亲，他终于把所有钉子都拔出来了。

父亲握着他的手来到后院说：你做得很好，我的好孩子。但是看看那些围篱上的洞，这些围篱将永远不能回复成从前。你生气的时候说的话将像这些钉子一样留下瘢痕。如果你拿刀子捅别人一刀，不管你说了多少次对不起，那个伤口将永远存在。话语的伤痛就像真实的伤痛一样令人无法承受。

---

① 提供者：陈大伟

2. 忠恕

“忠恕”要求根据自己内心的体验来推测别人的情绪感受，达到推己及人的目的。“忠”是指尽自己的最大努力为人谋事，忠于职守。“恕”是己所不欲，勿施于人。孔子认为“恕”是可以一辈子实践的东西。推己及人即将心比心、设身处地地为他人着想。在今天，“忠恕”也是处理人际关系的基本原则。

参考阅读：

曾经年轻和不懂事

陈大伟

高中一年级的语文课，老师在台上讲解列宁的《伟大的创举》，我在下面沉浸在堂吉诃德大战风车的小说故事中。老师发现后，让我起来读课文，目光中满是责备。看见老师没有批评我，我反而有了一点内疚，于是决心好好听课。这一节课，主要在学语法，我父亲是民办教师，有一本《语法 修辞 逻辑》，我正带在身边，于是拿出它来，准备好好参考。没有想到，站在讲台前的老师没有看清这是什么书，以为我心怀不满，居然公然将小说放在讲桌上明目张胆地表示对抗。但生气归生气，老师还是没有做什么。

语文课结束是体育课，这位语文老师同时担任班主任，下课后，语文老师将我叫到办公室（兼寝室），责备我不听他的话，并说对我如何寄予期望和付出心血。说到不被理解的伤心处，他居然老泪纵横。看见一个五十多岁的老教师如此伤心，而这就是为了我，我也陪着流了不少眼泪（当时我并不完全懂老师对学生的期望的重量，所以只能说“陪”）。

这以后，我再也没有在他的课堂上看小说。但因为这件事，在以后的工作中，我对课堂上看小说的同学有了更多的理解和宽容。

2004 年秋，我第一次给刚实习回来的学生上师德修养，可能大家潜意识对师德修养这一类的课并没有什么兴趣，所以听得并不认真，有的同学带了其他书籍在课堂上看。在我边讲边巡视时，总能看到一些同学为了礼貌，将课外书藏在桌下的动作。每当看到他们的狼狈相，我就会想当初我也这样，想起曾经教我的语文老师，意识到这不过是历史在重演。这时，我忍不住会给他们一个理解的会心的微笑。期末，在提交的作业中，几个同学说，他们被这微笑感动，开始认真考量我的师德修养课是否值得听，最后他们选择了认真听课。

3. 慎独

“慎独”是对个人内心深处比较隐蔽的意识、情绪进行管理和自律的一种方式。“慎”是小心谨慎、随时戒备；“独”是独处或独自行事。“慎独”强调在没有外在监督的情况下始终不渝、更加小心地坚持自己的道德信念，自觉按道德要求行事。一般来说，在众目睽睽之下，除了那些恶行昭彰的人，人们一般都会注意检点自己的言行；但在无人监督的情况下，特别是在做了坏事不可能有人知道的情况下，不少人就会对自己的要求有所放松，甚至肆无忌惮。“慎独”强调从“微”处和“隐”处下工夫：一方面，不因小善而不为，不因小过而为之，防微杜渐，避免出现“千里之堤，溃于蚁穴”；另一方面，在人们不注意或注意不到的地方严格要求自己，按道德要求行事，有利于成为言行一致、表里如一、真正具有自律精神的有德之人。

“慎独”要有“天知、地知，我知、你知”的道德自觉和警惕。“天知、地知，我知、你知”的故事来自东汉杨震：杨震为官清廉刚正，从不接受别人的私自宴请和委托办事。子孙粗茶淡饭，出门全是步行。一些亲故旧友建议他置办一些产业，杨震不肯，说：“让后人称他们是清白官吏的子孙，把这个名称留给他们，就是最优厚的遗产。”在调任荆州刺史的上任途中，他路过了昌邑，当时的昌邑令王密是他以前所举荐的荆州茂才。王密夜晚携带十斤铜币去拜见他，杨震说：“我这个老朋友了解你，但你却不了解我。”王密说：“夜晚没有人知道。”杨震说：“天知、地知，我知、你知，怎么说没人知道呢？”王密惭愧地退了出去。

4. 中庸

德国哲学家叔本华写过一则寓言：寒冷的冬天，一群豪猪挤在一起取暖，但是它们的刺毛开始互相刺着对方，不得不分散开。然而，寒冷又把它们驱在一起，于是，同样的事又发生了。经过几番聚散，最后，它们终于发现了，要想互相不刺着对方，最好是彼此保持恰当的距离。用这种方法，彼此取暖的需要可以满足了，而且彼此不至于互相刺痛。

“中庸”的本质不是调和与折中，而是适度与和谐。是“要在应该的时间，应该的境况，应该的关系，应该的目的，以应该的方式，这就是要在中间，这是最好的，它属于德性”①。把握中庸之道要求恰到好处地掌握各种事物的分寸（即“度”），既不过也无不及。“中庸在过度和不及之间，在两种恶事之间。在感受和行为中都有不及和超越应有的限度，德性则寻求

---

① 亚里士多德．尼各马科伦理学［M］．北京：中国人民大学出版社，2003：34。

和选取中间。”“中庸是最高的善和极端的美。”① 作为最高的善，这是一种能够考虑大多数人感受并为大多数所接受、所认同的生活境界，是一种成熟、理性的处世之道。

5. 进取

道德是增进人类福利的，好的道德发挥人的潜能，张扬人的个性，促进人的幸福。《周易》有云：“天行健，君子以自强不息；地势坤，君子以厚德载物。”意思是：君子应该像天宇一样运行不息，即使颠沛流离，也不屈不挠；君子接物度量要像大地一样，没有任何东西不能承载。在道德实践中，不仅需要担当，而且需要创造，需要进取。

第三节　教师职业道德

一、职业道德简说

某地习俗，劳作之余，人们喜欢凑在一起玩麻将。受大环境影响，一些教师上课之余也参与其中。表面上，当地居民欢迎教师参与，但暗地里却不断向当地教育行政部门反映，认为教师即使在课余也不能参与这样的活动。教育行政部门于是作出规定，要求教师在工作时间段（周一到周五）不得打麻将。规定下发以后，一些教师认为教育行政部门的要求不近人情。他们说，其他人员在八小时之外可以参与，为什么教师不能参与？他们认为对于八小时之外教师的活动，教育行政部门不能干涉。

这在当地引起了讨论。当这次讨论过程中，一位资深教师对“为什么要求教师在工作时段内不打麻将”发表了自己的看法，他说：“各行各业都有自己的规矩和方圆，进入这个行业的人就要接受这些行业规矩的约束。‘为人师表’是对教师的基本要求，教师在工作时段内打麻将不仅会影响教师钻研教学业务，影响教学精力，而且对家长、社会也会产生不良影响。对于约定俗成的行业规范，从业者必须理解、接受和执行。比如，如果选定做和尚，你在要求剃度的同时，就在接受‘不吃酒肉’的约束。你不能接受这种约束，你就不要剃度。而一旦剃度，意味着你就应该以此维护和尚的基本形象，而不能抱怨他人可以过的‘酒肉生活’对自己是一种不公。”

① 亚里士多德．尼各马科伦理学［M］．北京：中国人民大学出版社，2003：34。

作为一个从业人员，我们经常会遭遇到类似的问题和困惑，这种困惑就是如何认识和理解高出一般社会公德的职业道德问题。恩格斯指出："每一个阶级，甚至每一个行为，都各有各的道德。"① 人生活在人群中，生活在社会中，生活在道德规范的要求中。与家人相处，有家庭伦理道德；在社会上生活，受社会公德影响；而从事职业生活，则要受到职业道德的约束。

职业道德是职业的道德要求和规范，它是与人们的职业活动紧密联系的符合职业特点所要求的道德准则、道德情操与道德品质的总和。每个从业人员，只要从事那种职业，就要遵守那种职业的道德。如教师要遵守教书育人、为人师表的职业道德，医生要遵守救死扶伤的职业道德等，职业道德不仅是从业人员在职业活动中的行为标准和要求，而且反映了本行业对社会所承诺的道德责任和义务。

理解职业道德，我们需要注意以下几点：

1. 在内容方面，职业道德鲜明地表达了职业义务、职业责任以及职业行为方面的道德准则，具有较大的稳定性和连续性。职业道德通过特有的道德传统、道德习惯规范和造就本行业的从业人员，它使不同职业的人在道德面貌上表现出明显差异。我们常说，某人有"军人作风""工人性格""农民意识""干部派头""学生味""学究气""商人习气"等，这都是职业道德规范和影响的结果。

2. 在表现形式方面，职业道德往往比较具体、灵活、多样。它总是从职业行为的实际出发，采用制度、守则、公约、承诺、誓言、条例，以及标语口号之类的形式表达。比如对教师职业道德的要求："学而不厌，诲人不倦""教书育人""为人师表"……这些形式和内容既容易被从业人员理解和实行，也有利于行业外的人员认识和接受，在业内业外普遍认同和接受基础上，逐渐成为职业的道德传统和习惯。

3. 从调节的范围来看，职业道德主要在从事人员从业活动时发挥作用：一方面，它用来调节从业人员内部关系，加强职业、行业内部人员的凝聚力；另一方面，它也用来调节从业人员与其服务对象之间的关系，用来塑造本职业从业人员的形象。对于职业以外的人员，职业道德并不具有约束力。

4. 从产生的效果来看，职业道德是维护职业信念和尊严的基础，职业道德与职业生活结合，有利于从业人员形成相对稳定的职业心理和职业习惯。职业道德同时是社会公德的主要组成部分，各行各业都构筑良好的职

① 马克思恩格斯选集（第4卷）[M]．北京：人民出版社，1972：236。

业道德，所有从业人员都遵循职业道德，有利于整体提升社会道德水平，促进社会经济稳定发展。

二、师德和师德修养的含义

（一）教师劳动中的利益关系

案例 1.2[①]：

般老师30多岁，眼睛很小，尤其在她笑的时候，眼睛就眯成了一条微微下行的线条。她走起路来缓慢而优雅。真的说起来，她并不算很漂亮，也没有好身材。但是当我见到她的那一刻，我觉得这个老师很真！她很亲切，但亲切中又透着严肃。

初三时，中考即将来临，我们进入了一个人生的转折点。尤其是开始填报志愿的时候，我们都希望去好的学校，而我们班上几个学习成绩在年级排前几名的都想去县中，其他一些人也想去比那时正在读的学校更好的高中。当志愿表发到我们手中的时候，我们满怀期望地填上了自己心中向往的学校。而我们几个所谓的尖子生自然而然就填了县中。填完之后我们都沉浸在对新学校和即将到来的中考的憧憬之中。那时的我们踌躇满志。可是，就在我们将志愿表上交后的第二天，学校的几个领导来到我们班，而且他们手中还拿着我们的志愿表。我们很疑惑。

原来，他们是想保住生源，多招学生，于是就动员我们留在本校，并且许以我们更加优厚的待遇。但是我们知道，我们学校的教育质量比较差，如果我们留下的话，也许我们以后就会真的沉寂下去。不光是几个领导来当说客，竟然连我们班其他几个老师也被“收买”了，纷纷加入劝说的大军。后来才知道，学校给了他们不少的招生奖金。一旦我们中有人留下，根据我们在全校的成绩排名，还有中考的成绩，他们就会获得很丰厚的一笔奖金。

于是，几个老师，还有校领导纷纷到我们班，找每个人“谈话”，尤其是成绩突出的学生更是受到“特殊”的照顾。那时我们还很不成熟，又慑于老师的权威，习惯于听从老师的话，应试教育将我们塑造成了“听话”的学生。加之学校许之于让人垂涎的优惠，软硬兼施，很多学生不情愿地将志愿改成了当时就读的学校。改完以后，我们班一改往日的欢腾，大家

---

① 钱焕琦．教师职业道德（第2版）［M］．上海：华东师范大学出版社，2011：59—60。

沉默了……

可是第二天发生了一件几乎让人难以置信的事儿，殷老师又将我们的志愿表“偷”回来了。她把门关上，将表发给我们。

“你们现在也不小了，很多事情要考虑清楚，要有自己的主见，别人的只能是参考。对你们人生负责的只有你们自己。因为你们是大人了，你们需要更大的舞台。你们再考虑一下，选你们最想去的学校！还有，这件事情你们不要往外说，谁也不要说啊！”

老师说完以后吐了一口气，似乎决心做一件大事完成后的放松。老师的脸色很不好，大概是昨天晚上没有睡好的缘故吧，也许是担心学校知道后会找她的麻烦。

事情果然还是暴露了，原因是有学生告密。殷老师被校长找去狠狠地批评了一顿。回来的时候，老师满脸失落，步伐似乎不再是那么优雅而淡定了，而是异常的沉重而杂乱。

殷老师看了看我们所有的人，眼中满是忧伤，还有就是深深的无奈和痛心。

“我知道是你们班的同学说了，老师可能因为某个人的一句话而失去这份工作，但是我不想去追究了，我做这件事无愧于我的良心，你们也能有更好的前途。”

老师停了一会儿，低着头，右手恨恨地攥着，然后微微转过头，擦了擦眼睛，我发现老师的眼睛红红的。

“但是，老师真的很失望……”

说完老师就转身走了！

我们当时很恨那个告密者，真的恨不得将那个人揪出来，然后狠狠地骂他（她）。

我们以为老师再也不会给我们上课了，再也不会关心我们了。可是殷老师却没有这么做。中考前的这段时间非常重要，临时换老师将会造成无法想象的后果，因为再也没有老师像她那么了解我们了。短时间内再也没有让我们那么信服、敬佩和熟悉的老师了。

老师在最后的这段时间里仿佛忘记了那件事，和我们一起拼搏，又不断地鼓励我们，我们终于走过了那段困苦疲惫的日子。

从上述故事中，我们可以发现教师的职业活动和职业行为牵涉了各种利益关系：(1) 教师行为与个人利益的关系，比如，个人可能获得的经济利益，个人和单位、和同事的关系，是不是会被解聘，学生对老师的理解和接纳，等等。(2) 教师行为与学生利益的关系，比如，学生可能由此改变的未来生活和发展前途。(3) 教师行为与同事的利益的关系，殷老师的行为可能导致学校领导和同事少得奖金，有可能导致同事对自己的疏远、乃至攻击。(4) 教师行为与单位利益的关系，殷老师的行为可能导致学校和这所有关系的学校关系变差，也可能使学校赢得学生和家长的信任，帮助学校赢得声誉。(5) 教师行为与行业名声的关系，殷老师的行为会影响人们如何看待教育、如何看待教师、以及如何看待学校的问题，将影响教育、教师的声誉。(6) 教师行为与国家利益的关系，比如，社会对国家公正竞争机制的认同和接纳的问题。……

面对这种种的利益关系，殷老师优先考虑的是学生的利益、教育行业的声誉，放弃了个人和同事眼前的经济利益，支撑其行为的正是教师要“关心爱护学生”“为人师表”的职业道德规范。可以说，教师的职业道德规范指引了殷老师的抉择和行为，使她赢得了学生的尊重，也赢得了我们的敬佩。

(二) 教师职业道德的内涵

教师职业道德是教师在其职业生活中，调节和处理与他人、社会、集体、职业工作关系所应遵守的行为规范或行为准则（这可以称为“师道”），以及在这些方面所表现出来的观念意识和行为品质（这可以称为“师德”）。一方面，教师职业道德是教师这一职业所特有的，是与教师这一职业密切联系的专门性道德，教师职业道德来自于教师这一行业本身，来自教师劳动本身。另一方面，教师职业道德的基本内涵，不只是教师在职业生活中所应遵循的行为规范或行为准则；还包括教师对规范或准则内化和实践，由此形成的观念意识和行为品质。从总体上来说，教师职业道德是由教师职业理想、教师职业责任、教师职业态度、教师职业纪律、教师职业良心、教师职业作风和教师职业荣誉等因素构成的。

教师职业道德和社会公德既相互联系又相互区别。其联系表现为：教师职业道德是社会公德的重要组成部分，是社会公德在教师职业领域中的特殊表现，教师职业道德价值植根于社会公德基础中；社会公德对教师职业道德起支配和制约作用，教师职业道德又表现并影响着社会公德。其区别主要在于：①社会公德是社会生活中最一般、最普遍的善恶标准和观念，而教师职业道德则是教师职业活动中特有的善恶标准和观念。②二者产生的时间和发展均有所不同。社会公德随人类社会产生而产生，教师职业道德是在脑体分工、教育作为一项专门活动出现以后才产生的；社会公德随社会整体发展而发展，教师职业道德虽然也随社会发展而发展，但主要是随着教师这一职业领域和职业活动的发展而发展。③相比较而言，社会对教师的职业道德要求更高、更全面。④与其行业道德比较，教师职业道德影响更深远、更深刻，对社会公德的塑造更明显。

教师职业道德的特殊性由教师劳动的特殊性决定。教师劳动主要具有以下特点：教师工作的交往对象是有思想、有感情、有个人兴趣和爱好，具有自我塑造能力的学生，他们具有复杂性、变化性和模仿教师的不同程度的向师性；教师的劳动形式既具有个体劳动的特征，又具有集体合作的性质；教师本身就是课程资源，教师需要用自己的表率和学识做劳动的工具和手段；教师的劳动既有时空和内容的限定性，又有时空的延展性和自由创造性；教师的劳动成效既无法精确度量，又有滞后和延续性。

（三）师德修养

教师职业道德修养就是培养教师良好道德品质的过程，道德认识、情感、意志、行为习惯是构成教师道德品质的基本要素，教师道德修养实际就是提高教师的师德认识、陶冶师德情感、锻炼师德意志、培养师德习惯的过程。

师德认识是教师对职业道德关系、职业道德行为规范及其执行意义的认识，提高教师师德认识是进行师德修养的必要前提。师德情感是指教师心理上对师德规范所产生的一种爱憎、好恶、荣辱、美丑等的情感体验，它是师德品质形成的条件和因素，在师德品德的培养中起着重要的调节作用。教师师德意志是教师要履行教师道德原则和规范时所表现出来的自觉克服一切困难和障碍，作出抉择的力量和坚持的精神，陶冶教师师德情感和磨炼教师师德意志是把师德认识转化为师德行为习惯的重要保障。养成良好的教师师德行为习惯是师德修养的最终结果。通过这四个环节的有机配合，使得教师逐渐形成良好的师德品质。

师德修养也是从熟悉和遵守基本的行为规范层次向师德的理想层次发展进步的过程。对于师德所涉及的利益关系和层次进展，傅维利认为，“一个比较完整、有序、立体式的教师职业道德规范体系，应包括四种基本关系和三个基本层次。这四种基本关系是：教师与教育事业的关系；教师与受教育者（学生）的关系；教师与其他教师及教师集体的关系；教师与家长及其他相关人员的关系。三个基本层次是：理想层次、原则层次和规则层次。理想层次着眼于从较高层次的理想状态对教师职业道德定位，它代表教师职业道德的发展方向，是社会对教师职业伦理行为的高要求。原则层次着眼于从理想主义与现实主义相结合的角度对教师职业道德的定位，它既表达了现实社会特别是教育工作对教师职业伦理行为的基本要求，同时又考虑到我国教师现有的师德水平以及如何促进教师职业道德向更高层次迈进。规则层次体现了对教师职业伦理行为的底线要求，是每一个教师在教育工作中必须遵守的职业伦理要求。这些要求一般直指教师的外显行为特征，有很强的观察性和操作性。教师职业道德规则通常采用否定式语言格式，以明确在教育工作中的哪些行为是不允许采用和呈现的。”①

三、教师具有高尚职业道德的意义

职业道德总是要反映和满足职业活动的特殊要求，教师职业道德也要反映和满足教师职业活动的特殊要求。教师是以培养人、教育人为主要职业活动的专门人才。教师劳动与其他劳动不同的显著特点是它的出发点和归宿是培养人、教育人、发展人，即把一个自然的人培养成社会的人，既开发潜能促进学生个性发展，又习得规范实现个体社会化。教师的工作对象是活生生的、可塑性很大的、代表人类希望和未来的青少年一代。

（一）教师需要以德育人

人不是物，培养人、教育人、发展人无法通过加工和塑造实现，它依赖道德的手段和方法，依靠有道德的人实施。教师不仅要用自己丰富的学识教人，而且更重要的是要用自己高尚的品格育人，不仅要通过教学让学生理解知识，而且要以自己的“品格”去影响“品格”，以“心灵”打动“心灵”，用“灵魂”唤醒“灵魂”。学生在老师身上学习和理解着如何“做人”，教师“其身正，不令而行；其身不正，虽令不从”（《论语·子路》）。教师的工作犹如春风化雨，“春风化雨是从教育者本身的精神境界发出来的作用。没有那种精神境界，就不能发生那种作用，有了那种精神境界，就不能不发生那种作用，这是一点也不能矫揉造作、弄虚作假的。”② 正是基于这样的工作特点，社会才要求教师“学高为师，身正为范”，教师道德修养才显得犹为重要。

这是一位师范学生曾经的求学经历和她对教师职业道德的看法：

老师的品德比他的知识更为重要。对这一点，我有深刻的体会：我上

---

① 傅维利．教师职业道德教育指南（第2版）［M］．北京：高等教育出版社，2009：前言。

② 冯友兰．三松堂全集（第14卷）［M］．郑州：河南人民出版社，2001：218。

小学时，家里没有钱。但那个时候盛行“送礼”风，谁给老师送了礼，老师就对谁多加关照：上课的座位被安排在前面，作业被优先批改，上课老师的目光更多地关注在他们身上，有什么事发生也偏袒送礼的孩子。

有一件事我至今难以忘怀。那是上三年级的时候，我的笔找不到了，我就去告诉老师，老师很不耐烦地瞪了我一眼，说：“掉了就掉了嘛，到办公室来闹什么闹?”一句话就把我弄哭了，我跑出了办公室。过了一会儿，老师一脸严肃地走进来问：“徐某的笔掉了，谁拿了她的笔，马上拿出来!”我当时就楞了，我的笔掉了，老师不闻不问，还骂我一顿，徐某的笔掉了老师就这样，这差别也太大了吧！就因为她的爷爷是厂长吗?

打那以后，我就厌烦这个老师。

著名节目主持人崔永元生动地描画了教师教育教学行为对学生人生的影响①：

王老师教语文，也是班主任。

我的第一篇作文被王老师大加赞赏，她尤其欣赏这一句：运动员像离弦的箭一样……

后来才知道，这不过是一个套路而已。

但是如果不是赞扬，而是一顿批评呢？孩子的自信心通常是被夸奖出来的。

……

王老师教了我一年，移交给下一任老师时，她的评语是，该生至今未发现有任何缺点。这为下一任老师修理我留下了把柄。

这位年轻力壮的女老师一接手，就咬着牙根对我说，听说你红得发紫，这回我给你正正颜色。

我倒也配合，大概是到了发育的年龄，整天想入非非，经常盯着黑板发愣。数学老师把教鞭指向右边又指向左边，全班同学的头都左右摇摆，只有我岿然不动。于是她掰了一小段粉笔，准确无误地砸在我脸上。

数学鲁老师说，你把全班的脸都丢尽了。

嗷，全班一片欢呼，几个后进生张开双臂，欢迎我加入他们的队伍。

从此我数学成绩一落千丈，患上数学恐惧症。

高考结束，我的第一个念头是，从此再不和数学打交道了。

38 岁生日前一天，我从噩梦中醒来，心狂跳不止，刚才又梦见数学考

① 崔永元．不过如此［M］．北京：华艺出版社，2001：3—7。

试了。水池有一个进水管，5小时可注满，池底有一个出水管，8小时可以放完满池的水。如果同时开进水管和出水管，那么多少小时可以把空池注满？

你到底想注水还是想放水？

有一天我去自由市场买西瓜，人们用手指指点点，这不是《实话实说》吗，我停在一个西瓜摊前，小贩乐得眉开眼笑，崔哥，我给你挑一个大的，一共是7斤6两4，一斤1块1毛5，崔哥，你说是多少钱？

我忽然失去控制，大吼一声，少废话！

抱歉！

对我来说，数学是“疮疤”，数学是“泪痕”，数学是“老寒腿”，数学是“类风湿”，数学是“股骨头坏死”，数学是“心肌缺血”，数学是“中风”……

当数学是灾难时，它什么都是，就不是数学。

所以我请求各位师长手下留情，您不经意的一句话、一个举动或许会了断学生的一门心思，让他的生命走廊中少开一扇窗户。

(二) 教师需要以德育己

教师职业道德又是其他专业素质形成和发展的基础和动力。只有教师具有高尚的职业道德，具有坚定的事业心和责任感，才可能为教好每一个学生、传授每一份真知去不断学习，从而更加自觉地掌握科学文化知识；才可能在教育领域不断探索、不断改进和超越，提高自己的研究能力；也才可能克服工作中的种种困难和压力，调整情绪和状态，形成积极乐观的生活态度，健康向上的心理素质。

刘贞华认为：“教师的职业道德发展对教师的专业化发展至关重要，我们用下面的示意图来表示两者之间的关系。”（图1）“教师的专业化发展其实受到三重约束。首先是教师管理的法律、法规，它是社会对教师群体的客观要求，是一个人成为合格教师的基本要求，它表现的特点是强制性、稳定性和整体性；其次是教师群体的专业伦理规范或标准，它是教师主观的认知能力和行为与社会对教师群体的客观要求相互作用的产物，在这一层面上合格教师才可能上升到称职教师，其表现方式的特点是群体性、主观与客观相互作用性；最后是教师自我的道德修养，这是一种主观的活动，其结果主要是受教师本人的认知水平和能力所影响，只有在这个基础上教师才有可能成为优秀教师，其表现方式是个体性、主观性、随意性。教师只能以遵守教师管理的相关法律为基础，因为这些法律是教师行为的最低要求，辅之以外在的专业伦理行为标准，以自我的道德修养为提升空间，追求个人层面的专业化发展和人生更高境界，从而达到一个高度的专业化发展。”①

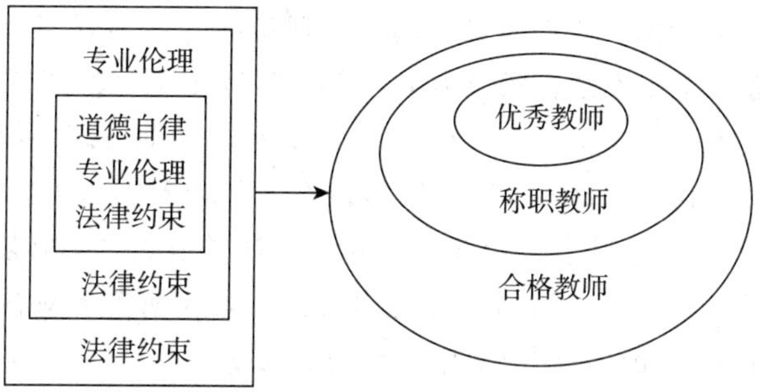

图 1 教师职业道德递进与教师专业化发展境界的相关性

（三）教师需要以德维护行业形象

教师的职业形象需要每一个教师共同维护，师德高尚、业务精良的教师队伍有利于赢得社会的信任和支持，有利于赢得更优秀的人员加盟教育工作，有利于争取更高的社会地位和行业待遇。

（四）教师需要以高尚的师德影响社会

在人类的下一代面前，教师就是社会代言人。对于处于“社会代言人”地位的教师，社会寄托着美好的未来和期望，社会对教师的职业道德有比其他职业道德更高、更全面的内容要求，教师道德的社会影响比其他职业道德影响更广泛、更深远。这既是教师的压力来源，又是教师必须的社会担当。

四、教师职业道德原则和范畴

道德原则是认识和处理个人利益和社会利益的基本原则，对人们的道德实践有重要的指导意义，是道德体系的核心。教师职业道德原则主要有：以人为本的育人原则；为人师表的榜样原则；依法从教的法治原则。

广义上的教师职业道德范畴是指反映和概括教师职业道德现象的特征、方面和关系的本质的基本概念；狭义上的教师职业道德范畴是指那些反映教师个人与社会、教师个人与他人之间最本质最主要、最普遍的道德关系

① 刘贞华．论教师职业道德发展的实践逻辑［J］．当代教育科学，2008（23）：35－36。

的概念，主要包括教师的义务（责任）、教师的良心、教师的公正、教师的荣誉、教师的幸福等。

（一）教师的义务

马克思曾经指出："作为确定的人，现实的人，你就有规定，就有使命，就有任务。至于你是否意识到这一点，那是无所谓的。"[①] 这里的责任和使命就是义务。关于义务，韩愈说："行而宜之之谓义。"（韩愈《原道》）朱熹说："义之为义，只是一个宜字。"（《朱子语类》第六十八）"宜"不仅意味着"适宜"，也意味着"应该"；"务"的意思是尽力完成某种职责。所谓义务就是承担和完成应该和适宜的职责，它既表明个人对社会和他人承担的责任，也表明社会和他人对个人行为的要求。

檀传宝认为，教师的义务包括"一般道德义务"和"教育道德义务"两个方面。两者的区别主要是前者存在于教育行业道德体系之中。作为普通道德生活的主体，教师有在日常生活中遵守诺言、偿还债务、扶贫济困等一般道德义务；同时，教师作为一个特定职业生活的主体，又有属于教育本身的一些职业道德义务。教师工作的特性之一是教师本身就是教育的中介或工具，也就是教师通过自己的榜样去教育自己的学生。这一劳动特点决定了教师必须正确面对上述两类义务：首先，教师必须比一般人更严格地履行一般道德义务，只有这样，他才能成为真正的道德榜样，成为真正的教育主体；其次，教师更应当严格地履行职业道德义务，努力完成教育任务本身。[②]

对于教师的义务，1993 年通过的《中华人民共和国教师法》规定，"教师应当履行下列义务：

（一）遵守宪法、法律和职业道德，为人师表；

（二）贯彻国家的教育方针，遵守规章制度，执行学校的教学计划，履行教师聘约，完成教育教学工作任务；

（三）对学生进行宪法所确定的基本原则的教育和爱国主义、民族团结的教育，法制教育以及思想品德、文化、科学技术教育，组织、带领学生开展有益的社会活动；

（四）关心、爱护全体学生，尊重学生人格，促进学生在品德、智力、体质等方面全面发展；

（五）制止有害于学生的行为或者其他侵犯学生合法权益的行为，批评

---

① 马克思恩格斯全集（第 3 卷）[M]．北京：人民出版社，1956：329。

② 参见檀传宝．教师伦理学专题 [M]．北京：北京师范大学出版社，2000：128—129。

和抵制有害于学生健康成长的现象；

（六）不断提高思想政治觉悟和教育教学业务水平。”

对于这六条义务，我们将在第七章具体讨论。

（二）教师的良心

古罗马的西塞罗说：“对于道德实践来说，最好的观众就是人们自己的良心。”从根本上说，道德的约束力量来源于自己的良心。良心是“人内的神”，“圣神居在你的心中，他是我们做坏事的监督人，好事的防卫者。”①

从字面上讲，“良”即道德，“心”即意识，良心就是被自觉意识到的并隐藏于内心深处的使命、责任与义务。教师的职业良心就是教师在对学生、家长、同事以及社会、学校履行职业义务的过程中所形成的特殊的道德责任感和道德自我评价能力。

作为从事教育教学的专业人员，教学设计、教学实施、学生辅导、作业批改等教师劳动具有相对自由的选择性和创造性，同时教师的劳动对受教育者具有示范性，需要和同事、家长采取合作的态度和方式，而且教师的劳动效果还具有长期性和难以精确测量性等特征。教师的劳动特征决定了教师在劳动实践时，在责任与自由、付出和回报、义务和奉献等矛盾和冲突面前，必须具有教育良心的支持和平衡，“道德义务的履行完全依赖于道德主体的自觉性。支持道德义务的最大力量是主体的道德责任和道德良知。”② 檀传宝曾经用图 2 表示规范、义务、良心的不同③：

图 2 规范、义务、良心的主观性差异

教师良心作为一种精神动力，是一种内在的道德信念，对教师的道德活动和道德行为具有指导、监督和评价作用：①指导作用。教师在作出某种教育行为抉择时，要依据履行教师义务的道德要求，对行为的动机进行自我检查，对符合道德行为的动机予以肯定，对不符合道德要求的动机进

① 转引自檀传宝．教师伦理学专题［M］．北京：北京师范大学出版社，2000：144。

② 檀传宝．教师伦理学专题［M］．北京：北京师范大学出版社，2000：117。

③ 参见檀传宝．教师伦理学专题［M］．北京：北京师范大学出版社，2000：117。（图名为引注者添加）

行抑制或否定，从而作出正确的动机决定。②监督作用。在教育、教学工作过程中，教师的良心对自己的行为进行着自我监督，对符合教师道德要求的意志和信念予以激励和坚持，对不符合教师道德要求的情感和欲念予以消除。③评价作用。教师良心充分发挥作用主要是在教育行为之后。因为，只有在一系列的教育行为之后，才能从实际的教育效果及影响中，得到全面而深刻的认识，从而作出良心上的评价。

（三）教师的公正

人是向往和追求幸福的，“幸福原则所处理的首先是每个人与自己的关系问题，即如何善待自己的问题。……要保证幸福生活，我们还需要另一个原理来处理人与人之间的关系问题，这就是公正原则。”① 幸福原则和公正原则是伦理学的基本原则。“幸福原则表明的是一个人怎样做一个人，而公正原则表明一个人怎样对待一个人。”② 公正是体现人格尊严、实现人的价值的不可或缺的前提，作为社会生活的基本需要，社会越是进步，人们对公正的内在需求越是强烈。

简单地说，公正就是“公平”的“正义”，它是处理人际关系的基本的伦理原则。具体地说，公正必须具有如下三条特性：

一是对等性。也就是对人对己要一个规则一个标准，不能对人一套，对己一套；对待他人要一视同仁，不带偏见。在古希腊神话中，正义女神的形象是手持天平，蒙住双眼，她手中的天平不倾斜，意味着正义与公平，她蒙住双眼，意味着不带任何偏见。

二是可互换性。也就是在责任和利益分配面前，当事者可以互换位置并愿意接受。“己所不欲，勿施于人”，这就是一种心理互换、达成公平的思维方式。

三是最终价值判定的依赖性。判断是否公正的价值依据，“一是看它是否有利于社会的发展；二是看它是否有利于个体的幸福。当然，这两个根据本身又是统一的。由于幸福本身的价值性、利他性，又由于社会发展的终极目的仍然是个体的幸福，所以最终的依据应当是看这一标准是否真正有利于主体幸福的实现。”③

---

① 赵汀阳．论可能生活（修订版）［M］．北京：中国人民大学出版社，2004：162。

② 同上。

③ 檀传宝．教师伦理学专题［M］．北京：北京师范大学出版社，2000：60。

教育不仅是整个社会经济发展的推进器，而且应该是缩小社会差异、实现均衡发展，实现社会公正的调节器。教育公正既是教育发展的重要趋势和目标，又是改革与发展的基本任务。促进教育公正，一方面，离不开社会的制度安排和法律保证，教育公正首先应该体现在公正的教育制度安排上。另一方面，在实践过程中，又不能离开教育工作者坚持教育公正的追求和努力。

教师的公正是指教师在自己的教育活动中对待不同利益关系所需要的公平和正义。上海师范大学曾有一次对4500名学生的调查，结果有84%的人认为“公正”是“教师工作重要的职业品质”；92%的人认为，“偏私和不公正”是“最不能原谅的教师品质缺陷”①。实践教育公正，是教师从教的道德责任和道德义务，是教师高尚人格和美好品质的生动体现，也是教师为人师表，以身作则的重要内容。坚持教育公正既是实现社会公正的要求，也是做好教育工作的前提条件，同时又有利于培养学生对社会公正的信任和期盼。学生是从教师身上认识社会的，学生把教师视为社会的代表，在教师身上，学生认识和理解着社会。教师持之不公，学生心中就会不平；教师行事不公，学生就会心中不敬，教师待学生不公，学生由此可能获得社会不公正的认识。而教师待学生公正，学生往往把它看成社会待自己公正，进而相信社会公正，这样更容易养成公正之心。

教师公正表现在教师与自身、教师与同事、教师与学生等人际关系之中。其中，公平合理地对待和评价学生是最基本的要求。它包括在人格上对学生给予平等的尊重，在学习上对学生给予平等的机会和帮助指导，对学生的发展给予平等的全面关心，对学生评价要符合公认的道德准则。它要求教师具有追求真理、伸张正义的内在的公正信念，在处事时办事公道、赏罚分明，在待人时一视同仁、不带偏见。

（四）教师的荣誉

荣誉指一定社会或集团对人们履行社会义务的道德行为的肯定和褒奖，是特定人从特定组织和人群中获得的积极评价。个人因意识到这种肯定和褒奖所产生的道德情感，通称荣誉感。教师的荣誉是社会组织和成员对教师履行教育教学义务的肯定和褒奖，教师因意识到这种积极评价而产生的道德体验而获得教师的荣誉感。

教师荣誉是推动教师履行教师职业道德义务的巨大的精神力量，在教

① 转引自檀传宝．教师伦理学专题［M］．北京：北京师范大学出版社，2000：67。

师的职业活动中，正确的荣誉观具有非常重要的作用。首先，教师荣誉是教师道德行为的调节器，对教师道德行为、品质的取向具有导向和制约作用。其次，教师荣誉是激励和推动教师积极进取，更好地履行教师义务，争取个人道德高尚、人格完善的助推器。最后，教师荣誉是促进教师自身道德发展和完善，形成良好师德风尚的重要精神条件。

提升教师职业荣誉感，一方面需要政府和社会把尊师重教落到实处，切实提高教师地位；另一方面也需要教师：①调整价值取向，以教书育人为荣；②珍惜教师荣誉，维护教师专业尊严；③加强教育宣传，争取社会理解和支持。同时又需要不为名所累，潜心育人。

（五）教师的幸福

人人都追求和向往幸福，但不同的个体、同一个体不同的情境下对幸福的认识和理解，以及幸福的目标和方式却千差万别。研究幸福，只能从这些不同中，揭示相对而言人们更容易接受和理解的幸福观念和方式。

1. 认识幸福

恩格斯 1847 年在为共产主义者同盟写的一个信条草案中指出："每一个人的意识或感觉中都存在着这样的原则，它们是颠扑不破的原则，是整个历史发展的结果，是无须加以证明的……例如，每个人都追求幸福。"① 在恩格斯那里，"每个人都追求幸福"是一种"无须加以证明的""颠扑不破的原则"。亚里士多德认为"幸福是终极的和自足的，它是行为的目的"，对于幸福的终极目的，他指出："既然目的是多种多样的，在其中有一些我们是为了其他目的而选取它。例如，钱财、长笛，总言之是工具。很显然并非所有目的都是最后的、只有最高的善才是某种最后的东西。倘若仅只有一个东西是最后的、最完满的，那么，它就是我们所寻求的最后目的……总而言之，只有那由自身而被选取，而绝不永为他物的目的才是最后的。看起来，只有这个东西才有资格作为幸福，我们为了它本身而选取它，而永远不是因为其他别的什么。"对于幸福是自足的，他的界定是："我们现在主张的自足就是无待而有，它使生活变得愉快，不感匮乏。"② 一方面，幸福是我们的权利；另一方面，幸福又是我们的目的，因此，我们每一个人都不能低估自己享有幸福的权利，教师有权利争取和实现自己的幸福。

---

① 马克思恩格斯全集（第 42 卷）[M]．北京：人民出版社，1979：373—437。

② 亚里士多德．尼各马科伦理学 [M]．北京：中国人民大学出版社，2003：10—11。

刘次林说："幸福是人性得到肯定的主观感受。"① 每一个完整的个体，都是自然属性、社会属性和精神属性的统一体，人的幸福离不开这些需要的满足，这使幸福具有一定的客观性，但终究幸福是主观的，它是人对自身幸福生存状态的一种主观感受。从物质和精神需要的角度，幸福是人的物质需要与精神需要得到统一满足时的和谐感，两种需要如鸟之两翼，缺少任何一方都会导致人的生活失衡。另外，人性的实现和表现不外乎两种活动：一种是内化提升自己的生存价值；另一种是外化实证自己的生存价值。内化是一种"返身实践"——实践的力量和对象从外部返回到主体自身，内化解决个体人化的问题。也就是通过提高个体的素质、激发个体的潜能，使主体能够占有、驾驭和享受改造外部现实的成果，并在新的基础上拓展外化的能力，内化的形式就是学习与教育。因为人的"先天不完满性"和"永远未完成性"，所以，学习这种内化的方式是人的最根本的生存方式。外化的问题就是通过改造人的外部现实，改造人的自然的、社会的外部关系，为人的生存和发展创造条件，外化主要解决自然人化的问题，它主要包括物质生产、物质交往、管理和社会变革等形式。幸福是在"内化"与"外化"的审美历程中所获得的愉悦体验。

2. 认识教师的幸福

教师的幸福就是教师在自己的教育工作中自由实现自己的职业理想的一种教育主体生存状态，对自己生存状态的意义的体味构成教师的幸福感。

教师幸福生活的意义不仅在其自身，也在教育本身。苏霍姆林斯基说："心情苦闷和精神抑郁，这种情绪会对学生的全部脑力劳动打下烙印。使他的大脑变得麻木起来。只有那种明朗的、乐观的心情才是滋养着思想的大河的生机勃勃的河流。郁郁不乐、情绪苦闷所造成的后果，就是使掌管情绪冲动和思维的情绪色彩的皮层下中心停止工作，不再激发智慧去从事劳动，而且还会束缚智慧的劳动。"② 教师是学生学习生活中重要的心理环境因素，教师的快乐和幸福影响学生的快乐和幸福。美国散文学家梭罗在《瓦尔登湖》中就说："我们应该多多授人以我们的勇气而非我们的绝望，授人以我们的健康舒坦而非我们的愁容病态，当心别去传染疾病。"③ 幸福需要教育，教育也需要幸福。教育需要幸福的教师，需要从事教育的人幸

① 刘次林．幸福教育论［M］．北京：人民教育出版社，2003：56。

② 苏霍姆林斯基．给教师的建议［M］．北京：教育科学出版社，1984：39。

③ 亨利·戴维·梭罗．瓦尔登湖［M］．北京：当代世界出版社，2003：插页。

福，教师应该为幸福的生活目标而设计与安顿自己，教师需要做好追求幸福生活的职业生涯规划。

对于教师幸福的特征，檀传宝在《教师伦理学专题》中认为[①]：教师幸福具有精神性，教师的幸福首先表现为劳动及其报酬的的精神性；教师幸福具有给予性和被给予性，一方面教师应建立在给予而非索取上；另一方面教师的幸福又取决于被学生认可和给予；教师幸福具有集体性，教师的幸福及其体验既具有一般幸福所具有的个体性，更具有集体的性质；教师幸福具有无限性，时间上，教师的幸福是无限的，教师对学生在人格与课业上的影响具有终生性质，通过学生教师的劳动与生生不息的人类文明联系在一起，空间上，教师的劳动效果就远不会局限于某一个校园之内，教师可以通过自己的劳动对整个世界的影响而理解工作的意义，体会自己的成功。

3. 幸福需要能力

有一首歌这样唱："幸福不是毛毛细雨，它不会自己从天上掉下来。"我们追求幸福，但幸福不会自己从天上掉下来。"是否能够获得幸福很大程度上取决于是否能够敏感到幸福之所在，在这种意义上，幸福是一种能力。"[②] 感受幸福的能力使我们在现有生存状态的审视中对幸福敏感，善于发现自己的幸福，体味自己的幸福，享受自己的幸福。

参考阅读：

教师的幸福生活[③]

看着我每天骑车半小时上班，有一位朋友同情地说："又上班了，天天都这样，唉！"语气满是无奈，他不知道我当时正快乐和幸福：那天早晨，我在《后现代课程观》书中看到了小威廉姆·E. 多尔的"如果后现代教育学能够出现，我预测它将以自组织概念为核心。"[④] 当时，我正对自己思考的"校本培训走向自组织"的价值而困扰，看到了世界著名课程专家的预测，我既为自己的洞见激动，同时又明确了推进校本培训的方向。我还突然想到了一个成语"杀鸡给猴看"，用它可以生动地向中小学教师解释"生

① 参见檀传宝．教师伦理学专题［M］．北京：北京师范大学出版社，2000：41—44。

② 赵汀阳．论可能生活——一种关于幸福和公正的理论（修订版）［M］．北京：中国人民大学出版社，2004：152。

③ 陈大伟．创造幸福的教师生活［M］．成都：四川大学出版社，2005：54、148。

④ 小威廉姆·E. 多尔．后现代课程观［M］．北京：教育科学出版社，2000：232。

物系统本质上是自组织”。这两个发现将带给我一天的快乐。这种快乐是身心结构发生变化和成长带来的快乐，它是内化的快乐。

我想只要坚持学习，坚持审视和欣赏自己的发现、自己的成长和变化，每一个人都能获得这种快乐。

在《新课程的故事与解读》中，我曾介绍自己外化的幸福感受：上课前，我将力争对原定的教学设计有所突破、有所改进。如果有了超越原来教学的方案以后，我的心情就像朱自清对“春”的渴望：“盼望着，盼望着，东风来了，春天的脚步近了”。我盼望着上课的铃声快一点响起来，盼望着快一点走进教室，走进教室我不是为了去“重复昨天的故事”，而是为了验证我的创造和超越。这样我在课堂上，有了“观察”和“比较”新的任务。如果按照新的教学设计，课堂上我能更加得心应手，学生学得更加积极、更有收获；下课以后，我将充分享受成功的快乐，创造的快乐——“星星已不是那颗星星，月亮也不是那个月亮”。

我想，这也是每一位教师都可以创造和享受的快乐，因为有了这种时时都可以创造、别人无法剥夺的快乐，我们才能摆脱单调、重复、机械和无奈，生活才更具有亮色和激情。

应该说，幸福的能力不仅仅只是感受能力，仅仅只说感受能力可能让我们获得阿Q式的满足，幸福更需要创造幸福的能力。赵汀阳在《论可能生活》中说：“幸福取决于生活能力的发挥而不取决于生物需求的满足。”①生活能力不等于生存能力，生活能力是发现生活意义，追寻和创造生活意义的能力。对幸福的教师生活，我们具有这样一些想象：课前有期望，老师盼望进教室，盼望见到自己亲爱的学生，盼望去实践具有创造和超越性的教学设计；课中有创造，教学过程中能胸有成竹、得心应手回应教育事件和情境，能创造性地高质量地完成教学任务；课后能审美，对课堂教学回望和审视，能获得符合期望的愉悦和温暖体验，它包括对自身能力和发展的审美，对教学劳动过程的审美和对劳动效果的审美。归结起来，我们认为，幸福的教师生活来源于创造性的劳动和对创造性劳动的审美性体验。可以说大创造，大突破，大快乐；小创造，小突破，小快乐；无创造，无改变，无快乐。

---

① 赵汀阳．论可能生活［M］．北京：中国人民大学出版社，2004：149。

五、教师职业道德的要求

2008年教育部和中国教科文卫体工会全国委员会联合发布了《中小学教师职业道德规范》，其要求为：

一、爱国守法。热爱祖国，热爱人民，拥护中国共产党领导，拥护社会主义。全面贯彻国家教育方针，自觉遵守教育法律、法规，依法履行教师职责权利。不得有违背党和国家方针政策的言行。

二、爱岗敬业。忠诚于人民教育事业，志存高远，勤恳敬业，甘为人梯，乐于奉献。对工作高度负责，认真备课上课，认真批改作业，认真辅导学生。不得敷衍塞责。

三、关爱学生。关心爱护全体学生，尊重学生人格，平等公正对待学生。对学生严慈相济，做学生良师益友。保护学生安全，关心学生健康，维护学生权益。不讽刺、挖苦、歧视学生，不体罚或变相体罚学生。

四、教书育人。遵循教育规律，实施素质教育。循循善诱，诲人不倦，因材施教。培养学生良好品行，激发学生创新精神，促进学生全面发展。不以分数作为评价学生的唯一标准。

五、为人师表。坚守高尚情操，知荣明耻，严于律己，以身作则。衣着得体，语言规范，举止文明。关心集体，团结协作，尊重同事，尊重家长。作风正派，廉洁奉公。自觉抵制有偿家教，不利用职务之便牟取私利。

六、终身学习。崇尚科学精神，树立终身学习理念，拓宽知识视野，更新知识结构。潜心钻研业务，勇于探索创新，不断提高专业素养和教育教学水平。

参考阅读：

陈垣为启功所写的“上课须知”①

1. 教一班中学生与在私塾屋里教几个小孩不同，一个人站在讲台上要有一个样子，人脸是对立的，但感情不能对立。

2. 万不可有偏爱偏恶，万不许讥诮学生。

3. 以鼓励夸奖为主。不好的学生，包括淘气的或成绩不好的，都要尽力找他们一小点好处，加以夸奖。

4. 不要发脾气。你发一次，即使有效，以后再有更坏的事情发生，又怎么发更大的脾气？万一发了脾气之后无效，又怎么下场？你还年轻，但

① 张民生、于漪．教师人文读本［M］．上海：上海辞书出版社，2003：116。

在讲台上即是师表，要取得学生的佩服。

5. 教一课书要把这一课的各方面都预备到，设想学生会问什么。

6. 批改作文，不要多改，多改不如你替他写作一篇。改多了他们也不看。要改重要的关键处。

7. 要有教课日记。自己和学生有某些优缺点，都记下来，包括作文中的问题记下以备比较。

8. 发作文时，要举例讲解。缺点尽量在堂下个别谈；缺点要改好了，有所进步的，尽量在堂上表扬。

9. 要疏通课堂空气。你总在台上坐着，学生总在台下听着，成了套子。学生打呵欠，或者在抄别人的作业，或看小说，你讲得多么用力也是白费。不但作文课要在学生座位行间走走，讲课时，写了板书也可下台看看。既回头看看自己板书的效果如何，也看看学生会记不会记，有不会写的或写错了的字，在他们座位上指点，对于被指点的人，会有较深的印象。旁边的人也会感兴趣，不怕来问了。

参考阅读：

美国、新西兰和加拿大安大略省教师职业道德规范①

美国全国教育协会教育职业道德规范

导　言

教育工作者坚信并维护每一个人的价值与尊严，认同追求真理、力争卓越、培养学生民主精神的极端重要性。要达到这些目标，根本在于保护学习与教学的自由，确保所有人的平等受教育机会。教育工作者承担着遵守最高道德准则的责任。

教育工作者认识到内在于教学过程中的责任之重大。渴望获得同事、学生、家长以及社会成员的尊重与信任，是教育工作者保持最高水准的道德行为的内在动力。《教育职业道德规范》既是所有教育工作者的理想，也为其行为提供了评判的标准。

原则一

对学生的责任

教育工作者努力帮助每一个学生实现其潜能，使之成为一名有价值、有能力的社会成员。因此，教育工作者致力于激发学生的探究精神、求知与理解欲望，以及成熟的价值目标的形成。

---

①　资料来源：2008 年 7 月 9 日《中国教师报》。

为了履行对学生的职责，教育工作者：

·在学生的求学过程中不应无理限制学生的独立行动。

·不应该无理阻止学生接触各种不同的观点。

·不应故意隐瞒或歪曲有关学生进步的主题内容。

·当学生的学习、健康及安全受到危害时，应为保护学生作出恰当努力。

·不应故意使学生处于尴尬或受贬低的处境中。

·不应基于种族、肤色、宗派、性别、原国籍、婚姻状况、政治或宗教信仰、家庭状况、社会或文化背景、性倾向不公正地——a. 不让学生参加某活动；b. 剥夺学生获得某项好处；c. 让学生获得优待。

·不应利用与学生的职业关系牟取私人利益。

·不应透露在职业服务过程中获得的有关学生的信息，除非完全用于职业目的，或法律要求。

原则二

对本职业的责任

公众赋予教育职业以信任与责任，对其职业服务提出了至高要求。

教育职业服务的质量对国家及其公民有着直接的影响，在此信念下，教育工作者应该不遗余力地提高职业水准，努力营造一个鼓励运用专业判断能力的氛围，创造条件吸引值得信赖的人从教，帮助避免不合格人员从事教育。

为了履行对职业的职责，教育工作者：

·不应在求职的申请资料中故意作出错误陈述，或未能透露有关其能力与资格的事实材料。

·不应瞒报或歪曲自己的职业资格。

·不应帮助在道德、教育背景以及其他有关特征方面不够格的人进入教育职业。

·不应有意对某职业岗位申请者的资格作出错误陈述。

·不应帮助一个非教育工作者实施未经授权的教学实践。

·不应透露在职业服务过程中获得的有关同事的信息，除非完全用于职业目的，或法律要求。

·不应故意对同事作出不实或恶意的陈述。

·不应接受任何可能损害或影响职业决定或行为的酬金、礼品或好处。

（本职业道德规范于 1975 年由该组织代表大会通过。资料来源：美国

全国教育协会官方网站）

新西兰注册教师职业道德规范

新西兰的注册执业教师必须在促进学生的学习过程中，充分照顾到学生的能力、文化背景、性别、年龄和发展阶段，努力为学生提供最高水平的专业服务。

这项复杂的专业工作是教师在与同行、学生及其家长（监护人）和家人，以及更广泛的社会成员的合作中完成的。

教师的专业互动必须依据以下4条基本原则：

自主性：尊重并保护他人的权利

公正性：分享权力，防止权力被滥用

求善：善对他人，把对他人的伤害降到最低

求真：诚实对待他人和自己

一、对学生的责任

注册教师最主要的专业职责是为学生负责。教师要培养所有学生的思考能力和独立行为能力，并努力鼓励学生对民主社会的基本价值观有明智的理解和认同。

教师应该努力做到：

a）以最有利于学生为前提，建立并保持专业的师生关系

b）让自己的专业实践建立在以下基础之上：不断的专业学习，有关课程内容和教学法的最佳获知，对所教学生的尽可能了解

c）向学生呈现教学内容时，做到来源可靠，观点平衡

d）鼓励学生对重大社会问题进行批判思考

e）服务于不同学生的不同学习需要

f）促进学生在身体、情感、社交、智力、精神等方面的发展

g）对在专业服务过程中获得的有关学生的信息要依法保密

二、对学生家长/监护人及家人的责任

教师应该认识到，他们与学生的家长/监护人及家人是合作关系，应鼓励他们积极地参与孩子的教育中。教师应该认识到，他们拥有就孩子的福利和进步情况向教师进行咨询的权利，尊重法律许可下的家长权利，尽管教师的专业决定必须总是以什么对学生最有利为依据。

a）让他们参与有关孩子的照看与教育的决策

b）与他们建立开诚布公、相互尊重的关系

c）尊重他们的隐私权

d）尊重他们获得有关孩子信息的权利，除非出现对孩子不利的情况

三、对社会的责任

公众赋予了教师信任和责任，同时，在最广泛的意义上，也期望能够与教师一起为学生的人生做好准备。

为了履行自己对社会的责任，教师应该努力做到：

a）积极支持有关促进人人机会平等的政策和计划

b）平等合作，把学校建设成为民主典范

c）传授广为社会接受的积极的价值观，并以身作则，鼓励学生学以致用，并批判地理解它们的重大意义

四、对本职业的责任

鉴于教学职业的服务质量对国家及其国民有着重大的影响，教师应该尽其所能地维持、提高职业标准，努力营造一个鼓励运用专业判断的氛围，并为吸引值得信任的人从教创造条件。

为了履行自己对教学职业的职责，教师应该努力做到：

a）通过负责任的、合乎操守的实践促进教学职业的利益

b）将自己视为学习者，不断致力于专业发展

c）在做关于资格与能力的陈述时说实话

d）为合理教育政策的制定和实施贡献力量

e）为营造一个开放、善于反思的职业文化贡献力量

f）尊重同事和助手，与他们平等合作，共同促进学生的学习

g）为新教师的入职提供帮助

h）尊重同事的隐私权，除非法律要求或有足够说服力，不得泄露同事隐私

i）如有同事的行为严重违背本规范，须举报

（资料来源：新西兰教师委员会官方网站）

加拿大安大略省教师职业道德标准
（2006年修订版）

导言

教师职业道德标准是教师职业实践的一个理想图景。教师职业的核心是对学生及其学习的高度负责。

安大略省注册教师，在其高度信任的职责中，在与学生、家长、监护人、同事、教育合作者、其他专业人员、环境和公众的关系中，表现出责任感。

教师职业道德标准的目的是：

- 激励教师维护和提升教师职业的荣耀与尊严
- 识别教师职业中的道德责任和义务
- 指导教师职业中的道德决定和行为
- 提升公众对教师职业的信任和信心

教师职业道德标准如下：

关爱（Care）

关爱的道德标准包括为提升学生潜能所表现出的同情、包容、兴趣与洞察力。教师通过积极影响、专业判断和实践中的同理心，表达他们对学生福利和学习的高度责任。

尊重（Respect）

尊重的道德标准的核心是信任和公正。教师尊重人的尊严、情感健康和认知发展。在教师的职业实践中，教师以身作则，对精神与文化价值观、社会公正、隐私权、自由、民主和环境表示尊重。

信任（Trust）

信任的道德标准包括公正、开放和诚实。教师与学生、同事、家长、监护人和公众的关系应建立在信任的基础上。

正直（Integrity）

正直的道德标准包括诚实、可靠和道德行为。不断的反思有助于帮助教师在履行其职业义务和责任时做到正直。

（资料来源：安大略省教师协会官方网站）

【思考与练习】

1. 说一说你对“德福一致”的看法和理解。

2. “修以求其粹美，养以期其充足。修犹切磋琢磨，养犹涵育熏陶。”说一说你对修养的认识和理解。

3. 怎样梳理自己的教育观念，确立自己的教育信念？

4. 在“教师的义务”“教师的良心”“教师的公正”“教师的荣誉”“教师的幸福”中，选择其中一种范畴说一说你的思考和实践。

5. 在陈垣的“上课须知”中，选择你感兴趣的一条说一说你的体会。

6. 说一说你阅读美国、新西兰和加拿大安大略省教师职业道德规范的感受和体会。

第二章　爱岗与敬业

【本章学习目标】

理解和感受教师职业生活美的表现，理解教育与人的幸福的关系，寻找爱教育的理由，热爱教师工作。理解敬业的必要性和价值，树立敬业意识。在阅读相关案例中体会敬业的方法和从眼前工作岗位着手的态度取向。

第一节　教师职业审美

对事业信仰是幸福的源泉之一。对职业活动的审美实践是在职业生活实践中体验幸福、获得幸福的基本保障。没有职业审美，没有对职业工作的充分认同，就不可能获得职业的审美体验，这就是所谓的干一行爱一行。爱也需要理由，有理由就意味着有基础，有基础心里才踏实。比如，在幸福的教师那里，由于有了职业审美，教育就不是牺牲，而是享受；不是重复，而是创造；不是谋生的手段，而是生活的本身。

职业没有高低贵贱，在讨论教师职业审美的过程中，我们不能也无意贬低其他劳动者的劳动价值，对于所有给社会创造物质和精神财富的劳动，我们都应该奉上鲜花并报以掌声。美是人的本质力量的体现，不同职业体现人的本质力量是不同的，所以不同职业对美的体现程度并不一样。我们认为教育行业更能体现人的本质力量，更加具有职业审美的可能。作为教师，我们需要认识和感受教师不同于其他职业的美。

对于教师职业的审美，叶澜教师认为："教师职业是美的。教师职业中含有吸引从教者去欣赏、去体验、去创造的美的因素。有了教师职业美的存在，才有了教师审美活动的展开；有了教师的审美活动，又使教师职业的美绽放异彩。教师职业活动的领域是广阔的，但大体表现在三个方面：首先，就教师职业活动的对象而言，教师主要面向的是人，尤其是具有无限发展可能性的青少年；其次，就教师职业活动的内容而言，教师主要承担着学科的教学，并通过学科的教学实现人才的培养与文化的传承；最后，就教师职业活动的实施而言，教师的职业活动又都体现在教育过程中，以教育过程来促进师生的互动，展现教师的生命智慧。由此，教师职业的技术之美、创造之美、道德之美和形式之美便主要表现在对象的美、学科的美和过程的美几个领域，显示出教师职业所特有的魅力。”①

我们还可以从劳动的意义、劳动的过程和劳动的结果等方面审视教师职业的美。

一、教师劳动与人的幸福

参考阅读：

都　在　乎

陈大伟

曾经去看望一位朋友，她正为自己的侄儿苦恼。

她的侄儿小时候听话、学习认真，是个好孩子，可迷上网络游戏以后，性情大变：逃学、撒谎、冷漠，曾经对关心自己的姑姑拿出刀子。这样的孩子自然不讨人喜欢，先后到几所学校，都被学校以不同方式拒绝和劝退。父母哄、骂、打，十八般武艺用尽，但终究无可奈何。姑姑是教育工作者，把侄儿接到自己家里，苦口婆心、绞尽脑汁，仍然没有看到希望。朋友们大多建议放弃，哥嫂、朋友看到她的艰难，从关心她（甚至生命）的角度，也认为只能放弃。

朋友与我交流，希望探讨的问题是：这种拯救是否有意义，是否有价值？这种拯救又是否会有收获？在钦佩她的坚持后，我当时突然想到的是：“这种拯救对孩子肯定是有意义的。过去，我只看到对孩子本人的意义，今天您告诉了我，一个孩子的成长是怎样与他的父母、与他的亲戚、与和他有接触的人的幸福相关。也就是说，一个孩子不只是一个孩子，他的成长关涉着许多人的幸福。”

与朋友的交流久久萦绕心头，它使我想起另外一个故事：

在退潮后的一个早晨，一个男人来到海边散步。他一边沿海边走着，一边注意到在沙滩的浅水洼里，有许多被昨夜的海潮卷上岸来的小鱼。它们被困在浅水洼里，回不了大海，虽然大海近在咫尺。被困的小鱼也许有几百条，甚至几千条，用不了多久，浅水洼里的水就会被沙粒吸干，被太阳蒸干，这些小鱼都会干死的。

男人继续朝前走着，他忽然看见前面有一个小男孩，走得很慢，而且不停地在每一个水洼里弯下腰去。走近一看，原来他在捡起水洼里的小鱼，

---

① 叶澜．教师角色与教师发展新探［M］．北京：教育科学出版社，2001：96。

然后用力把它们扔回大海。这个男人停下来，注视着这个小男孩，看他拯救小鱼的生命。

终于，这个男人忍不住走过去说："孩子，这水洼里有几百条、几千条小鱼，你救不过来的。"

"我知道。"小男孩头也不回地回答。

"哦？那你为什么还在扔，谁在乎呢？"

"这条小鱼在乎！"男孩儿一边回答，一边拾起一条小鱼扔进大海。

"这条在乎，这条也在乎，还有这一条，这一条……"

对于孩子，谁在乎呢？学生在乎！家长在乎！社会在乎！我们自己也在乎！

因为关涉着人，所以只要有可能，哪怕百分之一、千分之一、万分之一……我们都不能放弃；因为每一个学生都是一个独立的世界，而且他联结许多人的安宁与幸福，所以，和中小学教师交流，我常常表达的意见是："我们没有能力也不应该说我们能教好每一个学生，但我们应该说对每一个学生我们都尽了自己最大的努力，这种努力中饱含我们的深情，同时饱含了我们的智慧。"

马克思说："那些为共同目标而劳动因而使自己变得更加高尚的人，历史承认他是伟人；那些为最大多数人带来幸福的人，经验赞扬他们为最幸福的人。"① 从劳动的意义看，教师这一职业因为与人类的幸福和自我完善（个人幸福）密切相关，教师劳动是伟大的。因为从事伟大的职业，做教师又是幸福的。

人并不像自然存在物，"他出自这样一种存在物的最深沉的必然性，这种存在物必须塑造自己，并因此需要一个指明方向的榜样和理想以供他参照。人的不完满性为理解所补偿，这种补偿告诉他怎样来完善自己。"② 可以说，没有后天的发展就没有人的幸福。教育活动的直接结果是人的生成（成长），教育所担当的任务就是帮助和促进学生"塑造自己"。这种"塑造"影响着学生的成长和成熟，影响人的潜能发挥和实现，与人一生的幸福相关：真正的教育是促使个人获得幸福的有效途径和有力工具，通过教育，人们理解幸福、感受幸福、追求幸福和创造幸福；而受到良好教育的新人又从内心渴望幸福，自信有能力获得幸福，对幸福的追求是他们生命

① 马克思恩格斯全集（第40卷）［M］．北京：人民出版社，1970：7。

② 兰德曼．哲学人类学［M］．上海：上海译文出版社，1988：9。

活动的内在追求。

教育既牵涉学生未来幸福，又直接决定学生的现实幸福状态和幸福体验。在强调教育对学生未来生活重要意义的同时，还必须意识到受教育的同时学生也在生活着，教育本身即是生活，教育过程应该是学生对幸福的体验过程，教育不能仅仅为了未来的幸福剥夺今天的幸福。我们说教师职业是有价值的，就在于学生参与教育活动是生命的参与，教师的工作与学生的命运相联系，与生命的生长相联系，教育过程是学生生命需要的满足，教育与学生的现实幸福与未来幸福紧密相连。

事实上，还有什么能比亲眼看到生命活力的扩展与提升更能让人感到工作的价值呢？可以说，没有什么工作能比影响人的工作更有意义，如果有人能因为你的存在生活得更幸福，这对自己就是最大的幸福。

二、教师劳动与创造性

这是一个美丽的教育故事①：

一个男孩由于疾病，背部开刀，留下了长长的两道刀痕。每次上体育课他都不敢换衣服，等到同学们都出去以后，他才一个人躲在角落悄悄换衣服。有一次，一个小女孩发现了这个秘密，告诉了全班同学，大家都围着小男孩看热闹，小男孩感到非常羞愧，跑回了家，并且发誓再也不去学校了。小男孩的妈妈带着小男孩来到教室，班主任是一个刚毕业的女老师，女老师带着小男孩来到教室，指着小男孩两条长长的、难看的刀痕说："小朋友，你们知道吗？每个小朋友上一辈子都是一个可爱的小天使。在你们变成人的时候，翅膀就会自己脱落。"讲到这里，每个小朋友都全神贯注地盯着老师。这位温柔的女老师继续说："但是这位小朋友由于翅膀脱落的时候不小心，留下了两道伤痕，这是天使翅膀留下来的伤痕哦。"

这时，下面的小朋友争先恐后地跑过来抚摩小男孩的刀痕，感到非常奇怪和羡慕，小男孩又找回了自信。

这是一颗善良的心所支撑的教育爱心和教育艺术，它展示的是教师的教育智慧和教育创造。教育活动所以更能激发人的创造性，是因为教师劳动的对象不是无生命的自然物质资料，而是活生生的人。可以说，在所有职业中，教育是唯一真正与人打交道、与人的思想打交道的职业。不同学生，有着不同的理想、兴趣、爱好和感情，在他们身上，有着无限丰富的

① 来源：学生"师德修养"课程作业。

个性特征；学生学生，学习生存、学习生活，学习的过程是发展变化的过程，在每一个学生身上，又都蕴涵着无限发展的可能性；同时，学生参与教育的劳动过程，不是被动地接受和简单地模仿，而是作为有主见、有选择、有创意的主体参与，学生的主动参与产生了教育活动的生动鲜活的精彩画卷。

与人打交道，与处于发展中的学生打交道，与不同的学生打交道，教师劳动所蕴涵的丰富性、可能性为摆脱简单、机械、单调、重复劳动提供了最大可能。在与学生交流的活动中，教育将成为一个充满灵性和创造性的艺术过程，人的本质力量更容易得到最大程度的展现和发挥。

三、付出多，收获更多

马克思说："在选择职业时，我们应该遵循的主要指针是人类的幸福和我们自身的完美。……如果我们选择了最能为人类福利而劳动的职业，那么，重担就不能把我们压倒，因为这是为大家而献身；那时我们所感到的就不是可怜的、有限的、自私的乐趣，我们的幸福将属于千百万人，我们的事业将默默地、但是永恒发挥作用地存在下去，面对我们的骨灰，高尚的人们将洒下热泪。"①

教师职业的幸福，还在于劳动的结果除了付出，更多的是收获。因为从事创造性劳动，教师不断面对新情境，不断解决新问题，在这个过程中，人的潜能被激发，教师获得提升，收获成长。在与学生交流过程中，老师和学生之间是作为一种人与人之间的关系而存在，师生相互欣赏、相互启发、相互激励、相互感染，彼此把对方当成一个开放的创造者、一个成就者对话、交流，从而满足双方心灵的渴求。在这种富有生命力和创造力的工作中，我们懂得工作的意义，享受工作的欢乐，收获教育的成功，体验教师的幸福。

从劳动成果被记挂、被收留的状况看，与其他职业比较，教师的劳动将首先获得收留。我们可以提出这样一个问题："你手上有手机，家里有电视机，你知道是哪一个工人生产的吗?"恐怕没有多少人能对这个问题作出回答。而当我们询问"在小学阶段，谁最爱你？谁对你帮助最大?"大多数人都能说出一两位老师的名字。正是在学生的记挂中，我们被学生收留。这种收留不仅仅使人类文明得以世代相传，而且使教师的智慧和情感更容

① 马克思恩格斯全集（第40卷）[M]．北京：人民出版社，1970：7。

易获得永生和传承。可以说，作为人类几千年文明的传承者，我们感到自豪；看到一批批学生带着教师赋予的社会文明的遗传基因走向社会，感受到自己生命的生生不息，我们感到幸福。孟子把“得天下英才而教育之”当做人生之三大快乐（幸福）之一，在电视剧《中国远征军》中，韩绍功脱下军装选择的是教师，在《神雕侠侣》里，金轮法王最大的梦想是给郭襄当师傅。我们能从中体会的，是一种怎样的快乐？

教育不仅是社会经济和各项事业发展的推进器，而且是缩小差距，消除贫富，促进社会和谐发展的均衡器。教育的目标是社会公正，教育应该有利于促进社会公平。在农村地区、处境不利地区从事教育工作，以及面对各种弱势群体进行教育活动的教师，正在通过自己的努力缩小差距，消除贫富，促进社会和谐发展，他们的劳动将带来更加公正、更加和谐、更加理想的“大同社会”，这是一种更为崇高的专业奉献，在社会向他们表示尊重和敬意的时候，这些老师更有理由为自己的工作享受职业的神圣和庄严。从以下两则参考阅读中，我们可以感受到广大农村对教育的渴望和热切，感受到农村孩子和农民对教育的真情。

参考阅读：

查文红献上的47个吻①

查文红自愿来到安徽省砀山县曹庄镇魏庙小学，当一名不拿一分钱工资的“编外教师”。当她兴致勃勃地拿着教材和精心准备的讲稿走进教室时，家长和孩子看她是个上海人，都用不信任的眼光看她。有的家长竟带着孩子离去转到另外的班，发现教室里一下就空出了很多位子。这当头一棒把查文红打得摸不着头脑。她找到校长问是怎么回事，校长道：“我们这里上课都用本地话，家长和孩子担心听不懂你的普通话，所以跑了。”

查文红感到委屈，但她还是硬撑着上了第一节课。下课时，一名学生用本地话问她：“老师，狠狠还来吗?”查文红没听懂，便问道：“‘狠狠’是什么意思?”学生们哄地笑了，一个小男孩不客气地说：“‘狠狠’就是‘狠狠’，你连‘狠狠’都不知道，还来教我们吗?”教室里再次爆发哄堂大笑。查文红有些恼火，但她不便对刚进校门的一年级孩子说什么，便又去问校长：“‘狠狠’是什么意思?”校长笑着说：“这是我们的本地话，‘狠狠’就是下午的意思。”

---

① 腾讯教育．希望所在：“编外女教师”献上的47个吻［EB/OL］．(2004-04-20)［2011-10-07］．http：//edu. qq. com/a/20040225/000054. htm。(选用有删节)

第一节课的遭遇引起了查文红的深思。她看到农村的落后与闭塞，她想如果这些孩子长大后还只是晓得“狠狠”，他们将永远走不出这贫瘠的土地，也将永远不能与外界对话沟通。她决定坚持用普通话教学。为了让学生首先能听懂她讲课的语言，然后学会讲普通话，她开始刻苦学习当地话，一有机会便向村民们学习。此后上课，她总先用普通话讲，然后再“翻译”成学生能听懂的当地话。在她的推动下，普通话渐渐成了校园里的“时髦”语言。

查文红为了让启蒙阶段的孩子在愉快的氛围中接受知识，她经常用讲故事与编顺口溜的方式开展教学，她的课深受学生欢迎，孩子们的学习热情高涨。期末考试时，全班的语文成绩平均达到91.87分，名列全镇第一。家人们闻讯，纷纷买来鞭炮来到学校燃放，一位家长激动地说：“这么好的成绩，我们多年没见过了。感谢查老师！”

面对此情此景，查文红激动得哭了，她庆幸自己的努力有了回报。那天晚上，她正在哭的时候，突然停电了。她只好躺在床上，一边想着远在上海的丈夫和女儿，一边等待来电。这时，窗外传来一阵碎乱的脚步声，她有点害怕，便壮着胆子喊了一声：“谁呀?”脚步声消失了，外面一片寂静，静得让人心慌。就在她再次准备躺下时，又传来敲门声，她担心是小偷，便提着棍子，走到门边猛地将门一拉，这时，她惊讶地发现，住在附近的三个学生举着一支点亮的红蜡烛站在门口。其中一个孩子说：“刚才停电了，我们担心老师一个人害怕，便把家中过年用的红蜡烛拿来给你壮胆。因为不知道你睡了没有，所以我们在你窗子下面听了一会儿。”一支燃烧的红蜡烛映着三张淳朴而稚气的脸庞，查文红十分感动，她一边接过红蜡烛，一边将孩子拥在怀里说：“谢谢你们，老师谢谢你们了。”

春节临近，学校照顾她，想让她早点回上海过年，便让查文红把剩下的课集中讲完。孩子们听说老师要走，心里都很难过，大家都不能集中精力听课。查文红有些生气，正要批评时，一名叫丁丽的小女孩站了起来，很失落地说：“老师，你不走行不行?”

“不行啊，老师要回家过年。”

“那你到我家过年行吗?”

“不行，因为上海的家里还有一个姐姐正等着老师回去呢。”

听到这里，小丁丽哭着说：“那你亲我一下好吗?”

查文红心里感动了，走过去亲了亲小丁丽，一边止不住流下泪来。这时全班同学不约而同地站起来，都说：“老师，你也亲亲我吧。”于是她一路亲过去，班上47个学生，她一一亲到。亲完最后一个学生，全班同学都放声大哭起来，孩子们以为，查老师这一去就再也不会回来了。

47个孩子一齐大哭。哭声传出，全校师生以为发生了什么事情，纷纷跑了过来，附近的村民也闻声从家里赶来了。哭声是如此具有感染力，一时间全校学生都哭了，面对如此感伤的场面，一些老师和村民也不知不觉地流下泪来。

“那惊天动地的哭声，我从未听到过，至今还在我心中回荡，这一辈子我忘不了那感人的哭声。”查文红每忆及此，还是感动得双眼湿润。

大年三十晚上，查文红上海家中电话响个不停。她知道那是她的学生打来的。临行前，孩子们纷纷表示，春节期间给她打电话，她怕家长们付不起电话费，所以没同意。最后班长出了个主意说：“我们打电话时，你别接，不就省钱了？我们约好，如果电话铃响两下就停了，那一定是我们打的。”此时听着那不断响两下的电话，查文红的心又回到了魏庙小学，回到了孩子们的身边……

你能改写命运，温暖大地①

查文红病了！

9月中旬，还在安徽砀山县曹庄镇蒋新庄村魏庙小学上课的她，发起高烧。9月26日深夜，正在备课的她忽觉天旋地转，再也无法站起。学校将她急送进县医院治疗，连续十几天，剧烈晕眩、呕吐，粒米难进。

查文红，一位上海普通女工，12年前从工厂下岗后，选择悄悄离开城市，到安徽砀山去当一名乡村支教者。用她自己的话说，当时，是“偷偷摸摸”去砀山的。

现在，她的病居然“轰动”了一座城市。

10月4日，远在上海的华东医院院长俞卓伟闻听查老师病重，当天亲自带队，派出唯一的自备救护车，急赴700多千米外的砀山，把查文红抬上救护车。经确诊，她患了双侧小脑大面积梗塞、出血。

治疗需要大笔费用。医院党团组织发动募捐，捐款很快达到9万多元。而“查文红老师住院”的消息也在患者中间传开。

华东医院常年住着不少耄耋之年的老干部。蔡元培先生之女、90岁的蔡睟盎特地来送钱；曾任宋庆龄秘书的李云送来4000元；著名越剧演员范瑞娟捐来2000元；曾任上海市委书记的韩哲一老人95岁了，行动不便，

---

① 姜泓冰．你能改写命运，温暖大地［N］．人民日报，2009-12-08（11）。

等到儿子来探病，马上吩咐："从我的积蓄中拿2000元出来，给查老师。"

消息传到医院外。上海市总工会、团市委、妇联、希望工程办公室、慈善基金会、普陀区委……纷纷行动起来；上海市委书记俞正声听说后，批示有关部门妥善安排好她的医疗和今后生活；市民们纷纷跑到医院，留下款钱，写下鼓励和祝福的话；还有孩子，送来五彩千纸鹤……

她的重病，同样牵动着安徽人民的心。安徽省、宿州市、砀山县的相关领导陆续赶来。并不富裕的砀山人一下子凑出了6万多元捐款。她教过的学生和他们的家长，近些的，从上海浦东、青浦，江苏昆山、南京，专程跑来探望；远些的，三天两头打来电话问候。而在她任教的魏庙，淳朴的村民悄悄跑去学校旁那间据说相当灵验的庙里，烧香，祈祷……

一群人，因为一位外乡人的坚持而改变。

从国庆长假开始，19岁的李红芹就向老板请了假，一直守在查老师的身边，做起了专职看护。这个原在上海一家公司打工的女孩，国庆回砀山探亲，一下火车，等在站台上的母亲就焦急告诉她："别回家了，马上去照顾查老师！"

李红芹是查文红在魏庙小学教过的第一批学生。初中毕业后就辍学了。经查老师牵线，在上海一家公司打工。红芹习惯叫查文红"我们老师"——"老师对我们的影响和改变太大了！"她说。

她还记得查文红到魏庙小学上课的第一天。那天早上，查老师走进教室时傻了眼：房间空空荡荡，所有学生都搬着课桌椅挤到了另一个班级。家长们担心：这个上海城里人"发神经"跑来，肯定留不住。

可红芹他们很快发现，这个老师"太不一样了"！她教学生说普通话；学生大多是父母在外打工的"留守儿童"，发现谁病了，会背着去医院；哪个学生上不起学了，老师就托上海朋友帮忙解决学费。课余，老师还喜欢给他们讲理想、讲"中华五千年"故事……

查文红也记得，不懂本地话，没少烦恼和出洋相。学生问"哼哼还来吗"，她不知道那是"下午"的意思；别人说"老老"，她以为是叫孩子的外婆。为了掌握方言，她曾每天到村民家串门，听人说话。

这个上海女人真的在魏庙村留住了，一留就是12个年头。

第一学期末，红芹他们班的语文平均成绩就达到了93分。至今，查老师已将两个班级带到毕业，是学校里考上重点中学学生最多的班级，有两个孩子已上了大学。

还有一些东西，也因为有了"我们老师"在悄然改变。当地初中毕业后不升学的女孩大多早婚早育，但红芹和那些女孩子现在会跟父母说："不想太早结婚。我要打工攒钱，开眼界学技术！"

最直接的变化发生在魏庙小学。1998 年，查文红初到魏庙，学校教室就设在从前的旧庙里，窗门没有玻璃，板凳桌椅都是学生从家里自带的。2001 年，查文红被评为全国师德标兵、三八红旗手，魏庙小学也受到更多好心人的关注，捐款与支援陆续而来。如今，这里已拥有 3 幢教学楼、一座综合楼、一座漂亮校园，电脑、图书、钢琴样样齐备，是当地最好的九年一贯制学校。

"这 12 年，是我人生最有价值的时候。"

"你后悔过吗?"

"病好后，还会再回去吗?"

8 年前荣誉加身，媒体好奇探问。待镜头转向、聚光灯关闭，查文红继续安静地做着那个不领报酬、不在编的乡村小学教师。直到这次意外病倒，才重成"新闻人物"。而医生说，她血压、血脂、血糖样样不高，50 多岁就发生血管阻塞，应该是生活太清苦、工作太操劳了。

这次，一如当年，媒体继续追问"后悔吗"。

她依然质朴如初："我清楚地知道自己是谁，不会因为出名就轻飘飘的。我就是一个普通女性，做着我喜欢的事，为了让自己活得有意义、有价值。"

"怎么会后悔呢？我永远记得当年遭遇下岗后的失落和痛苦。窗外大雨滂沱，我扑在床上痛哭。在上海，我能找到的工作就是当保姆，我不习惯也不喜欢。在魏庙，我每天早上 5 点起床，晚上 11 点睡觉，虽然连最喜欢的青菜也难得吃上，但有家长们的信任和尊重，有学生们的爱和感谢，有做不完的事要忙，这 12 年才是我人生中最有价值、最充实的时候。我有对女儿、丈夫没法弥补的歉疚，但没有后悔!"

她的手机震动，是魏庙小学闫翠芳老师发来的短信："校园里盛开的鲜花，妩媚动人的杨柳……每一个角落都包含着你无数的心血和汗水。你无私奉献的精神感动天地，一定能驱走病魔化险为夷……"

仔细读着，查文红仿佛回到学校。那里，有她和学生种植浇灌的小树和牵牛、月季花，自己刷漆的栏杆；院子里常有学生来扫地，挂着羞赧而真诚的笑容。在她心里，那里早已成了她的家；上海，更像是"娘家"。

参考阅读：

其　实

周雪峰

人们不懂
他们总说你是蜡烛
可那一滴滴浑浊的眼泪
只是让人想哭
你还有一个名字叫春蚕
那艰难的蠕动
只能让人一次又一次
感受凄楚

人们怎么就不懂呢
其实，你就是一本卡通书
读着读着
流着鼻涕的孩子们
便忘却了北风的威严
其实，你就是一首儿歌
唱着唱着
一群天真，打打闹闹的孩子
便拥进了温暖的呵护

其实，你就是一扇窗户
所有渴望的目光
穿过你，便惊喜于
山外的缤纷
其实，你就是一只火把
所有迷茫的心灵
簇拥你，便认准了
脚下的道路

人们终究会懂的
你的日子

其实就是一粒粒希望
从嫩绿到金黄的过程描述
你的生命
其实就是朗朗的读书声
在青山绿水间
永远的激情飞舞

反 光 镜①

“帕帕德罗斯博士，生命的价值是什么?”

嘲笑者们又像往常一样笑了起来，人们喧闹着要走。帕帕德罗斯举起手，示意教室里的人安静。然后，他凝视了我很长一段时间，似乎在审查我是否严肃。从我的目光中，他看出我并不是开玩笑。

“我会回答你的题。”他从他的裤兜里掏出钱包，在一个皮夹子里掏出一块小圆镜，大小与硬币差不多。

而后，他说：“战争时期，我还是个小男孩时，家里很穷，我们住在一个偏僻的小村子里。有一天，马路上，我发现了许多小镜子碎片，曾有一辆德国摩托车在那发生事故。

“我试着把所有的碎片找齐，再拼起来，但是无法做到，所以我只留下了那块最大的碎片。在石头打磨成圆形以后做成了这个样子。我开始拿它当玩具，发现自己用它能把光线反射到黑暗的地方：深洞、裂缝、漆黑的壁橱等太阳无法照亮的地方，所以，我非常喜欢它，把它当成一种游戏——把光射入我能找到的最隐蔽的地方。

“这块小镜子我至今仍保留着，并且，随着自己慢慢地成长，空闲的时候，我还会把它拿出来，继续这种赋予挑战的游戏。等我长大成人以后，便懂得了这不仅是游戏，更暗示我的人生价值。我知道自己不是光芒。但是真理和知识这些光芒就在那里，如果我像镜子一样去反射它们的话，便会照亮更多黑暗的地方。

“我是镜子的碎片，尽管整个镜子的式样和形状我并不知道。但是，我竭尽所能地反射光芒，照亮世界那些黑暗的地方……照亮人们心灵的阴暗处……让一些人有所改变。或许他看以后也会跟我做同样的事。这就是我，这就是我的人生价值。”

隐喻既是情境性的，也是个人体验和顿悟式的，每一个人都可以有自

① 李起．反光镜［J］．海外英语，2009（12）：46。

己不同的隐喻，这不同的隐喻成为我们内在的信念，指引我们到达自己心中的彼岸，有隐喻意味着有目标、有方向、有意义。想一想，我们心中的教育隐喻是什么？

四、教育与国家强盛

当今世界的竞争，主要表现为综合国力的竞争，而综合国力的竞争取决于人才和教育的竞争。瑞士洛桑国际管理学院世界竞争力研究中心主任加瑞里教授认为："教育对竞争力而言是根本性的——在知识社会，拥有掌握技能的人，就意味着拥有了竞争力。"① 教育在国家竞争力形成和发展过程中的作用不仅在经济发展上，而且在政治、文化、社会价值观念等诸多方面：国家竞争力形成和发展的核心要素首在人才，这里的"人才"既包括掌握知识和生产知识的知识分子，也包括那些掌握劳动技能的产业工人；教育对国家竞争力的推升作用还体现在它直接促进国家创新能力的增强；除人的知识和技能之外，教育还通过影响人的价值观念而对国家竞争力形成更加深层而持久的影响②。

第二节　教育需要"敬"

一、职业与事业的区别

这是一个实习同学在实习期间的切肤之痛：

我在学校的实习生活平平淡淡，就在这平淡中我看到了触痛心弦的情景：每天，办公室的所有老师几乎都会收到小孩子亲手做的小礼物，如画、剪纸、自制小风车、卡片等，看到这些小礼物，老师们脸上都洋溢出了孩子般的笑容。可奇怪的是，我都教他们三个星期了，却从来没有收到他们的只言片语。我开始反思、反思、再反思，反反复复地检讨自己，我自己上课从不骂人，从不惩罚人，也不给他们布置任何作业，按理说他们肯定会更喜欢我这类老师才对呀？可问题到底出在哪里，我想不出原因。

① 转引自项贤明．教育发展与国家竞争力的理论探析［J］．比较教育研究，2010（6）：3。

② 同上。

有一次上课，我照常死气沉沉地完成了教学任务。这时一个小女孩，很可爱的，有一双水汪汪的大眼睛，两条细长的辫子构成鲜花一朵，她站起来问我："老师，为什么你每次上完课就走了，怎么你不和我们一起玩，也不和我们交流，不给我们布置作业，上课同学讲话耍小东西你都不提醒他们。"①

每一个有上进心的老师遭遇这位实习同学的尴尬，都可能感到难堪和失望。

在这里，学生给老师送自己亲手做的小礼物，表达的是学生对老师的爱，对老师劳动的接受和尊重。因为自己的劳动被尊重，自己的付出被理解、有收获（请注意，在这里收获的学生自己亲手做的小礼物，如卡片等），教师获得了被尊重感和事业成就感，所以老师脸上洋溢着"孩子般"的笑容。在这种师生关系中，教师"累并快乐着"，越活越年轻。

在这样一群天真无邪的孩子面前，不被接纳和欢迎是痛苦的。认识和理解这种痛苦，并想法消解这种痛苦是一种积极向上的努力。这种努力不仅有利于改进学生的学校生活和课堂生活，而且有利于改变教师自身的身心状况，使教师生活更加富有乐趣和吸引力。

同学们为什么不愿意和这位实习同学亲近？答案在小女孩的问题中："老师，为什么你每次上完课就走了，怎么你不和我们一起玩，也不和我们交流，不给我们布置作业，上课同学讲话要小东西你都不提醒他们？"——你只是在完成任务，我们没有看到你真心关心我们，我们就不会喜欢你。

孩子们需要什么？需要老师和他们更多的接触交流时间，需要和他们交朋友，需要给他们爱，需要老师有责任心……

而是否能付出这些，又是一个老师是把教育作为职业还是作为事业，是爱岗敬业还是应付了事的分野。

《现代汉语词典》对职业的解释是："个人在社会中所从事的作为主要生活来源的工作"。把教育作为职业，意味着仅仅把它当成谋生的手段，这种人可以循规蹈矩，也可以遵守时间，可能在各种压力面前改进和努力，并且为了自己更好地生存，也可能对学生付出自己的关心和帮助；但终究没有主动，没有激情，没有自觉，没有对学生基于人文关怀的更加深沉和

---

① 来源：学生"师德修养"课程作业。

博大的爱。学生是敏锐的，回报也是对称的，当教师把教育活动仅仅当成职业对待，把学生当成自己谋生的工具时，学生也只把教师当成实现自己求取知识的手段，对教师，他们仅仅只有某种表面意义的礼貌。

把教育作为事业，需要我们把教育活动作为自身生命活动的有机组成部分，把教育作为丰富自己、发展自己、实现自己的一种自我选定和自我设计的生存方式，从而投入激情，投入梦想，投入创造，让教育焕发生命活力，让学生提升生命质量。在创造富有活力的教育活动中，教师也因为实现了提升学生的生命质量而使自己的生命更加精彩。

在现实生活中，我们可以看到这样的四种工作追求和工作状态：

第一种层次是工作就是打发日子。这种人衣食无忧，当教师就是为了获得一种打发日子、消磨时光的方式，他们的明显外在表现是对什么都无所谓。

第二种层次是工作就是为了养活自己。这种人把自己的劳动作为一种商品，通过自己的劳动获得自身生活的必需品并养家糊口。在工作中，他们带着明显的功利色彩，比较注重现实利益，遵循的是交易原则。

第三种层次是通过工作实证自己。人的主体性需要外化才能获得实证，通过外化，人的价值才能得到体现。工作是人的主体性外化的一种方式，通过工作，通过成功地对学生提供帮助，教师可以获得“我很行，我活着有价值，有意义”的体验。在帮助学生时，教师收获了尊重，收获了情感，收获了学生对自己热爱，获得了愉快体验。这种实证自己价值的愉快感促使教师以更强的“蜡烛”精神、“春蚕”精神追求学生的成长。在这一类教师身上，他们表现了一种强烈的奉献情怀。

第四种层次是不仅通过工作实证自己，而且通过工作发展自己。在外化实证自己同时，他们还在追求“内化”——实现自我发展与变化。在努力为学生提供帮助时，他们也致力于在工作收获成长，收获进步，体会和感受自我成长的快乐。这种教师对职业生活的体验不再是“春蚕到死丝方尽，蜡炬成灰泪始干”的辛酸和无奈，而是“我越来越行，我不断追求提升自己的价值，我不断发现生活的意义，不断获得对生活的新理解，不断获得对教育的新认识和新体验”“我成长我快乐”的快乐和幸福。因为自我在不断成长与发展，主体性实践能力在不断增强，所以教育教学更加得心应手，“内化”与“外化”良性互动。

上述四种状态中，第四种层次才是我们应该共同追求的理想状态。

二、仅有爱远远不够

传说在尧帝舜帝时期，有了管理和教育学生的“司徒”——相当于今天的教师，司徒的责任和使命就是“敬敷五教”。“敬”是对教师职业态度的要求；“敷”是传播、流布的意思，这是对教师责任和使命的要求；“五教”是五种主要的社会人际关系（父子、君臣、夫妇、兄弟、朋友），这是对教育内容的规定。什么是“敬”呢？“敬”的反义词是“肆”，就是随意、放任、不负责任的意思；敬是热爱，敬是尊重，敬是敬畏，敬是一种负责任……

为什么要“敬”？首先因为学习和教育不仅关涉人的幸福，而且影响社会稳定和繁荣，属于人一生的大事，属于国家和民族的大事，我们不能不勤勉、不能不努力。其次因为教育是双刃剑，好教育成人，坏教育毁人，我们不能不心存畏惧，不能不小心翼翼谨慎言行。最后因为教育本身有规律，是科学，需要我们认识规律，把握规律，尊重规律，遵循规律。同时还因为教育是艺术，人是教育情境中最活跃的因素，因为有了人，教育情境复杂而流动，在复杂流动的教育情境面前，我们不能墨守成规，需要因人、因时不断改进和创造。

有一位写作爱好者，小时候成绩不好，但喜欢写作文。有一次，他的作文出乎意料地被老师作为优秀作文张贴在学校的公告栏里面。这使他感到兴奋和激动。他一遍又一遍来到公告栏面前，数着老师在认为写得精彩的文字下面的勾画的红圈：一个、两个、三个……一共 81 个。这 81 个红圈使他对写作有了更加浓厚的兴趣。

这是一个故事，另外一个故事是刘秀君老师的亲身经历①：

讲完一个单元的作文课，我要求学生模仿作文，写一篇记叙文。若干年的教学实践告诉我，作文怕虚构、怕编造、怕干巴无情。让学生写出有真情实感的作文，是我每次作文都要反复强调的老套子。这次作文，我要求学生写身边的事，就写真人真事。

这是一次成功的作文课，好多同学写得声情并茂，最突出的当属李春林同学的作文《没妈的孩子像根草》。全篇淋漓尽致，情深意切，真挚感人。一名六年级的小学生能写出这样的文章，使我感到惊喜和意外。我爱

---

① 刘秀君．惹乱子的表扬启发我守法育人［A］．青岛市教育局．教师之魂——青岛市中小学教师职业道德优秀案例集［C］．北京：中国书店，2003：8。

不释手，在作文点评课上，我选择它作为范文给同学讲评。当我用颤抖的嗓音读完李春林的作文时，同学们的眼睛湿润了，我的心也沉甸甸的。作为班主任，我通过作文了解到李春林的心理世界后，感到肩上的担子重重的，我思索着该以怎样的师爱去替代母爱，关注这个单亲家庭孩子的健康成长。

我以为这是几年来最成功的一次作文训练，是最精彩的一次作文讲评。却怎么也没有想到，因为把李春林的作文当范文，表扬了李春林而引发了他离家出走。

苏霍姆林斯基说："教育，就其广义的理解来说，这是一个受教育者和教育者都在精神上不断的丰富和更新的多方面的过程。同时，这个过程的特点是，各种现象具有深刻的个体性：某一条教育真理，在第一种情况下是正确的，在第二种情况下是无用的，而在第三种情况下就是荒谬的了。"① 上面所列的例子中，"81个红圈"中的老师通过展示和激励造就了一位作家，而刘秀君老师肯定学生作文出色的行为却导致了学生离校出走（半个月以后，当李春林被找回来的时候，李春林说老师在全班读作文伤害了他的自尊心，侵害了他的隐私），同样是肯定和表扬的行为，却导致了如此截然不同的结果，你能不小心谨慎？

再如，你一家和朋友一家在郊外玩耍，你的小孩被飞舞的蝴蝶和蜜蜂吸引。一会儿，小孩跑来问你："爸爸，蝴蝶飞舞为什么没有声音，而蜜蜂飞舞有嗡嗡的声音？"

你可能是一个不负责任的家长，或者不愿意在朋友面前暴露对这个问题的无知，于是你对孩子一顿呵斥："滚开些，不要来烦我！"孩子哭着、伤心着离开。

或者你是一个负责任的家长，你告诉他蝴蝶飞动的时候翅膀震动慢，而蜜蜂飞行时翅膀震动很快，孩子可能会点点头，似懂非懂地离开。

进一步，除了对孩子关心和热爱，你是一位有教育修养的家长，你可能让孩子首先观察蜜蜂和蝴蝶停留在花朵上是否有声音；然后，拿出一张纸，先用手提着它让它在空中慢慢晃动，让孩子听一听有没有声音，再用力吹动纸片，让孩子听一听纸片发出的"哗哗"声；最后把这张纸片交给孩子，让他自己去玩。

我们可以想一想：三种教育方式，对孩子以后的学习和选择会有什么

① 苏霍姆林斯基．给教师的建议［M］．北京：教育科学出版社，1984：452。

不同的影响？

认真分析，我们会发现：

第一种教育方式可能导致这样的结果，从此以后他再也不向你提出类似的问题，你的教育扼杀了一个求知、向上的心。

第二种教育方式满足了孩子的求知欲望，他了解了这个方面的知识，今后有了问题，他还会继续问你，但也可能学会了依赖，自己不愿意动脑筋。

第三种教育方式不仅鼓励了孩子提问，而且有利于培养孩子观察问题、思考问题的习惯，同时还在告诉孩子，解决问题主要通过自己，它可能培养孩子探究和自主学习的习惯。当然在孩子解决问题遇到困难，或者最终没有能力解决的时候，老师和家长的帮助也是十分必要的。

第三种教育方式揭示的是教师教育行为的一个基本原则："好的教师教人发现真理，不好的老师给人奉送真理。"它告诉我们：好老师需要是好人，但好人未必一定是好老师。要成为优秀教师，更好地为学生和家长提供专业的教育服务，需要教师扎实的专业素养。

对照这个案例，你是否同意"好的教育成人，坏的教育毁人"？是否同意"教育不仅需要热爱，而且需要敬畏"？

坚持的意义还在于给学生以敬业的表率：

某高校某班级大学四年级毕业前，接到教务处通知，要补两节课。该班老师曾经因为生病缺了一次课。班上的同学谁也没有当成一回事，因为他们已经通过考试了。补课那天，教室只到了3位女同学，她们也不是专门来听课的，而是找个地方聊聊天。她们建议那位补课老师不必上课了。老师说那是他的责任。3个女生听着听着就被老师的执著感动了。上课结束时，她们把由衷的掌声送给了老师。

5年后，这个班举行第一次同学会，事业最成功的正是那3位听课的女生，而当初她们并不拔尖。当同学们问起她们成功的经验时，她们不约而同地回答："是那一课，那一课的题目叫'敬业'。"

事实上，无论我们的学生是不是要当教师，"敬业"的一课都是特别重要的。但这样的课程仅仅通过讲授是难以完成的，它主要是通过教师自己的敬业态度、敬业精神影响和改变学生的。如果教师自己没有执著和坚持，学生就很难学到或学好这一课。

三、从眼前的岗位和工作做起

《中小学教师职业道德规范》对于“敬业”具有这样的要求：“认真备课上课，认真批改作业，认真辅导学生，不对工作敷衍塞责”。我们认为，敬业需要从手上的工作做起，从身处的岗位着手，精心设计、准备和实施每一次教育活动，善待每一个眼前的学生，并以研究的态度和方式从事教育。

参考阅读如下两则资料，我们可以借鉴优秀教师思考如何在教学设计、教学准备、教学实施中敬业、乐业、创业。

参考阅读：

艺术课堂教学导入方法与实例①

1. 以情感人的教学导入

“人非草木，孰能无情”，具有感情是人与物区别的主要标志之一。而艺术本身就是情感的投影，艺术教学需要情感的投入，因此，教师与学生相互以心灵感受心灵，以情感激发情感，是极其有效的教学导入方法。

小提琴协奏曲《梁祝》教学导入例 1：

师：天不老，情难绝。心似双丝网，中有千千结。爱情是美好的、也是每个人所向往的，但在生活中，有些爱情却总是磨难重重，让我们为之掬一捧心酸的泪，下面，我们来看这么一段电影（播放电影《梁祝》片段：英台投坟）……同学们，生命是宝贵的，但影片中的祝英台却自己放弃了生命，投坟自杀。这是为了什么？

生 1：她是为了和她所爱的人一起死。

生 2：她是为了反抗封建制度。

师：是的，在这里既有祝英台对爱人已死的悲伤，也有着对封建制度的恨意，大家注意到了没有，在这段影片的配乐中，除了乐曲的烘托，在表达祝英台情绪时，最主要运用了哪种乐器？

生 3：小提琴！

师：正是小提琴，小提琴是最能“歌唱”情绪的乐器，用小提琴来叙述“梁祝”这个爱情悲剧，可以说是“天作之合”，今天。我们要欣赏的就是小提琴协奏曲《梁祝》……

2. 以趣动人的教学导入

“兴趣是最好的老师”，对感兴趣的事物，人们总会主动地去探究它，

---

① 选自陈璞．最美，艺术课［M］．北京：中国轻工业出版社，2011：18—21。

使学习过程不再是一种负担。通过有趣的事物来吸引和维持学生学习艺术的注意力的教学导入方法，也是行之有效的。

小提琴协奏曲《梁祝》教学导入例 2：

师（出示陈歌辛及其妻子金娇丽的照片）：这两位分别是我们上海南汇本地的一位音乐家和他的妻子，猜猜他们是谁？

过了一会儿，一位学生小声地问：是不是我们周浦镇的钢琴家傅聪呀？

师：看来这个问题有点超出大家的知识范畴了。不过这样也好，我们上完这节课就知道他们了，他们不是傅聪夫妇。“夜上海，夜上海，上海是个不夜城……”听过这首歌吗？

生：听过。

师：这首歌就是这位音乐家写的，他叫陈歌辛，一生写了《夜上海》等 200 多首歌曲，许多歌曲流传至今。你们看过电影《花样年华》吗？里面的主题歌《花样年华》也是他写的。他们还生了一位音乐家儿子（出示陈钢的照片），他的名字叫做陈钢。陈钢写了一部世界闻名的小提琴协奏曲《梁祝》。今天让我们来听一听我们本地音乐家的作品吧……

3. 以疑诱人的教学导入

教师根据艺术教学内容的特点和需要，创设悬疑，以此来引发学生的好奇心和求知欲，也是导入新课的一种形式。

小提琴协奏曲《梁祝》教学导入例 3：

师：1954 年 5 月，周恩来总理率中国政府代表团参加日内瓦国际会议。为了让与会代表和新闻记者了解中国悠久的传统文化和新中国成立后的新气象，中国代表团带去了国内新拍出的第一部彩色（越剧）影片《梁祝》，并邀请各国代表观看，但在请柬上怎么写呢？中国外交人员很茫然：“外国人对梁山伯与祝英台的故事根本不了解，对中国的越剧也不了解，怎样简洁而准确地介绍影片，并使他们对此感兴趣呢？”下面，我把这个难题给大家，你们会怎样写这份请柬？

生 1：为了爱，化成蝴蝶的爱情悲剧。

生 2：中国浙江的戏曲艺术表演的爱情悲剧。

生 3：在封建制度下被迫害而死的一对有情人。……

师：看来同学们都积极思考了，但大家还是比不上我们周总理的智慧，想知道周总理是怎样解决这个难题的吗？

生：想！

师：这时。周总理指示在请柬上写上：“请你欣赏一部彩色歌剧电影——中国的《罗密欧与朱丽叶》。”一如周恩来所料，这部电影受到了外国观众的喜爱。后来呀，我们上海音乐学院的陈钢与何占豪根据这部电影的越剧音乐素材，创作出了一部脍炙人口的小提琴协奏曲《梁祝》……

4. 结合音乐律动的教学导入

对于低学段的学生，则可以采用结合音乐律动的教学导入。不过，这种方法的运用一般在中学艺术课上比较少见。

小提琴协奏曲《梁祝》教学导入例 4：

师：今天我们要求听一段小提琴《梁祝》，它的故事是我国古代传说之一，最后男女主人公都变成了美丽的蝴蝶，下面，让我们跟着音乐，把自己变成小蝴蝶从门口飞到自己的座位上去吧……

发试卷的研究和实践①

发试卷时，也要特别注意，要有所区别：既要表扬成绩优秀的同学，又要夸赞取得巨大进步的同学，更要保护好成绩不佳的同学的自尊。所以，试卷不能让学习委员一发了之；最好也不要照传统的做法，按组逐一分发。每次发试卷，我都是在讲台上亲自递给学生。对于考试成绩优秀的学生，我一定会高声念出他的成绩；对于进步很大但成绩还不是很理想的学生，我念出的是与上次考试相比，他进步部分的分数；对于成绩不理想的学生，我则会把试卷折起，不念分数，对他说：“这次也有进步，但进步的幅度不大，和你能达到的成绩相差比较远，希望下次努力。”

学生们看着手中的试卷，脸上是掩饰不住的幸福和喜悦，很多同学从来没想过自己能取得如此好的成绩。放学的时候，你会发现，很多学生不是把试卷放进书包，而是折平放入口袋，兴许是为了到家后，可以迅速地掏出给父母看，以报告喜讯。

在分发试卷的时候，为何要如此小心？还有一点值得说一说。在农村的小学，很多小孩对自己的成绩早已“麻木”而毫不在乎。我将试卷轻轻折起，不让其他同学知晓他的成绩，这样不仅可以保护他的自尊心，而且让他明白，成绩不理想就应该感到惭愧。学生也希望有一天老师能当着全班同学的面，高声念出他的成绩。只要老师平时稍加辅导和叮嘱，加上学生“知耻而后勇”，学生的学习成绩就会突飞猛进。

① 曾纪洲．教书，不简单［M］．上海：华东师范大学出版社，2010：48－49。（题目为编者所加）

【思考与练习】

1. 阅读成都大学师范学院2007届小教中文专业彭玮同学的作业《为什么选择当教师》，找一找当教师的理由。

从小的时候开始我的理想就是当一名老师，直至后来每一次大人们问我想干什么，我都坚定不移地说要当老师，到后来高考填志愿时，我也是很坚决地就填了小学教育这个专业。

我觉得在当今这个物欲横流的社会里自己仍然愿意选择当老师，并且喜欢、热爱这个专业、职业可能和我从小的教育环境有关系。我的妈妈是一个很平凡的妇女，但她从小对我的教育却一直浇注了她大量的心血。母亲常常爱买一些教育孩子的杂志（我妈妈并不是老师）、书籍来看，例如《父母必读》《读者》，李镇西的《做最好的班主任》，刘墉的《超越自己》系列，《哈佛女孩刘亦婷》《美国的家庭教育》等，在上大学过后很多老师推荐看的有关教育类的书籍我家里都已经有了，而且这些书不仅她自己看，她也推荐给我看。所以，我觉得从小的这种耳濡目染给我日后职业理想的形成奠定了基础。

在成长的过程当中很多人的理想都会渐渐被冲淡，但我却一直坚持着自己的教师梦，在今天来看，我想除了家庭的支持等客观因素以外还有以下几点主观因素：

第一，我觉得教师是一个很能体现自己价值的职业。自己从一个什么不懂的小孩子到现在学会自己去分析解决问题，学会生存、生活是与老师的教育分不开的。我想作为一名老师，当看到自己的学生对世界、对社会、对身边发生的事由未知到已知，懂得的知识与技能因为自己的参与而越来越丰富时，自己想必会感到非常成功和骄傲的。

第二，针对自己的性格而言，教师是比较适合我的职业。我很清楚地认识到自己是一个思想比较单纯、没什么心机，但同时童心未泯，心地很善良，拥有爱心、爱笑的人，所以我想校园这个环境对我来说是比较适合的，教师每天的大部分时间面对的都是这些纯真善良的孩子，对于孩子，当一名老师拥有童心，善良，懂得去爱他们，那么获得他们的好感可比获得成人们的好感容易多了。

第三，我喜欢知识传递的过程。我觉得把学生不懂的知识教授给他们，或是带着他们一起去感受一篇文章，一句话，甚至是一个词，一个字的美，或是启发他们的心智，让他们感受身边许多未曾发现的感动，或是启发他们学会去表达对生活，对生命的爱，诸如这样的过程，我觉得于学生、于我都是很有意义的。

第四，我愿意通过自己的身体力行使世界上的某些东西得以改变。也许说出这句话会让人感觉很狂妄，但我觉得这样的事情并不是不能发生的。教师（特别是小学教师）的行为对学生的影响是很大的，我希望自己能成为一个博学、有爱心、善良的老师，把爱与希望传递给每一个学生，让自己的学生也能学会去爱这个世界，爱自己的生命，爱身边的每一个人，我想也许每一个人的力量是很小的，但爱的力量是伟大的，相信总有一天，润物细无声，这样的力量会浸润到人们心灵的角落，而也因为这样的力量使得一些人的命运因此而改变，从而能为这个世界作出些许的贡献。

从进入大学对自己职业理想的确定到现在已有三年的时间了，在这段时间里自己也在经历一个心智上的渐渐成熟，明白了一个人心灵的富有是多么的重要，学会了淡定地去对待身边发生的事，学会了反思，也更加地热爱自己的生活，热爱自己的生命。我想对于以上陈述的自己选择教师这个理由，或许是有点理想主义了，但这又何妨呢，我觉得一个人在年轻的时候是应该有这样的理想主义情怀的，要对自己的未来抱有不断的希望与要求，我觉得只有这样，我们继续生活，热爱生活的源泉才会不停息。

（Ps：其实，虽然自己很热爱这个专业，但这也是自己第一次静下心来好好想想自己热爱这个职业的原因。我觉得老师的这个作业布置得真好，让我在凭着自己的一腔热血理想主义地去看待事情的同时，也静下心来学会用现实主义来思考。我觉得当自己想清楚这些理由的时候，自己也就更成熟一点了，支持自己在教师这条路上走下去的力量更坚定了，也使自己再一次倾听到了自己内心的声音与渴望。连我自己也没想到，原来自己的理想是这么的坚定与纯洁。也连我自己也没想到，在写完这篇文章的时候，眼里居然有微微的湿润。）

2. 想一想自己心中的教师隐喻，说一说你对教师职业的理解。

3. 举例评析教师的爱岗敬业现状。

第三章　师生关系

【本章学习目标】

认识和理解教师对学生的保护责任。体会尊重学生的意义和价值，确立尊重学生的信念，学习尊重的方法。从课程开发和建设的角度认识教师的劳动价值和工作重点。理解教育爱的意义，学习教育爱的表达。

第一节　教师对学生的保护责任

一、学生的生命高于一切

“学生的生命高于一切”，这是汶川大地震中，一批优秀教师用自己的行动诠释的教师形象和责任。

参考阅读：

因为我是老师

——“5·12”汶川大地震舍己救生教师群像[①]

谭千秋：张开双臂护住4个学生

这是让无数人都感动流泪的一个画面。四川省德阳市东汽中学教学楼坍塌，而就在地震发生的一瞬间，学校教导主任谭千秋双臂张开趴在课桌上，身下死死地护着4个学生。4个学生都获救了，谭老师的后脑被楼板砸得深凹下去，不幸遇难。

“谭老师是我们学校的教导主任，兼着高二和高三年级的政治课。”守在谭老师遗体旁的同事夏开秀老师说，“在我们学校的老师里他是最心疼学生的一个，走在校园里的时候，远远地看到地上有一块小石头他都要走过去捡走，怕学生们玩耍的时候受伤。”

吴忠红：为学生被楼体吞噬

5月12日下午，四川崇州怀远中学教学楼发生垮塌事件，在突如其来的灾害面前，学生从楼梯口蜂拥而下。吴忠红引领孩子疏散时，听到有学

① 因为我是老师［N］．中国教师报，2008-05-21。

生掉队，本来已经到达安全地带的吴老师又冲进教学楼，返回四楼，这时楼体突然垮塌，他和几名孩子被吞噬……

苟晓超：新婚刚刚 10 天

5 月 12 日，四川通江县永安坝村小学教师苟晓超发现地震后，冲向教学楼三楼，抱起两名学生向楼下冲……当他再一次冲到三楼抱起两名孩子向楼下冲，刚到达一楼地面的最后一级楼梯时，他本能地将两个孩子“藏”在自己的怀中，用自己弱小的身躯挡住从天而降的坠落物。为救护学生，苟晓超献出了宝贵年轻的生命。那时他新婚刚 10 天，年仅 24 岁。

周汝兰：连续跑了 4 趟，抱出最后一名学生

地震发生时，彭州市红岩小学四年级二班的老师正在为学校的 52 名幼儿园大班同学上课，房屋剧烈摇晃，年仅五六岁的孩子吓得不知所措。正在上课的周汝兰老师往返四趟，最终将最后一名孩子从教室内抱出。令人恐惧的几分钟终于过去了，全校 820 余名学生都被紧急转移到教学楼后面的大操场上，没有一名学生、老师受伤。

余琴：我是老师，不能跑在前面

地震发生时，汶川县映秀镇小学余琴老师正在一年级上课，课室就在一楼。地震发生后，她立即让学生往外面跑，自己则最后离开。她说：“我是老师，不能跑在前面。”

把目光再看得宽一些，远一些，我们可以发现：在 1994 年 12 月 7 日克拉玛依市友谊宾馆的大火中，在场的 40 多名教师，有 36 位遇难，他们大部分都是为了掩护学生而殉职。在 2007 年 4 月 16 日美国弗吉尼亚大学的枪击案中，年届七旬的力学系客座教授、世界知名的以色列籍学者列维·利布雷斯库在关键时刻挺身堵住了枪眼，为全班学生成功逃脱争取了宝贵时间。

这些教师既是教师的丰碑！又是教师的灯塔！

作为人，我们一生有许许多多的责任，其中一项重要责任是职业责任，履行职业责任简称尽职尽责。而所谓尽职尽责，就是尽自己的最大努力完成职业任务，承担职业责任，履行职责义务。应该说，尽职尽责是对职业人员的基本要求。

教师对学生究竟有什么必须的责任呢？应该说先有保护，后有教育，保护周全了，教育才有可能，强调教师对学生的保护还因为我们的学生很多还是未成年人，还缺乏自我保护意识和自我保护能力。他们弱小，最容

易被伤害，最容易成为灾难的牺牲者，在伤害面前，他们最需要保护和救助。

法国哲学家阿尔贝特·史怀哲说："善的本质是：保持生命，促进生命，使生命达到其最高度的发展。恶的本质是：毁灭生命，损害生命，阻碍生命的发展。"① 没有了生命，其他的保护也就失去了意义。保护后代，为下一代开辟生存道路是种群繁衍的一种选择；而对弱小者实施保护，则是人类文明进化的具体体现，联合国《儿童权利公约》告诉我们："儿童应该是人类一切成就的第一个受益者，也应该是人类失败的最后一个蒙难者。"这是文明社会的共同价值取向。

在2008年修订颁布的《中小学教师职业道德规范》中提出了"保护学生安全，关心学生健康，维护学生权益"的要求，作为规范，保护学生安全已经成为教师履行职责的硬性要求，它不仅要求教师在灾难和危险面前要帮助学生先行脱险，而且要制止有害于学生健康和安全的行为或者其他侵犯学生合法权益的行为，同时要创设安全的学习环境，不带学生从事危险的活动；加强安全教育和管理，提高学生的安全意识，教给学生求生自救自护的本领。

二、保障学生权益

为了尊重和保护儿童的权利，1959年第14届联合国大会曾经通过了联合国历史上第一个关于保护儿童权利的国际性条约——《儿童权利宣言》。1989年联合国大会进一步通过了《儿童权利公约》。《儿童权利公约》的基本精神是强调儿童不仅仅是被保护的对象，而且是积极和创造性的"权利主体"，拥有"包括生存、发展和充分参与社会、文化、教育生活以及他们个人成长与福利所必需的其他活动的权利"。联合国儿童权利委员会副主席汉姆柏格在解释《儿童权利公约》的基本精神时曾经这样说过：过去人们关心儿童的基点是使脆弱的儿童免受伤害，人们还没有普遍认识到儿童有自己的能力、观点和想法，应该像所有的人一样受到尊重。汉姆柏格还对《儿童权利公约》基本精神的四个原则做了具体说明：①儿童最佳利益原则——任何涉及儿童的事情均以儿童利益为重；②尊重儿童尊严的原则——其意义不仅局限于不被杀害或伤害，而是指向儿童生存和发展的质

---

① 阿尔贝特·史怀哲．敬畏生命［M］．上海：上海社会科学院出版社，2003：121。

量；③尊重儿童的观点和意见的原则——任何涉及儿童的事情，必须认真听取儿童的意见；④无歧视原则——所有儿童都应当受到平等的对待，不应受到任何歧视或忽视。

保护学生的权利，需要：①将学生视为平等的人格主体予以尊重，一方面是对学生的人格尊严平等对待和小心呵护；另一方面是提供具有挑战性而又能够胜任的工作任务，让学生在有成就的学校生活中培养和实现自己的人格尊严。②保护学生的上进心以及认识世界、展示自己等美好愿望。我们常常可以听到“激发学生学习兴趣”的说法，想一想，当学生刚走进学校的时候，他怀着怎样的渴望和梦想？现在的问题是，不少学生在学校生活一段时间以后，反而对学习索然无趣了。所以，如何保护好学生的学习兴趣，这是我们需要思考和研究的一个问题，保护好了，激发就不会那么辛苦和徒劳了。③保护儿童的童心和天性。意大利教育家蒙台梭利在《童年的秘密》中有“儿童是成人之父”的观点，儿童之心发乎天性，他们好奇，他们天真，他们纯洁，他们善良，他们富有想象力，他们无拘无束……这是成人社会中最为需要的，在《皇帝的新装》故事里，正是小孩子的童心为拯救这个说谎的成人社会留下希望。可以说，在教育中保护童心就是保护希望，保护美好，保护未来。

第二节　尊重学生

一、尊重学生的意义和价值

说到师生关系，“尊师爱生”四个字耳熟能详，用“尊师爱生”指导师生关系无疑是有道理的。但“尊”和“爱”是应该相互的、共同的，我们不能只强调一个方面，而忽视另一个方面。我们不能强调了一个方面，忽视了另一个方面。现在的问题是：教师对学生是热爱有余，尊重不足，在“爱”的口号下伤害学生事件时有发生；而学生对教师是尊重有余，热爱不足，学生对老师敬而远之。

案例 3.1：[①]

某日上午，某中学初三年级班主任 B 老师叫本班学生小 A 去维护食堂

① 来源：学生“师德修养”课程作业。

秩序，小A说这天不是他值日，不肯去。B老师很生气，声称要剪掉他的头发，小A吓得连忙跑出办公室，B老师怒不可遏地追出来，扯着他的耳朵将他拉进办公室，连打他几个耳光，还将他按在地上，用教鞭抽他。他大声哭求老师“不要这样，不要这样”，可B老师仍不罢休，竟拿出剪刀，“唰唰”两下，剪下了他前额两绺头发，又在他脑后剪了两刀。看看上课时间到了，B老师才罢手，让小A顶着“阴阳头”去上课。

走进教室，小A感到抬不起头。下课后，他到学校附近的一家理发店理了发，觉得无颜回校，就买了一张车票离校。整整一夜，都没有回校，也没有回家。一直到第二天下午，在亲友和老师的劝说下才回到学校读书。

小A的父母都在广州种草莓，得知儿子之事后，心里很着急。小A的姑姑是小A的临时监护人，她说，“这次事件对孩子的身心刺激很大，让他在学校抬不起头，造成的精神伤害可能是永远无法弥补的。”

B老师今年31岁，说起这件事，他感到“仿佛是一场梦游”。他说那天上午，一时火起，就按捺不住动起了手。见小A头发留得较长，又随手拿出了剪刀。“我曾经两次提醒他该去理发了，可他不听。这次先剪他几刀，也是促使他能去理发。”B老师说现在很后悔，只怪一时冲动。他真诚地向学生及其家长表示歉意。

事发第二天上午，学校一名副校长及两位老师来到小A家，向他及亲属们道歉，并劝小A回校上课。校长表示对发生此事“十分震惊”，他说平时经常三令五申，禁止老师对学生体罚，想不到竟然会发生这样的事。“老师做错了，再大的责任我们也要承担。”

当地教育局闻讯后立即派出调查组赶赴学校调查了解情况，并要求对责任人作出严肃处理。学校已责令B老师向小A及其家长亲戚赔礼道歉，在全校教师会议上公开通报批评，并扣发他的当月考核奖。

将尊重置于优先地位因为学生首先是人，其次才是学生。彼此尊重是人与人交往的基本道德要求。但在老师与学生的交往过程中，由于相对学生而言，教师“闻道在先”，属于有知者（或者多知者），而且老师处于教者、授业者、社会要求代言人的地位，这使很多老师不能正确摆正自己的位置。而学生出于对老师的尊重和信任，又常常主动拱手出让了自己的平等权利。所以，师生的平等关系往往处于失衡状态。相对成人而言，学生的尊重意识（特别自我尊重、要求尊重自己）尚不完善，这容易导致教师不尊重学生的行为得不到有效制止，教师不尊重学生的现象时有发生。曾经有一位同学这样说：“我的一位老师，他尽职尽责，一丝不苟，知识渊博，还写得一手好诗。那时我成绩不错，老师也很喜欢我，处处关心我。人之常情，我应该喜欢他，但我不能。因为他总是对我们班的一位同学拳打脚踢，现在这位同学和我还有联系，他说：'我永远不会原谅他（那位老师），虽然我知道他是为我好，但他没有想过，那时我还是个不懂事的孩子。'"① 也就是说，不论出于何种理由，我们都不能不尊重，尊重本身就是为"他"好！

冰心先生1986年曾经说："我说的既不是'尊师'，也不是'爱生'。我觉得'师'与'生'是互相尊重、互相亲近的朋友。"② 互相尊重意味着彼此认同人格上的平等，意味着理解、接纳与宽容。互相亲近意味着付出彼此的爱，意味着相互帮助和鼓励，意味着共同付出与分享。

有一位师范学院的同学在实习过程中体会到了彼此尊重的必要：

有一天，有一个学生问我CS（引者注：一种网络游戏）是什么，我说不知道，他便说我是从乡下来的，连这个都不知道。我承认这一点，说我本来就是从偏远的山村来的。一连两天，我进教室，他都说，从山村来的还要教他们，像是嘲笑和蔑视。我想这样下去不好，便对他说："你应该学会尊重人，你不尊重我，我也不会尊重你。"他居然说："你都不尊重我。"我忘了说过他什么，问他。他说："你说我'虚虚眼'（引者注：眼睛很小的样子）。"这才想起，他眼睛近视得很厉害，还不认真做眼保健操，便说了他"虚虚眼"。我知道自己错了，便向他道了歉。③

在师生关系中，"互相尊重、互相亲近"本身并不是最终目的，彼此成长和成就才是目的。彼此成长意味着彼此从对方身上获得成长的元素和营养，通过交往增加自己的本质力量，实现自身发展和成长；彼此成就是彼此激发对方的创造性，使对方在交往过程中，在体现人的本质力量的活动中获得人的尊严感和成就感。

参考阅读：

那改变我一生的两次微笑④

上小学的时候，我的语文成绩很不好，原因是我不喜欢语文，而不喜欢语文的原因，是因为我不喜欢我的语文老师。

---

① 来源：学生"师德修养"课程作业。

② 冰心．当教师的快乐［J］．民进，1986：9。

③ 来源：学生"师德修养"课程作业。

④ 王永明．那改变我一生的两次微笑［J］．教育发展研究，2005（4）：32。

我的语文老师是位年轻的男教师，脾气很大，动不动就训人，好像全世界的人都欠了他似的。我从小学一年级就在他的班上，感觉他从来没有笑过。我不喜欢他，也就不喜欢他的课，四年下来，我的语文成绩一直排在班里的倒数，我因此而自卑。

那天一上课，坐在教室里的我就开起了小差。“王永明同学，你起来回答……”突然，老师向我提问了。可怜的我连什么问题都没有听清楚啊。我战战兢兢站了起来，准备挨一顿臭骂。可是意外发生了，当我抬起头来，发现老师竟对我深情地微笑了一下。

我真不敢相信，四年来，老师从来没有对我微笑过啊！我受宠若惊。老师对我微笑了，老师是看得起我的，老师并没有嫌弃我的成绩差，想到这里，我挺直了腰板，认真听起课来。

不一会儿老师的脸又转到我这边来了。大概是看到我听课认真的缘故吧，老师又给我热情的一笑。我明白，老师这是在鼓励我。那天，我的心情从来没有这样好过。从此以后，我的语文成绩突飞猛进。只一年时间，我从班里的倒数猛升到全班前五名。在这期间，虽然老师再也没有对我微笑过，但我想，老师是对我严格要求，老师心里是喜欢我的。我能看到老师的心在对我微笑。

时间过得飞快，我小学毕业了，中学毕业了，师范毕业了。我无怨无悔地回到家乡当了一名传道授业解惑的小学教师，并成了家乡一位小有名气的作家。

在一篇自述性的文章中，我特别提到了我小学的语文老师，提到了老师的那两次微笑。我说，当年如果没有老师的那两次微笑，就没有我今天的成就。文章发表在家乡的一份报纸上。

几天后，我意外地收到了一封信。拆开一看，竟然是那位小学语文老师写给我的，他的突然来信，给了我巨大的惊喜，然而最让我心灵震撼的却是信的内容，它使我深深地懂得了为师之道。信里这样写着：“永明同学，你好，看了你的文章，首先祝贺你的成就。我很惭愧，因为我清楚地记得当年的微笑并不是给你的。原因是当时我的女朋友和校长正在你的身后听课……读了你文章，我感触很深。两个并不是给你的微笑，却改变了你的一生，那我为什么不把微笑献给所有的学生呢……”

这个故事可以给人很多启示：

学生是变化的，我们不能用僵化的眼光看待学生，“成绩一直排在班里的倒数”的学生就可能在一年时间里，“猛升到全班前五名”，“差生”有时可能是老师强加的，他只是潜能尚未发挥和展现。

当老师“脾气很大，动不动就训人”时，“我不喜欢他”。“因为我不喜欢我的语文老师”，所以“我不喜欢语文”。由此，“我的语文成绩很不好”，“我因此而自卑。”当“老师对我微笑了”，我“挺直了腰板”，“心情从来没有这样好过”，“认真听起课来”，最终结果是“语文成绩突飞猛进”。对这样的关系进行梳理，我们可以得出结论：在教育教学活动中，没有情感的接纳，就很难有知识的沟通和交流，当知识的沟通交流受阻，学生就很难获得理想的进步。

何以会因为“成绩很不好而自卑”？何以“老师对我微笑了，我挺直了腰板”？实际上，人总要通过外化实证自己，实现自己。成绩不好，外化和实现自己受到阻碍，人就会对自己的存在价值产生怀疑，怀疑自己的结果是产生自卑的消极心理。“老师对我微笑了”，因为老师相信我，我还行，所以我“挺直了腰板”。是否具有外化实证和实现自己的可能，是否在外化中获得积极的自我评价，对人的发展极为重要。丘吉尔曾经这样回忆自己的学校生活：“我喜欢被问我知道的，他们却总是试图问我我不知道的；我本想显露一下自己的学识，而他们却千方百计地暴露我的无知。这样的待遇只有一种结果，我的考试成绩并不好。”①

文章开始时，作者说：“我从小学一年级就在他的班上，感觉他从来没有笑过。我不喜欢他，也就不喜欢他的课。”文章中间，作者又说：“在这期间，虽然老师再也没有对我微笑过，但我想，这是老师对我严格要求，老师心里是喜欢我的。我能看到老师的心在对我微笑。”同样是“老师没有微笑”，但接受者的理解和感受并不一样，这里就有一个感情上是否接纳的基础：当学生认为你尊重和爱他时，你的批评被学生理解成关心和帮助，你的表扬被认可为肯定和鼓励；相反当学生没有接纳你的尊重和爱时，你的批评可能被学生理解成歧视和“挑刺”，而你的表扬则会被认为是讨好和利用。

最后，我们又不得不对这位语文老师表示敬意！陶行知说：“千教万教教人求真，千学万学学做真人。”两次微笑“并不是给你的。原因是当时我的女朋友和校长正在你的身后听课。”不去贪天功为己有，而是坦白地承认自己的失误和渺小，这就是一个真正教师的境界。对此，王永明老师才说：这使“我深深地懂得了为师之道”。

---

① 温斯顿·丘吉尔．我的早期生活［J］．教师博览，2000（3）：36。

二、尊重学生人格

人生而平等，首先在于人的人格是平等的，它与出身、相貌、知识、财富、年龄、身份、民族、身体健康状况无关。尊重人首先是把人作为“人”来尊重，自己是人，自己需要什么样的尊重，也就给予别人什么尊重。一位师范学生曾经这样回忆过去的学生生活：

“记得在一个下雪天的早上，我在上学路上不小心摔了跤，于是我回家换了衣服，当然也免不了迟到。那时我们五年级在二楼，当我走到楼梯口的时候就与班主任那凶神恶煞的眼神有了交流。他气呼呼地说：‘要上课，今天就跪着上来。’我当时就在泪水的洗礼下，膝盖摩擦着石梯，几乎是连跪带爬地进了教室。那时，我也不知道我跪了多少阶楼梯。去年在路过学校的时候我去数了一下，一共18阶。

我的学生生活很多是在冤枉或责骂声中度过的。当我进入中心小学读六年级的时候，遇到了一个体育老师——一个打我耳光的老师，另外一个就是语文老师——一个一个月换我24次位置的老师，别怪我记忆好，是因为他们在我的记忆里扎了根，发了芽。……后来语文教师与我成了仇人，我对他说：‘如果你是为了我们班好，就请不要再换位置了，如果你第25次还决定不了把我换在什么位置，那你就用万能胶水把我贴在墙上。’”①

我们可以注意到，这位同学还去数过跪过的台阶，这可以看出这次伤害有多深。对师范院校的学生来说，需要提醒的是：回顾不是为了记住伤痛和仇恨，而是为了面向未来，回顾过去的受教育经历是为了规划自己未来的教师生活：意识到我们曾经在某些行为中受伤，未来就不要再去用这样的行为对自己的学生施暴。

尊重学生需要“蹲下来和孩子说话”，“蹲下来和孩子说话”隐含着这样的要求：教师是师生彼此尊重对方人格的主导者，教师要主动调整自己的行为，营造彼此尊重的环境和氛围，培养学生的尊重意识（包括自我尊重、要求尊重和尊重他人）。

三、尊重学生主体性

（一）尊重学生的创造性

2001年7月29日，《文汇报》刊登了记者朱华贤的文章。他发现，许

---

① 来源：学生“师德修养”课程作业。

多小学语文教师会在朗读课文后问学生："你最喜欢这篇课文的哪一段或哪几个句子?"他在旁听一堂语文课时，一位小学生面对老师的问题，却说"都不喜欢"，老师批评他"自以为是"，他心中却不服。课后小学生对朱华贤说出了自己的理由："课文中的小珊迪人都快要死了，还记着那一点点钱，我不相信。"

在我们观察的另外一节课上，当老师提出"你最喜欢这篇课文的哪一段或哪几个句子，就读一读（或说一说）那一段文字"时，没有想到学生站起来说："我都喜欢。"学生的回答出乎老师意外，老师瞪了学生一眼。

我们注意到，在教学的表面形式上，老师有"你最喜欢这篇课文的哪一段或哪几个句子，就读一读（或说一说）那一段文字"的做法，但在具体实践过程中，当学生有了自己的看法和想法以后，教师又不给学生喜欢（或讨厌）和表达的权利，这样的尊重主体性只是一种形式主义的尊重。

新课程讲"用'教材教'，而不是'教教材'"。对教材，仰慕、赞叹、崇拜，是一种学习；质疑、挑剔、批判是另一种学习，这是一种更深刻、更具个性和更富创造性的学习。尊重学生就应该给学生不喜欢教学内容的权利，我们就不要硬逼学生违反意愿地说喜欢。逼学生说违心的话，这样既是对学生个性的压抑，也是对学生差异的轻视，更是对学生独立思维、创造性思维的无情伤害。

尊重学生的主体性，就应该尊重学生的创造性，尊重学生的独特经验和感受。

案例 3.2（提供者：陈大伟）：

一位老师上完《坐井观天》后，以"青蛙跳出井底以后"为题要求同学们展开讨论和说话，同学们有的说："青蛙跳出井底以后，看见蓝蓝的天，青青的草，真美呀，它想，我真该早出来。"有的说："青蛙跳出井底以后，河里的小鱼和小虾纷纷游过来和青蛙做朋友。"……这时，一位从农村来的小朋友说："青蛙跳出井底以后，走了几步，又跳回了井里。"全班同学哄堂大笑，笑声中，老师说了一句："我看你真是一只井底之蛙。"

课后，老师要求同学们以"青蛙跳出井底以后"为题目写话，这位小朋友并没有因为老师和同学们的嘲笑而改变自己的看法。他在作文中写道："青蛙跳出井底以后，走了几步，闻到一股刺鼻的农药味，看到几只死青蛙漂在被污染的河水里。又走了几步，听到一声凄厉的惨叫，一只老青蛙已经被农夫叉死了。它想，还是井里安全，于是它又跳回了井里。"这是农村孩子感受到的青蛙的真实生存状态。

老师读完学生的作文，在作文的下面公公正正写下了下面的话："对不起，老师才是井底之蛙。"

这个案例广为流传，以至于一些老师坚信，青蛙跳回井里才是讨论最好的结局。公开课上，老师极力引导学生让"青蛙跳回了井里"，但全班同学都已经体会了这个寓言的真正意义，就是没有想到让青蛙跳回到井里……最后，老师气急败坏地说："你们说的都不好，最后这只青蛙要跳回井里……"

无疑，尊重学生主体性需要采用启发式等有效的教学方法，但启发式不是老师预先想定一个答案，然后把学生一步一步引向"陷阱"。所谓启发，主要的目标应该是启发学生的主动性和创造性。事实上，只有真正启发了学生的主动性和创造性，启发式才有价值，才可能获得真正的效果。

（二）尊重学生的发展变化历程

尊重主体性同时意味着尊重学生的痛苦历练，学生参与探索和实践的过程可能是一个痛苦的过程，但这种痛苦如果是生命历程的必须，那经历痛苦本身就是一种必要的课程。《爱他就任其挣扎》的故事可以给我们这样的启示。

参考阅读：

爱他就任其挣扎①

朋友送给我一个蝴蝶的茧。据说那会变成一只紫色的美丽蝴蝶。

一天，那蛹破了一个小口，我坐在桌子前，仔细地看着蝴蝶宝宝费力地挣扎着，想要破茧而出。好像母亲分娩一样，那个看不清形状的小生命折腾了好几个小时，还是没有什么进展。又过了一会儿，它好像筋疲力尽，停了下来。我决定帮它一把，于是把剩下的那部分剪开了一道口。小蝴蝶终于完全出来了。

然而，它没有像我预料的那样展翅飞翔。它战战兢兢地抖动着一对皱巴巴的翅膀，身体还像一个肿肿的小虫。它始终没有飞起来。它一直在我的桌子上，带着那对紫色的、萎缩的翅膀和一个肿胀的身体哆嗦着蠕动，直到死亡的来临。

后来，从朋友那里得知，正是我的好心和性急断送了蝴蝶美丽的生命。因为，自然设计的每一步都有其存在的意义。在蝴蝶破茧而出的挣扎中，它会把身体里多余的水分挤到翅膀里，这样，当它终于自由的那一刻，它

① 谈丽娟．爱他就任其挣扎［J］．中小学心理健康教育，2004（4）：45。

才能拥有轻盈的身体和丰盈的双翅。

我望着花园里飞舞的蝴蝶，突然真正明白为什么有人说痛苦的历练往往是人生不可或缺的一部分。——没有痛苦和奋斗，人生永远不可能完整，就像没有挣扎的蝴蝶，永远不可能飞翔。

给残疾者以拐杖和扶持是一种理解和帮助，但要求健康人依靠拐杖和扶持行走，对健康者却是一种限制和伤害。在教育活动中，尊重学生的主体性要求在学生自己有咀嚼能力的时候，你不要代替他咀嚼。将嚼过的食物硬生生地塞进别人嘴里，就算好心也是伤害。说到这里，我们想表达的意思是：尊重学生就是要尊重学生自由的权利，尊重意味着给学生安全。

（三）给学生以更广阔的自由空间

教师对学生热爱有余、尊重不足的表现很多，其中的一种表现就是教师的作用半径过大，学生的什么事情都想管起来，什么事情都要管起来。当教师的作用和学生的要求、学生的权利发生冲突的时候，老师往往说："我这是爱你，这是关心你。"教师的作用半径过大，必然带来学生自由空间的缩小。

给学生以更大的生长空间需要对学生进行必要的解放，人民教育家陶行知先生说要解放"儿童的创造力"——解放孩子的头脑，使他能想；解放孩子的眼睛，使他能看；解放孩子的双手，使他能干；解放孩子的嘴，使他能谈；解放孩子的空间，使他能接触大社会、大自然；解放孩子的时间，使他能学自己想学的东西。①

四、尊重差异性

（一）接纳差异性

"人有人不同，花有百样红。"差异性既是万事万物的根本属性，又是万事万物的主要存在方式。对于差异性，一方面，我们必须承认这是一种基本现实；另一方面，我们还要看到，差异本身就是重要的资源。因此，尊重学生就要尊重差异性，利用差异性，开发差异性。

参考阅读：

花开自有时②

那时的我因为年轻而倔犟。在一个最年轻、最没有经历、自己还是个

① 参见方明．陶行知教育名篇［M］．北京：教育科学出版社，2005：323—326。

② 徐敏．花开自有时［J］．教师博览，2003（11）。（选用有改编）

大孩子的老师心里，孩子们应该是没有什么分别的！他们每天和同样的老师一起，上同样的课，看同样的书，就该懂同样的知识。

我允许着不同的孩子学着相同的知识，但是却不知道也该容许他们有自己不同的速度，尽自己能力来学到不同的深度！

我的倔犟、严厉成了一把刀，虽然我知道就这样简简单单切下去会很疼，但还是狠狠心这样去做了。于是每堂课都似乎是那把刀的延续，一刀刀切下去，孩子们就越变越齐整了。

恰好我的第一批学生里竟有个她。用那时的心情，那时的话，就是那个笨笨的她。但现在我知道那不是恰好，而是必然。因为我伸出手，看到自己的手指也不是一样长的，可惜，当时我不懂。

我固执地坚持，别人懂的你也该懂，别人今天完成的作业，你不能把它带回家过夜……于是每次别人放学，她却似乎是刚开始一天的学业。一个星期的五天里，几乎总有三天她是我在黑暗中把她送回家的（她是个外地的借读生，爸爸妈妈没时间接她，由她自己走回家去）。日子久了，这似乎成了习惯。但她从没怨过我什么。刚出校门的老师总是温和而细心的，所以，她甚至是喜欢被我留在身边的。

可是，等啊等，等啊等，她却始终坚持自己的“红色失败”。

她一次次的失败刺痛了我，也耗尽了我师范五年积累起来的所有耐心和坚持。我怀疑自己做学生时曾听到的那些感人的故事；怀疑那在学校礼堂作报告的老师所说的她们坚持努力所得的成功；怀疑那些要付出就一定会有所收获之类的鼓舞人心的话了！我信仰了五年的“真理”，难道竟那么不堪一击吗？

当理想这样一种几乎是完美的东西被自己亲手一层层无奈地剥去外壳露出它原本其实并不是很美的身子的时候，我终于暗暗地落下泪来：就短短一个学期的时间，就一个笨笨的小女孩就可以让自己的坚持动摇起来！

也许是为自己的无能感到可耻，我对她慢慢不再耐心温和了，会很大声地甚至粗暴地说话。

清楚地记得那次的事。

是冬天了，很冷的一个傍晚，爸爸上班去了，妈妈病了，等我回家做晚饭。匆匆看了她捏在手心里的卷子，满眼的红叉预示了今晚还有多少对她而言是大山的难题要去攻克！我没来由地恼了起来！

嘴角牵动了一下却始终没有说出什么，因为我清楚她不是个不努力的女孩！所以我们又开始了日复一日的录音磁带般的倒带重复……

终于在为一道并不算最难的题目重复了不下七次的讲解后，我想到了自己生病还饿着的母亲，于是怒火冲了上来！我愤愤地又讲了一遍，也许愤怒中的人是想不出什么聪明的好法子的，我越讲她似乎越糊涂，眼里只有一如既往的茫然。我终于火冒三丈，气得说不出什么话来。是我自己太没有能力讲清楚还是她真的太没有灵气了？我已经不想去分辨什么了！那一刻我真想告诉她，你回去吧。可是我马上告诉自己不行，明天已没有时间了，是期末考试啊！

我于是逼自己说，那我们再试最后一遍吧，老师知道你再用心些一定能懂的！其实，这话连自己都说得没有一点力量。说它只是为了安慰她而已，同时给自己些坚持的理由！可她真的还是没懂！那一刻的失败让我失去所有的克制，于是想想过去的每一个傍晚的努力，想想明天还是一样很糟的考试结果，想想我今天牺牲了的母亲的晚饭，想想自己的理想竟那么快被击得粉身碎骨了，想想……一下子我再也承受不了那么多酸楚，一把攥起她那写满大叉的、写着刺眼23分的试卷，恨恨地攥紧在手心里，用尽了全身所有的力量撕得粉碎，撕成了一片片纸花，边撕泪也边滚滚涌了出来，就像是自己亲手把自己所有简单美好的理想和愿望全埋葬一样！

然后，我把自己最后的那点力气用在了伤害了那孩子身上。我把那些碎片向空中狠狠扬去，似乎那就是她，我再也不想它们回来了！“回去吧，我再也不想浪费时间了！”说完，我无力地瘫坐在自己的椅子上……

立刻，我就后悔了。她的泪，第一次流，却流得比我还多得多。我知道她和我一样，是个倔犟的女孩！虽然她只一年级，但她却要比其他的孩子多懂得很多事，多出许多感情来。因为她从外地一路漂泊过来，有很多事、很多不一样的眼神她都经历和承受过，而其他孩子却没有！

那晚我怅怅地把她送了回去。

一个人吹着寒风回家，我又落了一次泪。我想明天考完了试，该把她叫来，说些什么，自己的行为也是没有什么错的。

可是，后来我才知道。有些错误竟很难有挽回的机会。

那天刚交试卷，她爸爸就把她带走了！

而那时我正一人躲在办公室里用心补那张因为我而破了、碎了的试卷！我原来想自己细心地补好了还她，也许只有这样她才不会失去些什么！

可是，当我微微笑着拿着似乎和以前一样完好的试卷走进教室时，她的座位竟是空的。

孩子们告诉我，她爸爸带她去看病了，她感冒了，挺重！

我的心沉了一下。

整个下午我第一次那么焦急地等待下班。终于铃声响了！从前每次都是最后一个走的我，今天竟第一个冲出校门！

我想她一定怨我了，她还是第一年上学，而且在陌生的城市。她的第一个老师竟对她发那么大的火，说那么重的话，那么狠地伤她的心。

本来30分钟的路，只20分钟就到了，我敲那扇熟悉的门，没有人开，再敲的时候，只有闷闷的回响，就像心上的门关上了，不愿再开的样子。

我的心又沉了沉。

敲得太久了，隔壁出来个懒懒的人："干什么呀？上午就回老家了！"

……

似乎什么东西在飞远……越飞越远了，不知还能回得来吗？

那个傍晚，竟奇怪地下起了雨。是啊，好怪。就像有些感触来时也很怪：歉意是不需准备的，因为有时你准备了也还是送不出去！也许最聪明的人是永远不会向别人道歉的，因为他们懂得怎样让自己不去伤害到别人。

领成绩单时，她的座位还是空空的，但成绩单却第一次是用黑笔写上了数字的。

寒假里有春节，过完了年，孩子们又大了一岁，他们回到了课堂，似乎也比以前更懂事。

我也又过了一年，也又大了一岁，似乎也比以前要懂事了。至少我懂了那个早该懂的，但自己却懂得太晚的道理：

花园里的花，有喜欢早晨上开放，博人一声喝彩的；也有静静等待自己春天的野百合。

别人的焦急期盼有时只是一种伤害……

这以后我懂得不再去强求弱小的蔷薇花也像华贵的牡丹那般去怒放，也是这以后，我的花园里似乎有了更多平和的景致。

在这个故事中，是"强求弱小的蔷薇花也像华贵的牡丹那般去怒放"对学生的伤害使老师内疚和伤感。因为生理条件、生活环境和所受教育的差异，学生身上会出现发展方向、发展速度和发展方式等种种差异。尊重是认识和接纳这种差异，"尊重这个词的出处就是有能力实事求是地正视对方和认识他独有的个性。"①

① 艾·弗洛姆．爱的艺术［M］．上海：上海译文出版社，2008：26。

(二)把差异看成资源

我们说，差异使世界变得丰富多彩，差异是世界的本质，差异是一种财富。如何把差异看成资源，并有效利用和开发呢?《营养不足的优点》中心理医生的做法为我们提供了榜样。

参考阅读：

营养不足的优点①

一个少年认为自己最大的缺点是胆小，为此，他很自卑，觉得前途无望。

一天，少年去看心理医生。医生听了他的诉说，握住他的手："这怎么叫缺点呢？分明是个优点嘛！你只不过非常谨慎罢了，而谨慎的人总是很可靠，很少出乱子。"

少年有些疑惑："那么，勇敢反倒成为缺点了？"

医生摇摇头："不，谨慎是优点，而勇敢是另一种优点；只不过人们更重视勇敢这种优点罢了，就好像白银与黄金相比，人们更注重黄金。"

心理医生又问："你喜欢啰唆的人吗?"

少年说："不喜欢。"

医生："但是，你若看过巴尔扎克的小说，会发现这位伟大作家就很啰唆，常为一间屋子、一个小景色，婆婆妈妈讲个不休；但是，剔除这一点，那就不是巴尔扎克的小说了，你能说那一定是巴尔扎克的缺点吗?"

少年吃吃笑了。

医生又问："你讨厌酒鬼吗?"

少年说："当然。"

医生说："但……李白难道不是酒鬼吗?"

少年打断医生的话："不是，他和陶渊明一样，是爱喝酒的诗人，李白斗酒诗百篇呢。"

医生鼓掌笑道："对！我赞同你的观点，你的意思是说——缺点在不同的人身上，会呈现不同的色彩：有的酒鬼，仅仅是个酒鬼；而李白则是栖身于酒中的诗仙。"

医生又说："所谓的缺点，至多不过是个营养不足的优点。如果你是位战士，胆小显然是缺点；如果你是司机，胆小肯定是优点。你与其想办法克服胆小，还不如想办法增长自己的学识、才干，当你拥有较多见识、较

---

① 张小失．营养不足的优点［N］．市场报．2001-03-01。

宽阔视野的时候，即使你想做个懦夫，也很困难了。”

参考阅读：

多元智能理论简介

陈大伟

多元智能理论由美国哈佛大学发展心理学教授霍华德·加德纳于1983年提出。加德纳教授将智能定义为解决问题的能力或是在各个文化背景中创作该文化所重视的作品的能力，认为人的智能是多元化的，包含语言文字智能、数学逻辑智能、视觉空间智能、身体运动智能、音乐旋律智能、人际关系智能、自我认知智能、内省智能在内的八种智能。多元智能理论的主要观点有：

1. 智力不是以整合的方式存在，而是相对独立的，各自有自己的发展规律并使用不同的符号系统。各种相对独立的智力以不同的方式和程度有机地结合在一起。

2. 每个人的智力都有独特的表现方式，每一种智力又都有多种表现方式，所以我们很难找到适用于任何人的统一的评价标准来评价一个人聪明与否。

3. 在正常条件下，只要有适当的外界刺激和个体本身的努力，每一个个体都能发展和加强自己的任何一项智力。影响智力发展有三种因素：先天资质、个人成长经历和个人生存的历史文化背景。开启经历和关闭经历是两个重要的变化过程，是个体智力发展的转折点，前者起到开启智慧的作用，后者起着扼杀智慧的作用。后者通常与耻辱、内疚、恐惧等消极经历有关，它会中断一个人某种智力发展的路程，从而使这种智力失去进一步发展、完善的机会。

多元智能提供了更加积极的智能观，用多元智能的观念看，每个孩子都是独一无二的，都有着聪明之处，也都具有在某些领域成才的能力，没有人是全能的，也没有人是无能的。

多元智能主张，拓展学习领域，重视过去人们忽视的人的多方面的潜能，更好地发挥人的潜能。学校教育的宗旨应该是开发多种智能，并帮助学生发现适合其智能特点的职业和业余爱好。

（三）尊重后进学生

平心而论，我们都更容易喜欢成绩好的、听话的学生，在他们身上我们更容易获得成就感；而对后进生，则可能多一些厌倦和不耐烦，多一些不满。所以，尊重学生的难点和关键是尊重后进学生。看教师的平等态度和师德水平最有效、最简便的方式就是考察他怎么看待后进学生，怎么对待后进学生。

参考阅读：

最好不称呼“差生”①

曾经有老师问我：“如何尊重和帮助差生?”我的回答是：“你在心里不把他们看成‘差生’，不称呼他们为‘差生’就是一种最直接的尊重和帮助。”

在现实教育活动中，“差生”是用得比较普遍的一个概念，尽管辞书上仅有对“差”（不好、不够标准）而没有对“差生”的解释，教育学有关书籍上也没有这个概念，人们还是在大量运用它。现实教育活动中，人们对“差生”的分类一般有两种：一是学习成绩差生；二是行为习惯差生。而理解也是约定俗成的，即多以是否能升学作为学习成绩差生的标准，以是否听话作为行为习惯差生的标准。可以说“差生”的运用是应试教育的一种产物。

对“差生”的理解和运用方式是与素质教育格格不入的。首先，“差生”否定了人的全面素质，人的基本素质具有心理、生理和社会文化不同层面，包括了身体素质、心理素质、智能素质、道德素质、审美素质、劳动素质、交往素质等内容，仅从学业成绩或行为习惯一个方面就认定某某人是“差生”显然是片面的，它不利于人的全面发展。其次，“差生”否定了学生发展变化的可能性。青少年是发展中的人，他们身上展示的各种特征还处于发展和趋向于成熟的过程中，在他们身上还潜藏着各方面发展的可能性，教育得法就可以使他们得到发展，成为各种人才；即使在某些方面出现不足，一般也存在矫正的可能性。而“差”是什么？“差”就是不好，不够标准。这种对“差生”的理解既不承认学生发展的阶段性和个别差异性，也否定了发展的可能性。最后，“差生”带来的心理负面影响是十分明显的。社会心理学告诉我们：每个人都程度不同地存在社会尊重、自尊和自我实现的心理需要，背上“差生”包袱的学生发愤图强固然有之，但更多的是感到被歧视，因而易出现心理挫折，意志消沉，甚至失去要求上进的内驱力。对家长而言，负面影响不言而喻。对教师而言，因概念本身否定发展的可能性，容易造成教师辅“差”信心的减弱和丧失。鉴于此，笔者认为最好不要称呼“差生”。

---

① 陈大伟．最好不称呼“差生”[J]．教育科学论坛，1995（2）。（选用有改编）

那么，如何称呼那些在某个阶段、某些方面进步比较慢的学生呢？笔者认为用“后进生”代替“差生”的称呼比较好。“后进生”就是指进步比较慢、水平比较低的学生。使用“后进生”时前面加上限定词，如“学业后进生”“行为习惯后进生”等，这样，既承认了学生发展的不平衡性，又肯定了他们前面发展的可能性，从而将负面心理影响降到最低限度。“后进生”的目标是什么？就是加快速度赶上去，使各方面素质得到协调发展。

尊重后进生需要充分了解后进学生，用更多精力倾听后进学生的心声，然后有针对性地给予关心和帮助。让我们听一听后进学生的心声。

参考阅读：

我需要您的关爱与呵护①

老师，不知道为什么，我总觉得您好像不认识我，您知道我是谁吗？

老师，不知道为什么，我总觉得您好像有些不重视我，当您与其他同学一起谈话时，您不知道，我是多么羡慕他们呀！我是多么希望您也能拍拍我的肩膀，哪怕是一次严厉的批评，那我也算是和您在一起对过话了。

当我打开随笔时，多么希望看到您给我的赞赏与表扬，我非常羡慕周围的同学，他们多么幸福地看着您那暖暖的批注，我真的想流泪呀！

我曾经是很喜欢语文的，但是现在的我突然感觉到，我与语文好像隔了一道厚厚的围墙，面对这一切，我迷失了自己。

老师，认识我吧，我想与您做朋友！

老师，接触我吧，我需要您的关爱与呵护！

苏霍姆林斯基在《关于和谐的教育的一些想法》一文中，讲述了一个生动感人的故事②：

八年级学生米哈伊尔是全体老师感到担忧和头痛的人物，总是摆出一副桀骜不驯的模样。早在五年级的时候，就已经“大名在外”了，留过一次级，是连推带拉勉强升入八年级的。他的作文特别差，语文老师彼特罗芙娜在教室日志里连续给他打上两分以后，他就不再交作文，并且在语文课上搞出各种各样的花招来。经常气得女教师面孔发白，双手颤抖，其他老师也异常愤慨。在离八年级结业还剩三个月的时候，米哈伊尔跟母亲一起找校长请求退学，提前找工作去了。同事们都向彼特罗芙娜表示祝贺。

有一天，彼特罗芙娜的电视机出了毛病，给新近开设的电视机修理部

① 陈大伟．在新课程中：困惑与成长［M］．成都：四川大学出版社，2004：171。

② 苏霍姆林斯基．给教师的建议［M］．北京：教育科学出版社，1984：465—467。

打电话，再三叮咛要求派一位手艺高超、真正顶用的师傅来。令彼特罗芙娜没有想到的是，修电视机的人正是米哈伊尔。米哈伊尔调好电视机，演示了极好的清晰度和可听度，说“保用三年”。同时开好发票，说出应付的数目。彼特罗芙娜羞愧得脸上发烧，另外多给了三卢布。米哈伊尔把钱退还给老师，低声地、然而带着一种激动的心情说：“您这是为了什么呢？难道您是这样教育我的吗？我的作文写得不好，可是我毕竟学会了正确地生活。当时我也喜欢您的课……是的，比任何别的课都喜欢。这些课会一辈子留在我的心里。”米哈伊尔匆忙地收起工具走了。

过后，彼特罗芙娜对同事们说：“而我手里捏着那三卢布钞票，久久地坐着，哭着。当他在修理电视机的时候，我惊奇地看着他，心里想：这完全不是当时在我的课堂上的那个人啊。他那眼睛，他对我的态度，都和那时候不一样了。一个思想折磨着我：我们做教师的人，怎么会没有发觉，在我们认为无可救药的懒汉和毫无希望的两分生身上，在他们的心灵和双手里，还蕴藏着天才呢……不，这不仅是蕴藏着一个巧匠的天才，而是蕴藏着一个我们没有看到的大写的‘人’。是的，亲爱的同事们，我们没有在学生身上看到这个大写的‘人’，——我们的主要过失就在这里……”

彼特罗芙娜的话语像一记重锤也敲击着我们的心。它反映了一位富有责任心的教师因没有发现“后进生”身上的闪光点而内疚的自责感，也说明发现“后进学生”自身“闪光点”、转变“后进学生”需要我们付出更多的努力！

这个故事的意义可以用另外一个寓言来表达：一位旅行者在穿越戈壁和沙漠时，遇到一位神仙，这位神仙对他说：“你把戈壁滩上的卵石装上一些，走出戈壁，你将又高兴又后悔。”旅行者已经比较疲惫，不想再增加负担，但还是半信半疑地在两个口袋里装了一些卵石。走出沙漠，他惊异地发现口袋里的卵石已经变成了珠宝。旅行者自然很高兴，自己总算抓了一些，但也的确后悔，因为抓得太少，他在想，如果当初能尽自己的能力多抓一些，岂不更好？

对于后进学生，我们是放弃还是抓住？有人说：“什么是野草，野草就是价值还没有被发现的鲜花。”对于后进学生的教育和帮助，我们多么渴望自己能在若干年以后，多一些高兴，少一些后悔。

五、换位思考尊重学生

“己所不欲，勿施于人”（《论语·颜渊》）提供了一种换位思考、彼此尊重的思想和路线。换位思考就是在和他人交往的过程中，要学会站在他人的位置、他人的角度。只有从他人的基础出发，才能更好地理解他人，从而调整自己的行为和想法，使自己与他人更加和谐地相处。

(一) 假如我是孩子

我们需要想一想“假如我是孩子”，换到孩子的位置上去，就要想一想，我们都曾经是孩子，我们都曾经无知，曾经让老师头痛和伤心。想通了这些，我们就更容易原谅孩子的错误，在采取教育措施时也能“孩子不欲，勿施于孩子”了。看一看下面的故事，我们会发现，刘春生老师能享受和学生交流的快乐，重要的原因在于站在学生的角度换位思考，从学生的角度设计和实施教育。

作业革命①

一个同学在作业本中粘了两份折纸，留言让我打开看看。原来是涂满黑乎乎铅笔印的纸片，隐隐约约可以看见两枚硬币的图案。这一下使我联想起童年时候的情景，我也曾调皮地把纸片蒙在硬币上，使劲地用铅笔在纸上涂抹，然后举起来和同桌比一比，看谁的更清楚……想到这儿，我在作业本上写下了我的评语：“看来，你花了许多工夫，很认真！”

写完这句就可以结束了吧？不。教师评语的可贵之处，不仅在于肯定性的终结评价，还在于能引发学生的思考、联想或情感体验。我在后面又补充了一句：“刘老师小时候也这么做过，不同的是，我挨了老师的痛骂，呜……”你猜，学生看到这样的话语，会想些什么呢？第二天，作业又交上来了，在我的评语后面多了一行小字：“哦，是吗？看来你比以前的老师好多了！”

一次，语文课代表画了一幅青蛙在荷叶上唱歌的图画，向我叫板：“把它画下来吧，如果不会画，就为它作一首诗吧。”当时我很忙，真的没有时间来画，但我告诉自己，曹植在七步之内就能作诗，语文教师也应当学一学这种才情。于是我立即回应了一首无题绝句：“一叶一蓬一莲花，一池一声一青蛙。一年一季一自在，一唱一和一歌夏。”怎么样，还挺有味儿的吧？课代表后来在诗边点评道：“好诗！”师生为此都开心了好几天。

换位到孩子的位置不仅要想一想自己也曾经是孩子，而且还要看到今天的孩子已经不是昨天的孩子，我们生活过的童年时代已经被今天的时代超越，今天的孩子已经超越了孩子时的我们（尽管这种超越未必全是积极

① 刘春生．作业革命［J］．人民教育，2002（5）：42。

的东西)。因此,又不能用我们当初的生活和学习方式要求今天的孩子,“当年勇”未必对今天的“好汉”管用。我们不能用当初的观念、思想和行为看待今天的孩子,需要蹲下身子重新认识和了解今天的孩子,需要再当孩子,在教育孩子时永远只是“大孩子”。

再次,我们要想一想今天孩子的生活,并试着从孩子的角度去感受我们给他们的生活。实际上,作为成人,我们自己都已经很难承受今天孩子们的学习苦难。那么,我们为什么还要将自己都难以承受的苦难强加给这些没有反抗能力的孩子?

(二)学会倾听

“作为教师,不了解学生的故事,便不可能深入学生的心灵并有效地教学生,正如自己不对自己的故事进行长期的、深刻的、困难的、常常是可怕的解构,就听不进别人的故事一样。”① 除了换位思考,我们还需要学习倾听,没有倾听,就很难有理解和尊重。

一个小孩有段时间上学总是迟到,老师为此找其母亲谈话。母亲知道后,没有打骂孩子。在临睡觉前,她问儿子:“告诉我,为什么你那么早出去,却总迟到?”孩子先是愣了愣,见母亲没有责怪的意思,就说:“我在河边看日出,太美了!看着看着,就忘了时间。”母亲听后笑了。第二天一早,母亲跟儿子一起去了河边看日出,面对眼前的景色,她感慨万分:“真是太美了,儿子,你真棒!”这一天,儿子没有迟到。放学回家,儿子发现书桌上放着一块精致的手表,下面压着一张纸条:“因为日出太美了,所以我们更要珍惜时间和学习的机会,你说是吗?爱你的妈妈!”

我们都应该好好向这位母亲学习,在孩子出现问题后,不是粗暴的责问、无情的惩罚,而是参与其中,倾听心声。参与和倾听,传递了对孩子的爱、宽容、信任、耐心和激励。如果这位母亲听了老师的话后,不问青红皂白地将孩子打骂一顿,结果可能打掉孩子对生活的热爱,蒙上孩子发现美、欣赏美的眼睛。

倾听还需要等待,等待本身就是尊重。有这样一个故事:美国知名主持人林克莱特曾经访问一名小朋友:“你长大后想要当什么呀?”小朋友想了想说:“嗯……我要当飞机的驾驶员!”林克莱特接着问:“如果有一天,你的飞机飞到太平洋上空所有引擎都熄火了,你会怎么办?”小朋友想了

① 大卫·杰弗里·史密斯.全球化与后现代教育学[M].北京:教育科学出版社,2000:204-205。

想："我会先告诉坐在飞机上的人绑好安全带，然后我挂上我的降落伞跳出去。"当在现场的观众笑得东倒西歪时，林克莱特继续着注视这孩子，想看他是不是自作聪明的家伙。没想到，孩子的两行热泪夺眶而出。林克莱特发觉这孩子的悲悯之情远非笔墨所能形容。于是林克莱特问他说："为什么要这么做?"小孩的答案透露出一个孩子真挚的想法："我要去拿燃料，我还要回来!!"

这个故事告诉我们：不急于把自己的意思投射到别人的言行上，等待是一种尊重，给别人机会也是一种尊重。在教育教学实践中，做教师的，不要只是考虑给自己留足时间，还要注意给学生留下应有的时间和机会，我们需要学习等待!

第三节 用课程引导和教育学生①

一、教育的产品是什么

教育是人类自身再生产的一种重要方式和手段，教育的目的在于促进人的成长和发展。学校是承担教育责任和使命，组织和实施教育活动的专门组织。在人类再生产的社会实践中，学校的作用是什么？学校的产品又是什么呢？

(一) 不能把学生看成学校的产品

从学校走出来的是学生，所以最容易想到的学校产品就是学生。但学生不是学校的产品，也不能把学生当成产品。

曾经看到这样一个故事：老师让同学们用"发明"和"发现"造句，一位小朋友这样说"我爸爸发现了我妈妈，我爸爸和我妈妈一起发明了我"。虽然可能是一个笑话，但它提醒我们，孩子首先是父母繁衍的下一代，如果非得说学生是产品，第一就应该归结于父母的劳动。教育学告诉我们：学生的发展首先会受到遗传基础的影响和制约。杜威就说："遗传是教育的极限。"② 从遗传学角度看，父母为孩子提供的生物学基础是孩子一生成长变化的前提。另外，孩子出生以后，还有相当长的时间生活在父母

① 本节内容参见陈大伟．学校的产品和教育的评价［J］．福建论坛（社科教育版），2010（11）：25－27。(选用时有删改)

② 约翰·杜威．民主主义与教育(第2版)［M］．北京：人民教育出版社，2001：84。

身边，父母是孩子的第一任老师，家庭环境和家庭教育对学生的影响也不能低估。

不能把学生看成产品，意味着也不能把学生的素质、学生的成绩看成学校的产品。早在20世纪60年代，美国学者科尔曼通过调查有了一个发现：以前我们一直视为决定学生学习“成绩”的因素，比如教师经验、课本质量、班级规模、学校高标准的硬件设施等恰恰与学生的学习成绩没有什么关系，学生75%的成功来源于其社会经济、家庭、文化背景，而这些因素不是教师们能控制得了的。“科尔曼报告”告诉我们，学生的学习成绩好坏不全是由他们的老师决定的。

不能把学生和学生的成绩看成产品，还因为我们不能无视生命的生长性和人在生长过程中的主观能动性。一方面，人的成长是生长中实现的，而不是从外部塑造的。另一方面，人具有主观能动性，学生不仅有生命，而且有情感、能选择、能创造。所以，尽管会不同程度地接受社会环境、学校教育的影响，但走出学校的他们终究是自我选择和自我塑造的结果。可以说，是教育帮助了他们，而不是教育塑造了他们；教育不是提供了人才，而是为人才的生长创造了条件，提供了支持，教育的生产性体现在创造了这样的生长环境和条件。

(二) 实践中的教育把学生和学生的成绩当成了产品

尽管在理论上“学生是学校的产品”没有公开的市场，但在现实实践中，教育却在循着“学生是学校的产品”“学生的成绩是学校和老师的功劳”这样的规则：比如“生源大战”，抢好的生源就是为了获得更好的加工的“原料”，以便“加工”出更优质的“产品”。比如应试教育，就是以社会期望的“型号”对学生进行“塑造”，学校成了工厂，学生成了被加工的物件。再比如升学率炒作，升学状元的炒作，成名学生的炒作，学生实际上成了代表办学水平和质量的产品。

笔者认为，教育中的诸多困惑和问题根子在于把学生和学生的成绩看成了学校和教育的产品：

第一，学校的狂妄和社会对教育的苛责并存。对优秀学生的成长和成才，学校往往贪天功为己有，表现出了不应有的狂妄和骄傲。走进学校，很多学校指着名校友的光鲜照片不厌其烦地介绍，却不知这些名校友对过去以上类似的学校和老师充满轻蔑和鄙视。与此相应，既然学生是你的产品，你就该承担学生不够理想、产品不合格的全部责任，有了问题你就要担当。这样，社会的毛病全部都要教育吃药，板子都要打在教育、打在学校、打在教师身上，社会对教育的苛责也有随之而生，学校和教师被无限的社会责任压得喘不过气来，教育失去了应有的独立和尊严。

第二，教育和管理行为错位。当管理者把关注产品的眼睛锁定在学生身上的时候，学生质量成了衡量教育质量的唯一标准，这很容易导致重结果轻过程的管理现实。学校和教师是如何影响学生发展的？是如何实现学生发展的？教育过程是否人道、是否科学……这样的问题得不到应有的研究和考察，素质教育也就只能停留在口号和文件中。管理的取向和行为直接影响了教师的工作取向和行为方式，当教师把全部力气用在加工和塑造学生的时候，加班加点难以杜绝，机械重复的训练难以避免，学生的负担越来越重，应试现象越来越触目惊心，尊重学生、发挥学生的主体性就只能成为美好的愿望。

第三，教育评价不公。不容置疑，办学条件好的学校更容易获得更优质的生源。在这里，更优质不仅意味着学生的智力条件和原有基础的相对出色，而且意味着家庭学习条件和社会学习环境的相对优越，受这多种有利因素的影响，这样的学生更容易成才。很显然，以学生的质量作为办学水平和办学质量的评价标准，对处境不利的学校和教师很不公平。评价中的“马太效应”，加大了名校和处境不利学校间的差距，伤害了处境不利学校的发展积极性。

第四，用分数评价教师带来了对教师的巨大伤害。很多老师的目光变得短视和功利，他们放弃了遵循规律的科学施教，迷恋于加班加点和题海战术，由此导致了体力上的巨大耗费，拼身体的结果是很多教师身心被过早和过重地透支，未老先衰，精神疲惫。一些在处境不利的学校工作的教师，由于看不到高分，教不出出色的学生，得不到应有的肯定和赞誉，失去了自我认同感和价值感。

（三）学校的产品也不是服务

教育要为人的发展服务，因此另一种说法就是“教育的产品是服务”。但服务本身不是产品，马克思在谈到某些文化艺术产品与一般物质产品的不同特点时曾经说过：“一个歌唱家为我提供的服务，满足了我的审美需要；但是我所享受的，只是同歌唱家本身分不开的活动，他的劳动即歌唱一停止，我的享受也就结束；我所享受的是活动本身，是它引起我的听觉的反应。”[①] 歌唱家实现了对听众的服务，但我们不能说服务是他的产品，

① 马克思恩格斯全集(第26卷第1分册)［M］．北京：人民出版社，1972：436。

他的产品应该是他发出的声音。也就是说，服务只是功能，服务还需要一种中介产品来实现。同样，“促进人的发展的服务”只是教育的一种功能，实现这种功能也需要一种“中介物”，这种“中介物”才是真正的产品。

（四）学校的产品是课程

马克思曾经指出：“一切劳动，从一方面看，是人类劳动力在生理学意义上的耗费；作为相同或抽象的人类劳动，它形成商品价值。一切劳动，从另一个方面看，是人类劳动力在特殊的有一定目的的形式上的耗费；作为具体的有用劳动，它产生使用价值。”① 在我们讨论产品的时候，我们需要注意到产品应该具有两个基本属性：一是，产品不是一种自然物，它一定凝结了人类劳动，是不是你的产品，需要看你是否对它付出了劳动。产品是人类劳动的成果，劳动的结果是为产品赋值，使产品获得附加值，增加了产品的有用性。二是产品能够满足人的某种需要，具有有用性，人的劳动具有目的性，产品总是基于人的某种需要而生产的。教育是为学生的。什么是学生？笔者认为，狭义的学生就是在学校里，在学校成员的影响和帮助下，学习生存本领，获得生活智慧，体验生命意义的人。学校的产品在于促进学生学习生存本领，获得生活智慧，体验生命意义。

教师在教学实践中对什么“中介物”付出劳动，使其增加有用性呢？在北京师范大学出版社出版的小学语文教材中，有著名作家刘绍棠的一篇《师恩难忘》，文章回忆了小学学习时，田老师是如何教他们语文的：

“田老师先给二年级和四年级同学上课，叫三年级学兄把着一年级学弟的手描红。描红纸上是一首小诗：‘一去二三里，烟村四五家。亭台六七座，八九十枝花。’……他先把这首诗念一遍，又连起来讲一遍，然后，编出一段故事，娓娓动听地讲起来。我还记得故事的大意是这样的：一个小孩子，牵着妈妈的衣襟儿去姥姥家，一口气走了二三里地。路过一个小村子，只有四五户人家，正在做午饭，家家冒炊烟。娘儿俩走累了，看见路边有六七座亭子，就走进一座亭子里去歇歇脚。亭子外边，花开得很茂盛，小孩子伸出小手指念叨着：‘……八枝，九枝，十枝。’他越看越喜欢，想折下一枝来。妈妈拦住了他，说：‘你折一枝，他折一枝，后边歇脚的人就看不到花儿了。’后来，这儿的花越开越多，数也数不过来，变成了一座大花园。我听得入了迷，恍如身临其境。田老师的声音戛然而止，我却仍在发呆，直到三年级的大学兄捅了我一下，我才惊醒。……田老师每讲一课，

① 马克思．资本论［M］．北京：人民出版社，1975：6。

都要编一个引人入胜的故事。我在田老师那里学习四年，听了上千个故事，犹如春雨点点，滋润着我。”

刘绍棠记住了这样的教学故事，我们可以说是这些故事对他的成长产生了影响。故事中，田老师的劳动主要表现在两个方面：一是改造教材和补充教学内容，他用讲故事的方式使教材内容情境化，使其适合小学生的学习和理解，通过补充行为习惯养成的新内容，增加教学内容的教育性；二是把学生组织起来引起学生的学习活动，比如，促进学生想象情境，在情境中思考和理解，在学习活动中发展想象力，理解道德行为，受到审美教育。

学习环境和学习活动，这是影响和促进学生发展直接而现实的因素。教育的任务在于提供有助于学生成长和发展的环境，在于组织学生参与能够实现成长和发展的教育活动。我们可以把对学生产生影响的教育环境和教育活动称为课程。利用和开发对学生产生影响的教育环境和教育活动就是教师的使命和责任，教师的劳动是建设和开发课程，学校的产品就是课程，教育为人的发展提供课程。

二、作为教育环境和教育活动的课程

理解产品是为了开发产品，理解课程是为了开发和建设课程。课程是一个充满歧义的概念，需要在复杂的语境中讨论和实践。施良方曾经指出：“课程领域复兴的希望在于把主要精力从用于追求理论转向顺应实践。”①佐藤学也认为：“‘课程实践’（curriculum practice）是课程研究的核心对象。”② 从顺应实践的角度，从学校和教师实践工作性质的角度，笔者认为，课程就是学校组织成员共同创生的、对学校成员产生影响的教育环境和教育活动，或者也可以说，课程就是实现教育目标的经过组织的教育环境和教育活动。这样的课程概念是一种大课程的概念，它包含了作为课程实施的教学。

（一）课程作为一种影响人的环境

1. 什么是环境

人生活在环境中，环境对人的影响直接而现实。孔子认为：“里仁为

---

① 转引自施良方．课程理论——课程的基础原理与问题［M］．北京：教育科学出版社，1996：170。

② 佐藤学．课程与教师［M］．北京：教育科学出版社，2003：14。

美。择不处仁，焉得知?”(《论语·里仁》)荀子则说：“蓬生麻中，不扶自直；白沙在涅，与之俱黑。”(《荀子·劝学》)孟母三迁，说的是孟子母亲为了孟子的成长而三次选择居住环境的故事。

那什么是环境呢？杜威认为：“环境包括促成或阻碍、刺激或抑制生物的特有的活动的各种条件。”① “环境由一个生物实行其特殊活动时有关的全部条件所组成。社会环境由社会任何一个成员在活动过程中和他结合在一起的所有伙伴的全部活动所组成。”② 笔者认为，就教育而言，教材、语言、周围的人和刺激等构成了影响人的发展的环境。

杜威说：“过去创造的文献，只要人们现在还掌握并加以利用，就是个人当前环境的一部分。”③ “显然，学校课程的各门学科或教材和提供环境的事有密切的联系。……教材直接包含在社会交往的情境中。”④ 教材是影响学生发展的一种环境，提供和改造教材意味着建设和发展课程。

他人的行动和态度是影响和改变人的环境。杜威说：“儿童的社会环境是由文明人的思维和感情的种种习惯的行为构成的。”⑤在影响学生发展的他人中，教师是十分重要而特殊的角色。教师对于儿童发展的意义，不仅在于教师要提供和改造教育环境，而且自身就是学生周围的环境。从这种意义上，发展教师就是建设和开发课程，而且是最有效的建设和发展课程的方式和途径。

答好了这些问题，学生不喜欢学习的现象可能就会有一定的改变，如前面的这位老师。

在诸多环境资源中，语言“代表着为了社会生活的利益经过最大限度改造的物质环境——在变成社会工具时物质的东西已丧失它们原来的特性——所以，和其他工具比较起来，语言应起更大的作用”⑥。在教室里，有声是一种环境，无声是一种环境，不同的声音和语言构成了教室里的语言环境。

环境环绕在我们周围，走进学校，花草树木、图画文字、他人的问好和微笑等是“我”周围的环境；教室里，空间、教学活动设施和手段、书本中的经验、师生的活动和经验也是“我”的环境……

---

① 约翰·杜威．民主主义与教育(第2版)[M]．北京：人民教育出版社，2001：17。

② 同上，28。

③⑤ 同上，83。

④ 同上，197。

⑥ 同上，46。

2. 创设教育环境是教育的使命和责任

杜威在《民主主义与教育》中反复强调："成人有意识地控制未成熟者所受教育的唯一方法，是控制他们的环境。他们在这个环境中行动，因而也在这个环境中思考和感觉。我们从来不是直接地进行教育，而是间接地通过环境进行教育。"① "人在社会环境中生活、行动、存在；这种社会环境就是指导活动的长期有效的力量。"② "学校的任务就是设置一个环境，在这种环境里，游戏和工作的进行，应能促进青少年智力和道德的成长。"③ "教师在教育事业中的任务在于提供刺激学生的反应和指导学生学习过程的环境。归根到底，教师所能做的一切在于改变刺激，以便反映尽可能使学生确实形成良好的智力和情绪倾向。"④

教育的使命和学校的责任在于创造一种环境，因此，"大家的共同目标只有一个：为学生创造一个能让他们感到自在、自信的学习环境。"⑤ "今天，校长们必须肩负的职责扩大了无数倍，其中一项最主要的内容就是创造一个确保所有学生都能对成功有所体验的学习环境。"⑥ "校长的职责之一是，创建并维护一种积极的校园氛围。在这里，老师们能安心工作，学生们能安心学习。因为个人和团体的价值观不一样，每个人心中的良好氛围也不同。领导为改善氛围，需要处理好分歧、期望和现状的关系，最终的目的是为了提升学习环境。校长，最应该为一所学校的氛围负责，就像老师必须对他的课堂负责一样。"⑦

3. 让学校和课堂中的环境具有教育的意义和价值

学校和课堂不是完全自然的环境，而是一种特殊的环境。"这个特殊的社会环境有三个比较重要的功能：一是简化和安排所要发展的倾向的所有因素；二是净化现有的社会习惯并使其观念化；三是创造一个更加广阔和

---

① 约翰·杜威. 民主主义与教育(第2版)［M］. 北京：人民教育出版社，2001：25。

② 同上，34。

③ 同上，213。

④ 同上，197。

⑤ 桑德拉·哈里斯. 美国获奖中小学校长的建议［M］. 北京：中国青年出版社，2001：59。

⑥ 同上，18。

⑦ 转引自托德·威特克尔. 如何调动和激励教师［M］. 北京：中国青年出版社，2007：112。

更加平衡的环境，使青少年不受原来环境的限制。”① 凝结着教育环境中的教育工作者的劳动，就是学校组织成员出于育人目的，对环境因素进行的计划、安排、加工和改造。

教师的工作在于安排和改造学生生活在其中的教育环境，杜威说：“我们已经说过，有意识的教育就是一种特别选择的环境。这种选择所根据的材料和方法都特别能朝着令人满意的方向来促进生长。”② “学校的任务不在把青年从一个活动的环境转移到死记硬背别人学问的环境，而在于把他们从相对地说是一个偶然的活动（它们与领悟、思维的关系是偶然的）的环境，转移到按学习的指导选择的活动的环境。”③ 维果茨基认为：“教师是教育环境的组织者，是教育环境与受教育者相互作用的调节者和控制者……社会环境是教育过程真正的杠杆，而教师的全部作用则可归结为对这一杠杆的管理。”④

（二）课程作为人参与其中的活动

“个体的智慧和知识是通过与环境相互作用而得以生长和发展的。”⑤ 环境只是人的发展的外在条件，课程的效益来源于人与周围环境交往互动，并发现其中的关系和意义。1976 年，联合国教科文组织在《国际教育标准分类》中这样定义教育：“教育是有组织、有目的地传授知识的工作。”1997 年该文件修订，该定义变成了“教育是能够导致学习的交流活动”，教育是组织和提供促进学习的活动。

在教育活动中凝结的教师的劳动，具体表现为教育活动的参与者对活动的设计和安排，以及对活动参与者的组织和指引。“教师要在课堂里，把课堂环境设计成活动性、合作性学校的场所，设计具备了教育内容的意义和魅力的学习经验，促进活动性、自立性、合作性的对话性实践。”⑥ “教育和教学的技巧和艺术在于，要使每一个儿童的力量和可能性发挥出来，使他享受到脑力劳动的乐趣。”⑦ 通过“利用天然的或人为的物质条件，引

---

① 约翰·杜威．民主主义与教育(第 2 版)［M］．北京：人民教育出版社，2001：29。

② 同上，45。

③ 同上，292。

④ 转引自高文．教育模式论［M］．上海：上海教育出版社，2002：373。

⑤ 施良方．学习论［M］．北京：人民教育出版社，2001：162。

⑥ 佐藤学．学习的快乐——走向对话［M］．钟启泉译．北京：教育科学出版社，2004：47。

⑦ 苏霍姆林斯基．给教师的建议［M］．北京：教育科学出版社，1984：2。

导出别人的应答性行为”①。

活动具有性质和水平的差异。“在理想的教学过程中，教师应鼓舞儿童在活动时开动大脑，运用观察和推测、实验和分析、比较和判断，使他们的手、足、耳、目和头脑等身体器官，成为智慧的源泉。”② 在智力活动中要“使每一个学生有机会在有意义的活动中使用他自己的力量”③。

（三）课程是环境和活动的结合

活动总是在一定环境中的活动，活动总是需要一定的活动材料支持，可以说活动离不开环境，环境影响和制约着活动。另外，人不是被动地适应环境，人能主动地利用和改造环境，人的活动本身提供和影响环境。活动提供了经验，活动驱动了人与环境的对话，人在与环境互动中建构和改造自己的经验。教育是价值引导与自主建构的互动和融合，教育环境的提供体现价值引导，教育活动的参与实现自主建构。教育环境和教育活动的互动性特征体现了课程内容和方法、预设和生成的内在统一。教师的能力也就表现为提供合理教学环境的能力，以及对教学活动经济而有效的指引和控制能力。

三、建立以课程为主要对象的教育评价体系

《国家中长期教育改革和发展规划纲要（2010—2020年）》提出：“不得以升学率对地区和学校进行排名，不得下达升学指标。”但这只是一个禁止性规定，在禁止性规定以后，我们需要一种新的思想、一种新的指标体系评价学校和教师。在这里，没有明确的“立”也就难以实现真正的“破”。立什么？笔者以为需要建立以课程为主要对象的教育评价体系。

比如，我们可以通过对学校和教师在课程建设中的理性水平和实际付出的考量，评价学校和教师课程建设和开发的劳动付出；通过对学校和课堂上的课程表现和实践的形态与质量（课程的教育性、丰富性、适切性、可选择性、经济性），考量学校和教师的课程水平和质量；通过学生在课程实践中变化的增量，考察学校和教师课程的效益和价值。

比如，如果用课程评价学校和老师，我就不仅问你教过多少优秀的学

① 约翰·杜威．民主主义与教育(第2版)［M］．北京：人民教育出版社，2001：41。

② 约翰·杜威．民主主义与教育(第2版)［M］．北京：人民教育出版社，2001。（滕大春《杜威和他的〈民主主义与教育〉》第25页）

③ 同上，188。

生，而且问你在这些优秀学生的成长中做过什么？你能不能说明为这些学生提供了什么样的课程，你在开发和实践这些课程有什么样的追求，付出了什么样的劳动？如果你不能说清楚学生在你这里得到过课程的帮助，我就不把这位学生成才的功劳放在你身上。

笔者的乐观期望是，评价课程的合理性和有效性，可以引导社会、学校、家长把精力用在关心和建设高质量、高水平的课程建设中，而不是把心思用在如何对学生“榨油”上，有利于把减负落到实处，课程合理了，学生的成长也就容易产生相对理想的效果。

第四节　学习热爱学生

一、没有爱就没有教育

苏霍姆林斯基将教师热爱学生视为“教育的奥秘”，他用“把整个心灵献给孩子们”作为自己一本著作的书名。著名教育家陶行知先生奉行“爱满天下”的宗旨，与学生打成一片，与他们同甘苦、共患难。他认为：“我们深信师生共生活、共甘苦，为最好的教育。”①

上课时，学生饿了，老师怎么办？案例 3.3 和案例 3.4 中，同样的情境，不同的处理带来了不同的结果。

案例 3.3：②

胡老师个子不高，戴一副眼镜，看起来挺斯文的。可一上她的课，我们才知道这完全是我们的一种错觉。她的课要求没有一点杂音，更不许下面有人搞小动作，一旦被她发现你没有盯着黑板看，那后果就严重了，有位男同学因为在她的课上不能请假上厕所而把大便拉在裤子里（因为前面曾经有同学因为要请假去厕所而被她罚，此后就再没有人敢在她的课上请假了）。

那天的数学课是上午的最后一节。正因为如此，大家上课的时候精力不是特别集中。在胡老师中途板书的时候，我前面的同学小声地说了句：“好饿呀！”谁知被她听见了，她立刻转过身来扫视大家，严厉地问：“刚才谁说话？”全班同学都被她满脸的怒气吓住了，都不敢出声。我们的沉默惹怒了她：“你们以为不说就没有事了吗？这一次，我不知道是谁就先打中间

① 方明．陶行知教育名篇［M］．北京：教育科学出版社，2005：74。

② 来源：学生“师德修养”课程作业。

两个组（的同学），下次如果再有同样的情况，就打边上靠窗的两个组（的同学）。”说完，她从讲台上拿起黑板擦就开始打中间两组同学的脸。

类似的情况以后还出现了几次。

当时听到几个男生说以后一定当老师，还一定要教胡老师的儿子，要打还回来。

案例 3.4：①

一天，因为早上起来晚了，没有来得及吃早饭，我走了两个小时的路程来到学校。到学校又饿又累，上课时根本没有心情，只好无精打采地趴在桌上等中午吃饭时间快一点到。

下课后，徐老师把我叫了去，问我上课时为什么不好好听，神情严肃极了。我一向都是好学生，老师批评我还是第一次，现在又有很多同学在周围，我觉得自己受了委屈，一下子就哭起来了。徐老师看我哭了，声音变得温和起来，他擦了我满脸的眼泪，关切地问我怎么了，他的关怀使我感到温暖，我支支吾吾地说：“我……我……饿了。”徐老师笑笑，起身带我到他的宿舍，拿出两枚煮熟的鸡蛋，热乎乎的，塞到了我的手里。鸡蛋暖暖乎乎的在我手心里，它直暖到心坎里。

从此，老师的形象在我心中有了天翻地覆的变化：他们不再高高在上，不可亲近，他们在关心我们，爱护我们。也正是这两枚鸡蛋让我立志成为一名教师。

两个故事两种可能，它告诉我们，生活在爱的氛围中，孩子更容易学会爱；师爱在爱学生的传递中光大，它的光照不仅会温暖社会，而且将给我们自身以更多的温暖和美好。戈登·德莱顿曾经说②：

“如果一个孩子生活在批评中，他就学会了谴责；
如果一个孩子生活在敌意中，他就学会了争斗；
如果一个孩子生活在恐惧中，他就学会了忧虑；
如果一个孩子生活在怜悯中，他就学会了自责；
如果一个孩子生活在讽刺中，他就学会了害羞；
如果一个孩子生活在耻辱中，他就学会了负罪感；
如果一个孩子生活在鼓励中，他就学会了自信；
如果一个孩子生活在忍耐中，他就学会了耐心；

---

① 来源：学生“师德修养”课程作业。

② 戈登·德莱顿．学习的革命［M］．北京：三联书店，1997：76。

如果一个孩子生活在表扬中，他就学会了感激；

如果一个孩子生活在接受中，他就学会了爱；

如果一个孩子生活在认可中，他就学会了自爱；

如果一个孩子生活在承认中，他就学会了要有一个目标；

如果一个孩子生活在分享中，他就学会了慷慨；

如果一个孩子生活在诚实和正直中，他就学会了什么是真理、公正；

如果一个孩子生活在安全中，他就相信自己和周围的人；

如果一个孩子生活在友爱中，他就学会了这世界是生活的好地方；

如果一个孩子生活在真诚中，他就学会了头脑平静的生活。”

二、学习热爱

案例 3.5：①

一天，读初中的女儿意味深长地向教初三的我推荐了一则笑话，题目是《为老师点歌》，笑话的内容大致是这样的：

深夜，王老师批改完最后一份试卷，疲惫地拧开收音机，想听听音乐放松一下。收音机里传来播音员的声音："××中学高三年级的××班全体同学共同把这首歌献给他们敬爱的王××老师，感谢他三年来给他们出了无数道数学题（尤其是高三这一年），使他们得到了宝贵的学习机会……"听到这儿，王老师眼睛湿润了，心力交瘁的脸上露出一丝安慰的笑容。只听播音员又继续说："现在就让我们一起来听这首李惠敏演唱的《你不会有好结果》……"只见王老师两眼翻白，口吐白沫，栽倒在地……

"某直辖市教委在教师中随机抽取100名教师，问：'您热爱学生吗？'90%以上的被试者回答'是'；再向这100名教师所教的学生进行调查：'你体会到老师对你的爱吗？'回答'体会到'的仅占10%。"② 由此，我们可以说，教育爱不仅仅是一种态度和行动，也是一种艺术和能力，教师需要学习表达自己爱，实现自己的爱，用更有水平的爱去收获爱的理想效果。

（一）爱是一种接纳

有一位实习教师辅导学生读书，学生用家乡方言读课文，这位同学不断要求学生用普通话读课文——这在教师看来本是无可厚非的尽职尽责，

---

① 唐福建．让心灵永远绽放爱的花朵［A］．绵阳市涪城区文教体局．生命的颤动（非正式出版物），2004：1。

② 林崇德．教育的智慧［M］．北京：北京师范大学出版社，2007：27。

但学生被这样多要求几次，心中很不耐烦，对老师的怨气冲口而出：“你只会说要用普通话读，我讨厌你，我鄙视你。”这位同学落荒而逃……

大卫·杰弗里·史密斯说：“爱世界、爱他人、爱自己的学生，意味着与他们保持这样一种交往关系：不是事先决定好怎样让他们成为我希望的样子，而是以这种方式接受——接受我们对彼此的局限性，而不只是想象中的可能性。惟其如此，我们才能达到共享的真理。教育学关怀应在以下动态系统中表达出来：既拥抱世界，又放任世界，在这种拥抱世界和放任世界的状态中重新发现自我，这样，师生之间相互引导，臻于成熟，相互贡献各自的才干，而绝对不能预先设定一个‘永久’的结构。”① 对孩子、对子女、对学生，成人、家长、老师首先想到的是什么？很多时候，我们不是首先考虑如何接受，而是如何改造，而且只是按照自己心意的改造。

因为要改造，我们就必然“预先设定一个‘永久’的结构”——这里的“结构”就是我们对孩子未来形象的设计和期望。这个“预先设定”的“‘永久’的结构”有强大的驱动力量，它使成人、家长、老师只想塑造和改变，对学生缺乏放任和解放，无法让学生成为他自己。

从成人、家长、老师的动机，这样做也是出于关怀，但这种关怀不是史密斯说的“教育学关怀”，也就是说，有关怀的动机和行为但却没有对行为赋予教育学的意义，它没有关怀对象的理解和接受，也无法最终实现被关怀对象改善和发展。

不是先定位改造，而是定位接受。对于接受什么和怎么接受？史密斯告诉我们要学会接受彼此的局限，马克斯·范梅南说：“‘你应该理解他的情境’，这种表达方法并不只是指我们必须要考虑与一个人的位置相关的所有事实与因素（位置、条件和环境）——这尤其意味着我们必须要从另外一个人的存在的角度来理解情境。”② 也就是学习站在被理解者、被接受者的角度去思考接受孩子。

（二）爱是对学生满含信任和鼓励的期望

1968年美国哈佛大学心理学家罗森塔尔和他的助手雅各布森在研究中发现，那些被教师以为智力发展会有显著进步的学生，其成绩平均提高幅度显著高于其他学生，教师对学生行为的期望转化成了学生的自我实现预

---

① 大卫·杰弗里·史密斯．全球化与后现代教育学［M］．北京：教育科学出版社，2000：29—30。

② 马克斯·范梅南．教学机智［M］．北京：教育科学出版社，2001：97。

言。“当教师期望某个孩子会表现出较大程度的智力提高时，这名学生就真的出现了较大程度的智力提高。”[①] 这一效应被誉为“罗森塔尔效应”。相信人性善，相信人可以教育，相信人可以变得更完善，这是教育学的逻辑起点，也是教师应该具有的学生观念。我们要认识到每个学生都是独特的，有价值的，有发展潜力的，充满希望的。我们需要怀着青出于蓝胜于蓝的期望，给予每一个学生更多的信任和鼓励，以充满关爱的目光激发学生进步的动力。在怀有和表达期望时，我们又要看到学生之间存在着很大的个体差异，对于不同学生要建立不同的期望，既充满希望又不要让过高的期望使学生难以承受，使我们的预期“积极而恰当”。

对学生的期望将转化为每个学生对自己的期望。布鲁纳说：“自我可以——实际上是必须——从‘他人’的角度予以界定。”[②] 唐太宗有“以铜为镜，可以正衣冠；以史为镜，可以明兴衰；以人为镜，可以知得失”（《旧唐书卷七十一·魏徵列传》）的见解。人是从他人的目光和评价中获得自我认知的，比较其他人，教师对学生的自我认知影响更为深刻，教师传递给学生的信任信息不同，直接影响学生对自我的定位和自我期望，影响学生的自我效能感。

（三）教师的爱是一种理性之爱

弗洛姆在《爱的艺术》中强调了“母性之爱”和“父性之爱”对人生的意义和价值。他认为[③]：

母亲的爱是幸福，是祥和，不需要去赢得，也不需要为之付出努力。母亲是我们的故乡，是大自然，是大地，是海洋。就其本质而言，母爱是无条件的。母亲的作用是给予孩子一种生活上的安全感。一个好母亲的爱不应该成为孩子成长的障碍，也不应该助长孩子的依赖性。母亲应该相信生活，不应该惶恐不安并把这种情绪传染给孩子，她应该希望孩子独立并鼓励孩子最终能够离开自己。

（父亲）代表了人类生存的另一个环境：即思想的世界，人类所创造的由法律、秩序和冲突构成的世界。父亲的任务是教育和指导孩子怎样为人

---

① 参见［美］Roger R. Hock. 改变心理学的40项研究［M］. 白学军等，译. 北京：中国轻工业出版社，2004：129。

② 转引自小威廉姆·E. 多尔. 后现代课程观［M］. 北京：教育科学出版社，2000：19。

③ 参见艾·弗洛姆. 爱的艺术［M］. 上海：上海译文出版社，2008：36－41。

处世，怎样面对将来可能遇到的种种困难，父亲是教育孩子，为孩子指出通向人类社会之路的引导者。父亲的爱应该坚持某些原则并对孩子提出要求，应该是宽容的、耐心的，不应该是专横而粗暴的。父爱应该帮助孩子认识自身的力量和能力，建立自信，最终让孩子成为自己的主人，从而能够摆脱父亲的影响。

一个成熟的人获得了独立，此时的他既是自己的父亲又是自己的母亲。在他身上既具备母爱赋予他的宽容，又体现了父爱教给他的责任。母爱的宽容是："无论你做了什么，犯了什么样的错误，都不会失去我对你的爱，失去我对你的生命、你的欢乐的祝福。"而父爱给予的责任是："如果你做错了，你就要勇于承担责任和后果；最重要的是你要改正自己的错误，这样你才能得到我给你的爱。"一个成熟的人，在外在表现上已经离开了父亲和母亲获得了独立，但在内心却为自己塑造了一个母亲形象和一个父亲形象。他把对自己母亲式的关心建立在自己的爱的能力上，把对自己的父爱建立在自己的理智和判断力上。成熟的人身上既体现了无条件的母爱，也体现了有条件的父爱。

要想成为一个心理健康的人、一个成熟的人，就需要由以母爱为中心的阶段发展到以父爱为中心的阶段，最后完成母爱和父爱的综合。否则的话，就容易导致精神方面的疾病。

教师要引导学生健康成长，需要对学生有一种完整而理性的爱。所谓"完整"意味着既要有母性之爱，也要有父性之爱。母性之爱是包容、接纳、温柔之爱，是无条件的爱，母性之爱让孩子感到温暖，并对家和老师产生依恋、信任，获得自己有根、有归属的感觉；父性之爱是有条件之爱，要讲规则，父性之爱引导孩子接受规则，走出家庭、走出学校，走向世界。

第五节　向学生学习

一、进入"同学时代"

案例 3.6：

"老师，让我来讲"①

一位教师在上小学一年级数学课，她出示一道题让学生讨论"怎么算"。

① 杨玉军、王慧. 面对学生的发问［N］. 中国教育报，1998-5-12。

“幼儿园大班的小朋友做红花。他们送了小班的小朋友5朵以后还剩7朵。大班的小朋友做了多少朵红花?”

一位学生站起来说:“这道题用减法算。”

“为什么?”

“因为老师您说过,碰到‘还剩’就用减法。”

这时,教师感觉到由于自己讲解时的疏漏而造成学生理解的错误。她急切地希望讲明白这道题不能用减法的道理。但是,她越着急越表达不清楚,什么“部分数”“整体数”之类的概念,越发引来学生迷茫的眼光。

一个童稚的声音打破教室中的沉闷:“老师,我来讲——幼儿园大班的小朋友后来决定不送红花给小班了,他们把送给小班的5朵小红花拿回来,这时,拿回来的5朵,添上原来还剩的7朵,就是大班小朋友所做的红花。所以要用加法算。”

老师长长地舒一口气,用赞许的目光深情地看着这位学生。

老师为什么想不到“要回来”的方法?因为老师是成人,在成人的生活世界里,一般没有送出去的东西再要回来的道理,因此我们很难想到用“要回来”的方法处理。而小孩在活动中、在游戏中随着情感的变化,经常发生着送出东西又要回来的故事,小孩生活在这种生活经验中,所以他们想到了要回来。

教师以育人为天职,教育的过程实际上是教师经验和学生经验对话、改组和提升的过程,教师要对学生的经验施加影响,就必须进入学生的经验系统和话语系统,以学生的经验和话语为基础。而要进入学生的经验和话语,教师就必须学会向学生学习。在向学生学习过程中,我们获得了新的经验,获得新的人生感悟。老师也在这个过程中得到发展,它使我们永葆教学青春,享受成长快乐。

人们常常用“前喻时代”“并喻时代”“后喻时代”来表达前辈与后辈、教师与学生间的经验传递和相互影响。随着新知识、新技术、新方法的不断产生,随着信息传播渠道的不断增加,也因为老一代和年青一代在思维方式、操作水平和能力上的差异,“师未必贤于弟子”,弟子许多方面已经超过老师,可以说,进入“并喻时代”,彼此相互学习已经成了这个时代的特征。“并喻时代”是一种“同学时代”。

二、向学生学什么

(一) 从学生经验中学教学

参考阅读：

在教学反思中重新认识教材①

教师对教材的认识和处理难免偏颇和错误。保持开放的态度，不断修正偏颇和错误是教师行动研究的一种方式。开放无疑应该是全方位的，但最重要的是向实践开放，向学生开放，向学生学习，在实践中反思。

以我自己的经验为例。我曾经执教《晏子使楚》，基于教学是选择和平衡的艺术的理解，我把教学定位在“体会外交场合下的语言艺术，学习聪明地听话，聪明地表达”。外交场合下的语言有什么特点呢？我自己对课文分析，认定是话里有话、话中有话，并不直接和明确。但在课堂上，对于我的提问“你认为外交官的语言有什么特点”，第一个学生的回答却是“干脆直接”，我请他举例，他说：“楚王问晏子‘难道齐国没有人了吗’的时候，晏子严肃地回答‘这是什么话’就很干脆直接。”我意识到自己备课的时候是一叶障目了。保持教学的开放，利用学生的发现，我相应提出了这样的问题：“比较进城门的交流方式和这一次对话的方式，你注意到有什么差异？为什么有这样的差异？”对这个问题进行讨论，同学们意识第一次是针对晏子个人——让晏子从城门洞进来，小不忍则乱大谋，晏子只是“看了看”；这一次是针对自己的国家——“难道齐国没有人了”，是可忍孰不可忍，晏子采取了正面回击的方式；个人脸面事小，国家尊严事大，不同的态度，不同的应对，正是这样的区别，反映了外交官的修养，使晏子的爱国行为更加具体生动。

很多类似的经历使我愿意和老师们说：老师的教学不是付出，而是收获；老师不是“蜡烛”和“春蚕”，而是教室里不断生长的“一棵树”，教学滋养了我们，学生帮助了我们；开放的学习和成长心态带给我们幸福！

① 陈大伟．在教学反思中重新认识教材［N］．教育时报（课改导刊），2011-08-10（3）。

(二) 从儿童经验中学管理

参考阅读：

课堂上的猜拳①

曾经观察一节一年级的识字课，在教学过程中，老师组织学生进行“猜字”游戏（注：一位学生指出黑板上的生字，让另外一位同学猜，猜的时候需要大声读出来。而班上其余的同学担任裁判，目的在于随着猜字的过程巩固认识生字的成果）。

两位同学到讲台后，都要求承担“指字”的任务而不愿意扮演“猜字”的角色，这时两位同学望着老师，希望老师把指字的任务给自己，老师说：“你们自己商量。”两个一年级的小朋友一商量：“猜拳！”

“石头剪子布！”

问题解决了。

……

我们来看一看小孩子解决问题的模式。先是找关系希望照顾，这位老师处理很高明：我谁也不照顾，你们自己处理。这时就有了小孩子自主处理争端的公民生活情境：首先是争取和不放弃自己的权利，然后协商和订立规则，接下来是发挥能力争取胜利，最后是履约守信。从意识和争取个人权利，到自主协商，立约和履约，这不就是现代公民生活的雏形吗？

还是陶行知先生的说法：“人人都说孩子小，其实人小心不小，你若认为孩子小，那你比孩子还要小。”实际上，小孩子的游戏中就蕴涵了公民教育的成分。比如，对于班规的执行，是否可以用“拉钩上吊，一百年不许变”的意识培养学生的履约和承担责任意识。我们是否可以利用儿童的游戏和游戏中的经验？

(三) 用儿童的感受洗涤心灵

向学生学习不仅仅是可以学习教学，丰富知识，而且有利于陶冶性情，长期和天真烂漫的孩子在一起的时候，你会不会多一点保持宁静纯真心灵的追求？

【思考与练习】

1. 师生关系是教师职业道德修养的核心内容，想一想你对这个问题的认识和理解。

---

① 陈大伟、万正维．从公民教育的角度看班干部制［J］．班主任之友（小学版），2011（2）：27。

2. 搜集多元智力理论的书籍或文章阅读，对照多元智力，找一找自己的优势智能。说一说这种理论对教育的启示和意义。

3. 试用案例说明你对“父性之爱”和“母性之爱”的认识与理解。

4. 说一说和学生“同学”的意义。

5. 说一说阅读《那改变我一生的两次微笑》的感受。

6. 阅读《花开自有时》，说一说你对“教育是慢的艺术”的理解。

第四章　为人师表

【本章学习目标】

体会加强自身修养的意义和价值，检点自身言行，学习加强自身修养的方法和要求。认识和同事合作的意义，学习和同事合作共处。理解和家长的平等交流关系，学习既尊重家长，又引导帮助家长的方法，和家长建立和谐关系。

第一节　行为世范

参考阅读：

教师的榜样力量①

在孩子面前展现出来的通往周围世界的第一个窗口，是父母和教师的个人榜样。众所周知，孩子具有模仿能力。他模仿的，是他在对自己具有威信的人身上看到的东西。而对孩子来说，教师的威信不但不亚于父母，有时甚至比父母更高。孩子往往视教师为楷模，相信他的每一句话，无条件地完成他的要求。但如果在教师那里出现了某种行为，破坏了孩子对他的信任，在孩子的心灵里就会酿成第一幕悲剧：发生怀疑，产生不信任感。

假如我们成年人留意观察一下我们有时觉得不屑一顾的种种小事，那就会发现，这样的悲剧已不止一次。

有位女教师（我有意不披露她的姓名和她执教的学校），她是师范学校毕业后就来学校工作的。孩子们都很爱她。这位女教师有丰富的想象力，能编出许多童话故事，讲述那遥远遥远的地方，于是她成了小不点儿们的权威。

有一次，那已是第三学年之初，女教师领着孩子们来到集体农庄的场院里。“我们来捡玉米棒子，”她说罢，示范了一下该怎么干。学生们刚开始工作，女教师赶忙又说：“你们自己待一会儿，我去瞧瞧给我留下的土豆怎么样……”

就在十步远的地方，坐着一群上年纪的集体农庄女庄员。还是昨天，

---

① 苏霍姆林斯基．苏霍姆林斯基选集（第3卷）［M］．北京：教育科学出版社，2001：183—285。（节选，题目为编写者所加）

女教师就把麻袋交给她们，请她们为她挑选一些好一点的土豆。才过了那么一分钟，孩子们就听到了她生气地喊叫："我花钱就要这些烂货?"

孩子们大吃一惊：他们不认识自己的女老师了。她跟他们说话是那么温柔，一字一句都像是抚爱，可现在她的声调是那么嘶哑，充满着挑逗的火气……当听到从她嘴里喷出那些肮脏的咒骂时，他们完全惊呆了。

孩子们垂首而坐，连眼皮都不敢抬。女教师回来了，向他们说着什么，声音又是那么温柔，那么亲切，但学生们已经听不懂她的话。在他们的耳朵里，还回荡着女教师刚才辱骂女庄员的那些肮脏话……

此时此刻，孩子们的心灵里起着怎样的变化，这是可想而知的。傍晚，当昏暗已笼罩房间时，9岁的瓦利娅还坐在窗前，愁眉不展，苦苦思索。她无缘无故地哭开了。不管母亲多么使劲地想探寻出她为什么哭。瓦利娅一句话都听不进去——她还是痛苦地寻思着我上面说到的那个场面。瓦利娅跟女教师很要好，常到她家里去，信赖地向她倾吐自己小小的秘密。而现在，她那稚嫩的心灵惶恐不安，充满疑窦：为什么女教师跟同学们说话时这么和蔼可亲，却跟成年人吵架呢？难道她的温柔和善良只是装出来给人瞧的，而实际上她是一个凶狠恶毒的人？

没有什么比儿童内心的痛苦更难受的了。这心灵的创伤也许多年不能愈合，也许遗患终生。瓦利娅哭了很久，夜里也睡不安稳。这姑娘再也不相信这位女教师了。儿童的复杂感情，往往以一种独特的抗议表现出来：瓦利娅变得粗鲁了，不听话了。看来，她一切都故意跟女教师对着干——为的是惹她生气，让她烦恼。亲爱的读者，可能您也见过这种一切跟大人对着干的孩子。我相信，究其原因，是孩子内心营造的理想形象，已被他们奉为楷模的人所践踏。

汉代思想家扬雄说："师者，人之模范也。"（扬雄《法言》）卢梭在《爱弥儿》中对教师说："你要记住，在敢于担当培养一个人的任务以前，自己就必须造就成一个人，自己就必须是一个值得推崇的模范。"① 为什么强调教师必须为人师表，行为世范？因为以智启智、以德育德是教师实施教育教学的主要手段，教师的人格品行作为教育因素在教育过程中发挥着重要的教育作用，为人师表是对教师最起码的道德要求。

① 卢梭．爱弥儿（上卷）[M]．北京：人民教育出版社，1985：92。

一、检点言行，做文明的教师

教师为人师表最直接地体现在教师的言语和日常教育教学行为中。语言是教师劳动的主要工具，言语是教师劳动的主要方式。“有人形象地比喻：教师的语言犹如金钥匙，能打开学生心灵的窗户，激发他们追求真、善、美的兴趣和欲望；教师的语言犹如火炬，能让知识的火光在学生眼前放射出诱人的光辉，照亮他们的未来；教师的语言犹如种子，能深深地埋葬在学生的心中，使他们把追求真、善、美看做人生的第一乐事。”① 优美的言谈举止给学生和他人以文明、高雅的形象；粗俗、鄙陋的言谈举止则给人斯文扫地的感觉，粗俗、鄙陋的言谈很难赢得学生和他人的认同和尊重。

对教师语言的最低要求是语言要纯洁、文明、健康。较高要求是教师的语言应该具有准确性、激励性、启发性。准确性要求教师语言准确、鲜明、简练，准确即用语精确清晰，合乎逻辑，具有专业性和学术性；鲜明即语言褒贬分明，饱含真情实感；简练要求即语言精辟透彻，言简意赅。激励性要求教师的语言具有感人力量，教师的语言要心诚理真、情理交融，晓之以理、动之以情。启发性要求教师的语言含蓄幽默，措辞优美，达到激发兴趣、活跃气氛的目的。

教师的个人礼仪，主要是指教师要注重个人的仪容、举止、表情、服装和佩饰等。教师的礼仪是教师精神面貌的外在体现，是其内在素质的反映和个人修养的标志，对学生具有强烈的示范性。教师注重礼仪有利于发挥教师的示范、表率作用，有利于展现教师的教学艺术，有利于建立良好的人际关系。对教师仪表的要求体现在以下几个方面：①衣着整洁大方。首要要求是整齐清洁，讲究卫生，不要衣冠不整、蓬头垢面。其次是要美观大方，不要奇装异服，过于花哨，分散学生注意力。②举止稳重端庄。一方面，教师对人应该以礼相待，温文尔雅，学生从教师身上感到和蔼可亲，平易近人，他们可以从中受到熏陶，养成良好的礼貌习惯。另一方面，教师举止要端庄适度，体现良好的道德文化修养，让美德体现在行为举止上。马卡连柯曾经说：“从口袋里掏出揉皱的脏手帕的教师，已经失去当教师的资格了。”② ③态度和蔼可亲。教师以什么样的态度对待社会、人生和

① 王可植．教师职业道德［M］．成都：四川教育出版社，2000：161－162。

② 马卡连柯．论共产主义教育［M］．北京：人民教育出版社，1979：444。

学生，学生也可能以相同的态度对待社会、人生和老师。教师和蔼可亲的态度有利于培养学生以和蔼可亲的方式面对他人。④风度从容典雅。教师风度应该是教师内在美与外在美的统一，教师的风度应该朴实整洁而不呆板，稳重端庄而不矫饰，活泼开朗而不轻浮，热情大方而不做作，善良和蔼而不怯懦，温文尔雅而不庸俗。

二、充满仁爱，做人文的教师

这是一个值得反思的故事[①]：

那天，我最要好的一个朋友到我这里玩，喝了几盅酒，面红耳赤地给我讲了这样一个故事：

“亲其师，方能信其道。”这是我从教近二十年一直奉为圭臬的一句话。要想让学生学好你教的那一门课，最好的办法就是让学生喜欢你。于是，平时我努力接近学生，努力做出平易近人的姿态，真切地关心他们、爱护他们，从而获得了大多数学生的好感，认为我是他们心目中的好老师。我也为此而沾沾自喜。然而有一天，因为一只猫，让我这种努力堆砌起来的形象突然坍塌了，这时我才知道自己并没有真正地走进学生的心灵，在我的内心深处还有着难以克服的心理障碍。

那是一个很平常的早晨，学生集中到操场做早操。我从教学楼上下来稍晚了些，看见一只猫就在我们班的队列前面。这是一只羸弱、幼小的猫，脏兮兮的，毛戗着，很丑的样子。它蜷缩在篮球架下，似乎被这喧闹的阵势吓住了，一动不动。队列前面的几个学生一边注视着猫的举动，一边比划着早操，一边压抑着笑。我狠狠瞪了几眼，并不见效。而这时，校长踱过来了。学生似乎意识到自己的行为过分，认真地做起来，然而马上又被猫牵走了视线。我有点恼怒了，铁青着脸。学生们看了看我，随即收敛了心神，认真起来。

下了操，仍旧排队出场。突然从队列里走出一个学生，抱起小猫就走，队伍哗然。校长发现了，喊住他：“那位抱猫的同学，停下！”

原来是我班的亚敏。她停下，仍抱着小猫。

“放下！”我有点撑不住劲了，“你抱这猫干什么？”

她没动，低头嗫嚅着：“这是看门师傅的猫。我想给送去。”

“你这么好心！你知道它身上有没有SARS病毒？”我声色俱厉。现在

---

① 李良田．因为那只猫［J］．教师博览，2003（11）。（选用有改编）

正是预防“非典”时期，正好用作借口。亚敏是个内向的女孩，由于家庭的变故，总是显得郁郁寡欢，孤独而寂寞。我经常找她谈心，鼓励她走出生活的阴影，努力为她排解一些困难。她似乎很信赖我，有什么话也能对我说，她在日记里也说我是她最信赖、最敬爱的老师，我也一直认为自己应该是她最好的老师朋友。平时她倒也挺乖巧的，不知今天怎么在众目睽睽之下，作出让我这么尴尬的事。

“放下，你没有听见吗?”我的声音高起来。她似乎愣了一下，看了我一眼，那眼里有乞求，有担心，有不安，又有倔犟。我见她仍然不动，更多的老师和学生都停下来看着这一切，似乎都在看我出洋相，在一个女生面前令出而不行。

我的眼光一定很怕人，我发现亚敏脸涨红了，终于弯下腰，把小猫轻轻地放在地上。我决心给她也给其他同学一点警示，体现我的威严。我走过去，从口袋里掏出一张卫生纸包住猫，然后迅速抓起来，用力把小猫从高高的围墙上扔出去!

一阵惊呼！猫一脱手，我就感觉到自己犯了一个不可饶恕的错误！亚敏的惊叫是尖锐而凄厉的。她捂着脸狂奔上楼。待学生都走后，我从门缝看到小猫缓缓地抬起头，又过了许久似乎才从恐怖中清醒过来，缓缓地走远了。我长舒了一口气。

回到教室，亚敏果然还在那里哭泣。我把她喊到办公室，故作轻松地给她开玩笑，说:“我今天做了一个实验，发现再小的猫都学会了着地，也许这就是它们天生的本能吧。”亚敏一声不吭，红红的眼里满是不屑和冷漠。我向她道歉，尽逞三寸不烂之舌，她的脸上依旧呈现一丝不易觉察的嘲笑。

以后的日子里，亚敏再也没有给我说她的心事，脸上再也没有出现过笑容。听她的室友说，夜里经常听到她的惊叫和哭泣。我的心里沉甸甸的。

终于有一天，我发现她的座位上空了。她的同桌交给我一封信。信上说:“敬爱的老师，谢谢以前您给我的关怀和爱护。我一直把您当做这个世界上最敬爱的人、最值得信赖的人，但是，因为那只猫，我突然感到了害怕。那也是一个孤苦伶仃的孤儿，听同学说，它在这里已经几天了。您不见它快要死了吗? 我知道不该那时抱它，但是我不想让饿死。可是因为我，却更早地结束了它的生命。

“您知道吗，老师? 您经常给我们读那些珍爱生活的文章，让我们受益很深。我们都说老师您是一个极富爱心的人，能遇到这样的老师，是我们的幸运。然而，您却……您不会明白当您把那只小猫扔向天空时，我突然感觉到自己就是那只猫，不知为什么，我无法摆脱这种梦魇。我只好转学了。对不起，老师！”

信纸上有点点泪痕。我的心隐隐作痛。

如果不是那只猫，一切都不会是这个样子的。

然而，我突然觉得即使没有那只猫，总有一天还会有一只别的什么东西突然闯进来，让一个孩子心灵受伤。我需要想想，这究竟是为什么。

我还想告诉亚敏，原谅老师，让我们重新再来，好吗？我等着你回来！可是一切已经无可挽回了，唉！

他深沉地叹了口气，摇摇头，又拿起一盅一饮而尽……

只有敬畏生命的伦理才是完备的，老师对猫的行为使老师的形象坍塌。在这里，对生命的仁慈是具有高度理智性和超越性的爱心与宽恕的伦理精神和道德原则，是教育活动的本性和本质性要求之一。没有仁慈的教育将是一种缺乏关怀的教育，是机械、冷漠和无效的教育。因此，教师需要仁慈的品格，需要同情的心性。

期望教师是“真”“善”“美”的化身，这对教师要求实在太高；但对教师提出不断追求“真”“善”“美”的要求，却一点也不过分。教师是与人打交道的专业工作人员，与人打交道我们不能没有人文精神。人文精神是一种人之为人的精神。人文精神博大精深，但首要的是爱，惟其有爱，有“恻隐之心”，我们才能给学生以人文示范。在爱的基础上，我们还需要坚守和充实诸如平等、真诚、守信、民主、崇德、公正等观念，这些价值观念不仅是我们立足于世的根基和人生的坐标，而且是为人师表的基础。

也就是说，只有我们自己把“人”字写大了，才能培养出大写的“人”来。

三、爱好读书，做学习的教师

有一位优秀的小学教师新到一所小学当班主任，发现这个班的同学在早读时间很吵闹，而且迟到的很多。开始，她用批评干涉的方法试图改变，一周多的实践证明了这种方法的徒劳。新的一周开始，当同学们走进教室时，发现班主任端坐在讲台前，不再干涉他们，而是旁若无人、声情并茂地朗读自己喜爱的作品。同学们好奇地围在老师周围一探究竟，很快，一些同学被老师朗读的作品吸引，一些同学则回到自己的座位，拿出了课本和自己喜爱的东西。一个月以后，班上再没有迟到的学生，教室响起的是老师和同学们共同的读书声。

读书的目的应该主要定位于充实和完善自己，它不能过于功利，也就是不能为了给其他人看而读书。但就教师的工作性质看，教师的读书行为却常常被学生看到，被学生观察到，由此影响学生的读书和学习。

一些老师说："现在的学生根本不爱学习。"——这是很多老师痛苦的源头之一。在这里，我们不讨论这个结论是否符合事实。我们可以提出以下问题扪心自问：①我们爱学习吗？我们爱读书吗？当我们在告诉学生学习的重要意义并要求学生爱学习时，我们是否在用自己的行为告诉学生我们说的不是假话？学生从我们身上看到和感受到的是什么？②我们是否敬畏知识？是否坚信知识对整个人类和个体人生的意义和价值？在共同分享人类历史文化遗产时，我们是否赋予知识以生活意义，使学生意识到知识改变命运的巨大力量，从而使学生对知识产生渴求和敬畏？

对于读书的收获和变化，闫学老师的感受让人怦然心动①：

当一个人的生活没有书籍的参与，没有阅读可能对生活带来的影响，这个人的生活只是完成了很少的一部分——更准确地说，这很少的一部分只是一种生存，是一种难以突破的现实局限；而人生中更大的那一部分，即人的精神生活和心灵生活，则会因为阅读而变得无限丰富：那些足以刻骨铭心的爱恨情仇，那些你今生今世可能永远无缘体验的心灵瞬间，那些曾经与你一样生活在这个世界上的芸芸众生究竟书写了怎样的人生轨迹……你可能会因为阅读而改变了你周围的一切，包括你自己的一切。就这样，生命因为阅读的参与而开始变得不确定，变得不再是一潭死水，不再是面前只有一条路，你完全可以换一种眼光，甚至换一种生活，……这唯一的一次生命，就因为阅读被我们无限地丰富了，拉长了。

在这些年的阅读中，在这个精神世界中，我活过很多次，也不断经历死亡，有时沉入绝望的深渊，有时又攀上幸福的巅峰。但无论如何，这一切都是我从现实生活庸庸碌碌中突围的记录，是一个人至死无悔的生命历程。因为阅读，我对生活变得甘心；也因为阅读，我对生活又总是充满渴望。我甘心将自己浸入这个世界，现实的与精神的双重世界，我什么都满足，充满欢欣地参与其中，我又什么都想尝试，渴望挑战，有时自我挑战。我成了一个矛盾的统一体，我在反复纠结中化茧为蝶。而这一切，都是因

① 闫学．我们选择阅读时在选择什么［J］．教师月刊，2011（7、8）：24。

为阅读。

汪国真对于读书有这样的诗意表达："这是前人的智慧/这是未来的储备/这里有夕阳晚照/洞箫的长吹/这里有晨风拂柳/湖畔的明媚/此时，舒卷便是舒心/此刻，饮茶宛如寻醉/明镜从来不染尘/书本岂容落薄灰/何必皓首枉叹息/读是远见/不读是悔。"①

不读是悔！

四、向真理投降，做坦诚的教师

蒙田说："不管在何人手里寻到真理，我都会表示欢迎和亲近，并且会轻松愉快地向真理缴械。当我看见真理远远向我走来时，我会立刻作出投降的姿态。"② 这是一种向真理投降的态度。

向真理投降包括向拥有真理的学生投降。必须承认，尽管就现实和整体水平学生可能不如我们"有知"，但在某一个方面、某一个问题或者某一段时间，是学生（而不是老师）手里握着真理。这时，向真理投降意味着向学生认错，向学生认错可不是什么丢人的事：

有一天，钱学森的一项科学研究终于成功了，他兴致勃勃地去向导师冯·卡门教授汇报，冯·卡门教授听后当时也没弄明白，他不耐烦地打断了钱学森的话："不！这是不可能的，是你把它弄错了！"

当时的钱学森深深陷入了矛盾之中，自己的科研成果是正确的，而老师又是德高望重的学术权威，要不要和他据理力争呢？可他万万没想到，第二天天还没亮，门外便传来急促的敲门声。钱学森一看，来人正是冯·卡门教授。钱学森赶紧给恩师让座，可冯·卡门教授却固执地站在门外，他郑重地向钱学森鞠了一躬，诚恳地说："昨天晚上，我整整思索了一夜，终于得出结论，你的成果是正确的，我向你道歉！"钱学森感动得热泪盈眶。

事后有人埋怨冯·卡门教授："钱学森是您的学生，您完全不必向他如此道歉。"冯·卡门严肃地回答："不！我这是向真理低头，向科学鞠躬，而这是一个科学家最起码的品德。"③

退后一步讲，就算真理在我们手中，基于学生的经验和水平，为着学

---

① 转引自苏立康．漫谈阅读和高效阅读［J］．人民教育，2011（15/16）：14 。

② 蒙田．心灵的歌咏［M］．喀什：喀什维吾尔文出版社，2004：156。

③ 熊攸星．卡门感动钱学森［J］．教师博览，2003（3）：46。

生的成长与发展的目标，我们也没有必要非得坚决要求学生“缴枪不杀!”

“人非圣贤，孰能无过。”错误是难免的，认识到错误以后主动承认错误，将赢得学生的另外一种尊重。我们需要警惕为了自己的面子和权威而文过饰非：

某语文老师，经常批评某同学作文字迹潦草。一天，这位同学拿着老师批注评语的作文来到老师面前：“老师，您的评语写了一些什么，我看不明白，我想请您说一说，我以后好改进。”老师对学生的真实用意产生了怀疑，于是拿出纸烟：“某同学，我请你抽烟!”学生忙着摆手：“老师，我不能抽。学校规定，学生不许抽烟。”老师说：“你也知道，有些事情，老师可以做而学生不能做?”……

对于这位老师的作为，也许有的老师会认为教学机智。但我们认为，这不是教学的机智，只能说是一种“小”聪明，这种“小”聪明可能从根本上使教师的“大”形象倒塌。

五、保持廉洁，做公正的教师

这是 1997 年 10 月《中国青年》刊发的一位 16 岁的中学生来信①：

班主任是位女老师，衣着朴素，看上去完全是一个兢兢业业、任劳任怨的好老师。开学的第一天，我们是在她的笑声中愉快度过的。由于我迟到，靠教室前排的位置已经被一张张陌生的面孔占有了，而且多数都是大个子，我只好坐在第七排。但我想：这没什么，反正我个子矮，不久老师肯定会调位置的。

一个月过去，我并没有发现老师有调位置的意思，但我还是耐着性子等待。第二次月考以后，我实在是耐不住了，因为我不仅个子矮，而且近视，听课十分困难，于是我鼓起勇气向班主任求助，请她把我调到前面的座位上去。她几乎毫不犹豫地满口答应。我的心兴奋得快要跳出来了。多么可敬的老师！我为我从小学到中学都遇到好老师感到高兴和庆幸。我等着老师调位置。

可一天又一天，一周又一周，总不见老师有所动作。一个月以后，我终于憋不住了，在宿舍里对同学们说：“老师肯定把我调位置的事情给忘了。”一位同学听后冷笑一声：“你若是真要调位置，就去‘烧点香’吧。”我惊怒地问：“你说什么？”那同学高声地说：“烧香。”我不相信这是真的，

① 菁华．老师，我为什么看不起你［J］．中国青年，1997（10）。（选用有删节）

一点也不相信。

又过了一段时间，我失望了，我想老师肯定是把调位置的事给忘了。决定再去说一回，可当我走到她家院子门前的时候，看到的是令我震惊的场面：一个大个子同学正把整箱苹果搬进班主任老师的屋里。老师的脸上挂着笑，嘴里说："这怎么好意思呢?"我的脑袋"嗡"地一声，脑海霎时浮起我们宿舍那个同学的讥笑的模样。我突然有种被欺骗的感觉。

第二天，老师果真将大个子调到前面去了。这节课我什么也没有听进去，内心在一次又一次地质问：老师，你为什么会是这样？老师，你为什么骗我？老师，你为什么让我看不起？

这封信涉及的问题是教育公正的问题，而能否在教育活动中致力公正、坚持公正，又主要取决于是否廉洁，可以说公正是目标和方向，廉洁是基础和前提。

公正的前提是廉洁，廉洁才能保持公正。俗话说："吃人口软，拿人手短"，得了好处，不能不回报，自身不廉洁，有了心病，就很难做到公正面对、公正处理。因此，在教师身上，廉洁不仅是自身人格完善的要求，也是公正地面对学生和学生家长等与教育活动相关人员的要求。不受为廉，不污为洁。所谓廉洁，是指不接受不属于自己的东西，不贪图财货，立身清白，这是廉洁的根本。进一步讲，廉洁还意味着在利益面前不改变道义原则，不见利忘义。

教师的廉洁不仅仅是个体的形象，在学生面前，教师是社会代言人的角色，教师的廉洁形象代表着社会的廉洁形象。在市场经济背景下，多元价值观念并存，这很容易使人困惑迷茫。作为教师，需要在困惑迷茫的多元价值观念中保持清醒，立定根本、节持操守。这样才可能有学生的尊崇和跟随，才可能培养出操守高洁的一代学生。

"收受"是一种不廉，"索取"更为学生和家长不耻。极个别教师把学生当成"人质"——"靠生吃生"：外出办事，想用车找有公车的学生家长；借钱首先想到大款的家长；安排家属就业找掌权的家长等。家长们出于无奈，虽然一时笑脸相迎，过后却牢骚满腹。再如个别教师，一到节日，总不会忘记"某某节到了，你们准备给老师送什么礼物呀?"学生把这句话带回家，家长无可奈何，只好硬着头皮，乖乖送礼……尽管这仅仅是个别教师的行为，但所谓"一颗老鼠屎搅坏一锅汤"。个别教师的不良行为，对绝大多数教师无私关爱学生的形象已经产生了极其恶劣影响。因此，对于这些现象，我们都应该自觉杜绝和坚决抵制。

以下是一位师范专业学生在自己的“师德修养”课程作业中记述的：

整个小学给我印象最深的是那位极为势利的班主任王老师。那时候我到她班上后不久，她给了我个小组长的职务。但是自己并没有太在意，直到一节体育课时，很多同学都围着我问我和王老师是什么关系。我说没有呀，她们又问我是不是给她送了什么东西，我说进学校后妈妈确实给她买了一大袋东西，当时她笑嘻嘻地收下了。原来如此，我一问才知道，班上90%的班干部都是给她送过礼的。于是，在我幼小的心灵上形成了对老师的最初的不好的印象：受贿，眼里只有一个钱字。

在这里，我们注意到，教师不廉，就算你对他有所照顾，他也看不起你，而且在若干年以后，他还会鄙视你。

第二节　团结协作

一、为什么需要互助协作

这是一个古老的故事①：

一个人来到一间两层楼的屋子。进到第一层楼时，他看见一张长长的大桌子，桌旁都坐着人，尽管桌子上摆满了丰盛的佳肴，可是没有一个人能吃得到，因为大家的手臂受到魔法师诅咒，全都变成了直的。因为手肘不能弯曲往自己嘴里送东西，看着好东西却不能享受，他们个个愁苦满面。

这时，他听到了二楼欢愉的笑声，上楼一看，同样也有一群人，手肘也不能弯曲，但是大家却吃得兴高采烈。原来每个人的手臂虽然不能弯曲往自己嘴里送东西，但是运用直手臂却可以为对面的人挑送食物。对面人彼此协助，互相帮助夹菜喂食，大家都吃得很尽兴。

对这个故事进行解说，一方面是人总有许多不能，克服自己的不能需要他人的帮助；另一方面是帮助别人往往得到帮助，互助是彼此最好的生活方式。“人”是一撇、一捺，“人”字的结构把人的群体性特征充分地展示出来：人在群体中生活，人们需要相互扶持、相互合作、相互帮助，在相互扶持和相互帮助中人整体不断向上，不断发展。

在西方心理学家关于需要的理论中，最有影响的应该说是马斯洛的需

① 悦儿．故事默想［J］．协商论坛，2006（6）：64。

要层次论。马斯洛认为，人的需要是有层次的，是由低级向高级发展的。他把人的需要分为生理需要、安全需要、社会需要、自尊需要和自我实现需要等层次，我们可以以此为线索，讨论人为什么需要互助。

从生理的层次看，在地球上的生物中，人是软弱而渺小的。在各种生物的遗传特性中，人相互依赖的特性远远超出了其他动物。许多物种的生命可以依赖遗传特性开始独立的生命历程，而人并不具有其他动物的这种遗传特性。无论身体的成长，还是心理的成熟，都没有谁敢说从母体中出生以后不需要或者说没有得到其他人照料、关心和帮助。也就是说，没有互助，人无法生存。这样，在生存问题上，与其他动物比较，我们可以说人是强大的，但人的强大除了因为人有智慧，但更重要的原因还在于人是群体的，人群中的人是互助的。因为互助，因为分工，因为合作，人才有了超越个体的力量。

从安全和社会的层次看，我们可以说人天生是孤独的，但人天生又需要安全、追求安全。追求安全是人的天性和本能。安全的方式是归属到一个群体，比如家庭、朋友、单位等。除了因为血缘带来的群体归属可能不会附带条件外，其他的群体归属都离不开互助的纽带。失去了互助，群体的存在就可能失去了基础和根据，失去了群体，我们就可能失去安全感。因此，当一个人不能在互助方面有所作为，人就会失去自己所在的群体，陷入孤独之中。孤独本身也许不可怕，但由此失去安全的感受却可能给人致命一击。

从自尊和自我实现的层次看，人具有内化和外化双向互动的功能。外化即人有做事、创造或活动的需求，他不断地将自己的主体性外化为一定形式的文化，以确证自己的主体地位，提高自己的主体地位。如果人的主体性不能外化，人的主体地位就不能得到确证，生存的意义和价值就会受到质疑。互助的过程既是通过接受帮助发展自己的过程，也是通过提供帮助实证自己的过程，通过互助，人自我实现，获得自尊。

除了一般的生理需要、安全需要、社会需要、自尊需要和自我实现需要，教育工作和教师的工作还具有自己的特殊性，合作对教育工作具有更加特殊的意义。

从教师的工作特征看。一方面，从备课、上课、作业布置和批改、学业成绩的检查和评定，从教学工作到教育工作，大多数情况下，教师在依靠单独的力量解决教育教学的问题，教师劳动具有鲜明的个体性。另一方面，教育本身又是一项复杂的系统工程，在现代社会中，每一个人的成长，都需要许多人从多方面、多角度、多侧面实施全方位立体交叉式的教育，任何一个学生的成长都是教师和学生自己集体劳动的结果。培养人、促进人的全面发展本身是一种综合性、协作性劳动，所以没有教师间的合作，很难有效实现学生全面发展，没有师生间的合作，有效促进学生发展更是一句空话。群体性和协作性是教师劳动的又一基本特征，教师间是团结协作而不是彼此拆台，它有利于能增进学校整体的教育智慧，还有利于创造良好的教育环境，有利于保证教育的连续性和一贯性，有利于营造优良的育人氛围，有利于增进教师职业人生的归属感和教师幸福感。

从对学生的教育影响看。教师自身的团结协作作为一种道德品质，对学生的团结协作品格培养具有直接的示范作用，教师如何对待他人、集体和社会，都耳濡目染地影响着学生，学生会有意无意、自觉或不自觉地以同样的态度和方式去处理人际和利益关系。特别是独生子女普遍以自我为中心，普遍缺乏合作意识的情况下，教师的团结协作具有更加特别的示范意义。

二、从“象棋”到“跳棋”

竞争和协同是德国科学家赫尔曼·哈肯的协同学的基本概念。哈肯认为，竞争是协同的基本前提和条件，是系统演化的最活跃的动力。一方面，事物发展本身具有不平衡性；另一方面，系统诸要素或不同系统之间对外部环境和条件的适应与反应不同，所以不同事物获得的物质、能量以及信息的质量必然存在差异。而只要事物内部或事物之间存在差异，就会在事物内部或事物之间造成竞争，竞争的存在和结果又可能造成系统内部或系统之间更大的差异、非均匀性和不平衡性。从开放系统的演化角度看，竞争一方面造就了系统自组织演化的条件；另一方面推动了系统向有序结构的演化。很显然，竞争是必要而有价值的。所谓协同，按照哈肯的观点，就是系统中诸多子系统的相互协调、合作或同步的联合作用或集体行为。

在哈肯那里，竞争和协同的相互作用是自组织系统演化的动力：子系统的竞争使系统趋于非平衡，这是系统自组织的首要条件；子系统之间的协同则在非平衡条件下使子系统中的某些运动趋势联合起来并加以放大，使之占据优势地位，支配系统整体的演化。竞争和协同都是组织所必须的。

从经济领域看，竞争和协同间的关系已经出现从“象棋规则”转向“跳棋规则”的趋势。从“象棋规则”到“跳棋规则”，可以看出以下变化：从目的上看，“象棋”以消灭对方、捉住对方“老帅”为目标；“跳棋”以争取先机，最先到位为目的。从实现目的的方式看，“象棋”通过消灭对方有生力量、扫清障碍实现目的；“跳棋”以彼此依赖和借助的方式实现快速前进。从结果看，“象棋”规则带来的是伤痕累累、尸横遍野，胜利者也是孤独的胜利；“跳棋规则”彼此并不吃掉对方，胜利者往往是更善于利用对方力量而迅速前进，实现完美和完善。从“象棋”到“跳棋”，合作与协作已经成为彼此共同的选择。

在竞争的背景下强调合作，既要克服消极无为、安于现状、墨守成规、故步自封的思想，积极参与竞争，敢于迎接挑战，在竞争中提高自身素质，提高工作质量；更要在工作中以诚相待，相互支持，为了学生发展，为了集体荣誉，求同存异，自觉与他人合作，实现双赢和共同发展。

三、战胜心魔

没有一个人可以不依靠别人而独立生活，这是一个需要互相扶持的社会。教师间需要互助，需要合作。但在学校间办学质量和办学水平竞争越来越激烈的大背景下，教师间的竞争已经不可避免，一定程度上讲，期望教师通过道德自觉来加强合作与互助对教师要求太高。在现代社会中，制度是任何一个组织具有强大力量的原因，拥有内部合作的成功组织需要相应制度来保障同事之间的合作，因此在现代学校管理中，必须着力建设促进合作的相应制度和文化。

但仅仅靠制度无法真正实现同伴间的有效合作，合作毕竟是人与人之间的合作，缺乏共事双方的合作意愿和合作努力，再好的制度也是白搭。因此，我们需要学习合作。

参考阅读：

窗①

在一家医院的病房里，曾住过两位病人，他们的病情都很严重。这间病房十分窄小，仅能容下他们俩人。病房设有一扇门和一个窗户，门通向走廊，透过窗户可以看到外面的世界。

其中一位病人经允许，可以分别在每天上午和下午起身坐上一个小时。这位病人的病床靠近窗口。而另一位病人则不得不日夜躺在床上。当然，两位病人都需要静养治疗。使他们感到痛苦的是，两人的病情不允许他们做任何事情借以消遣，只有静静地躺着。而且只有他们两个人。两人经常

① 泰格特．窗［J］．文艺生活（精品小小说），2004（7）：36。

谈天，一谈就是几个小时。他们谈起各自的家庭，各自的工作，各自在战争中做过什么，等等。

每天上午和下午，时间一到，靠近窗的病人就被扶起身来，开始一小时的仰坐。每当这时，他就开始为同伴描述起他所见到的窗外的一切。渐渐地，每天的这两个小时，几乎就成了他和同伴生活中的全部内容了。

很显然，这个窗户俯瞰着一座公园，公园里面有一泓湖水，湖面上照例漫游着一群群野鸭、天鹅。公园里的孩子们有的在扔面包喂这些水禽，有的在摆弄游艇模型。一对对年轻的情侣手挽着手在树荫下散步。公园里鲜花盛开，主要有玫瑰花，但四周还有五彩斑斓、争相斗艳的牡丹花和金盏草。在公园那端的一角，有一块网球场，有时那儿进行的比赛确实精彩，不时也有几场板球赛，虽然球艺够不上正式决赛的水平，但有的看总比没有强。那边还有一块用于玩滚木球的草坪。公园的尽头是一排商店，在这些商店的后边闹市区隐约可见。

躺着的病人津津有味地听这一切。这个时刻的每一分钟对他来说都是一种享受。描述仍在继续：一个孩童怎样差一点跌入湖中，身着夏装的姑娘是多么美丽动人。接着又是一场扣人心弦的网球赛。他听着这栩栩如生的描述，仿佛亲眼看到了窗外所发生的一切。

一天下午，当他听到靠窗的病人说到一名板球队员正慢悠悠地把球击得四处皆是时，不靠窗的病人突然产生了一个想法：为什么偏是他有幸能观赏到窗外的一切？为什么自己不应得到这种机会的？他为自己会有这种想法而感到惭愧，竭力不再这么想。可是，他愈加克制，这种想法却变得愈加强烈，直至几天以后，这个想法已经进一步变为紧挨着窗口的为什么不该是我呢？

他白昼无时不为这一想法所困扰，晚上，又彻夜难眠。结果，病情一天天加重了，医生们对其病因不得而知。

一天晚上，他照例睁着双眼盯着天花板，这时，他的同伴突然醒来，开始大声咳嗽，呼吸急促，时断时续，液体已经充塞了他的肺腔，他两手摸索着，在找电铃的按钮，只要电铃一响，值班的护士就立即赶来。

但是，另一位病人却纹丝不动地看着。心想，他凭什么要占据窗口那张床位呢？

痛苦的咳嗽声打破了黑夜的沉静。一声又一声……卡住了……停止了……直至最后呼吸声也停止了。

另一位病人仍然继续盯着天花板。

第二天早晨，医护人员送来了漱洗水，发现那个病人早已咽气了，他们静悄悄地将尸体抬了出去，丝毫没有大惊小怪。

稍过几天，似乎这时开口已经正当得体。剩下的这位病人就立刻提出是否能让他挪到窗口的那张床上去。医护人员把他抬了过去，将他舒舒服服地安顿在那张病床上。接着他们离开了病房，剩下他一个静静地躺在那儿。

医生刚一离开，这位病人就十分痛苦地挣扎着，用一只胳膊支起了身子，口中气喘吁吁。他探头朝窗口望去。

他看到的只是光秃秃的一堵墙。

这篇小说揭示了人性的弱点，在我们每一个人心中，都可能存有这样的心魔，都难免成为“躺着的病人”。这样的心魔使我们怀疑和妒忌，为此寝食难安，并可能作出伤害别人善意的举动。面对心魔，好在人有反思精神和批判意识，有不放纵心魔的意愿，有赢得和心魔战斗的能力和条件，还有机会战胜心魔。只有战胜了心魔，我们才能理解和信任他人，从而采取沟通和和解的方式融洽了彼此的关系。

战胜心魔本身也需要朋友。心魔如此强大，以至于摆脱心魔的控制，有时仅靠自己的力量会显得力量单薄。这时，就需要他人的力量，特别是需要亲人的力量，伙伴的力量，身边人的力量。人是需要朋友的，也是需要帮助的，在心中有了不痛快的时候，千万不要藏着掖着，不要让其发酵放大到不可收拾，找朋友说说，一方面是释放，另一方面也是寻求开解。释放了，开解了，心胸打开了，世界的新图景也就出现了。

四、投桃报李

合作意味着为了共同的目标，组织成员彼此帮助和获得帮助。那到底应该先帮助，还是应该先获得帮助？纠缠于这样的问题犹如纠缠“先有鸡还是先有蛋”。在协同学社会学的研究中，有效的解决办法是：首先以互助的姿态提供帮助，然后的步骤是不管对方怎么样，均采取对方上一回合中的策略。也就是先向别人表示诚意，提供帮助，然后对方如果也愿意帮助，你再以帮助回应他。而孔子给我们的智慧则是“以直报怨，以德报德”。

根据这些研究成果，教师间的合作可能这样出现：“我”首先以合作的姿态进行提供帮助，以后“你”也以合作的方式回报，“我”再以相同或者更进一步的方式回报“你”，慢慢地在“我们”之间形成“互助共同体”，互助达到更高水平。在这种投桃报李的合作中，首先，需要投桃者，正像在火车上，两个不熟悉的人需要一个先向对方微笑一样；先主动伸出友谊的手，你会发现我们可以做朋友。其次，投桃报李的互助需要建立在信任的基础上，别人投了桃，我们一定要报李，而且相信别人也会报李。当投桃报李的某一个环节断裂，这种互助就可能走到终点。从这种意义上，诚信本身就应该成为彼此的修养、共同的要求。

合作还需要克服文人相轻的不良现象。文人相轻是指知识分子之间彼此看不起、彼此不尊重的现象。教师之间的文人相轻有很多的消极影响，它使教师之间彼此冷淡、封闭，严重的可能导致教师之间的彼此倾轧，不仅使彼此不愉快，影响工作，而且可能在学生中产生恶劣影响。克服文人相轻，首先需要谦虚正直，其次要致力于维护其他教师的威信，特别是维护其他教师在学生中的威信。事实上，教师维护他人的威信无形中也在提高自己的威信，相反，贬低他人实际也在贬低自己。

第三节　尊重家长

教师与家长的关系，是教师在职业活动中经常面对和处理的一种重要人际关系。苏霍姆林斯基说："教育的效果取决于学校和家庭教育影响的一致性。如果没有这种一致性，那么学校的教学和教育过程就会像纸做的房子一样倒塌下来。"①

教师和家长之间的关系主要是以学生为纽带形成的，我们在看待教师与家长的关系时，在思考教师与家长的关系是否合理时，首先要看这种关系是否有利于促进学生的发展，以及在多大程度上促进了学生发展。但是，以学生为纽带而形成的教师和家长之间的关系并不是两者关系的全部。教师和家长之间最根本的还是人与人之间的关系，而处理人与人之间关系的最根本原则是尊重和平等。

一、人格上尊重学生家长

尊重家长的教育意义在于它有利于开发家庭教育的潜能，形成教育共识；有利于促进家长素质的提高，形成教育的优势；有利于化解家庭教育与学校教育的矛盾，形成教育的合力。毋庸讳言，现在的确存在蛮横无理

① 苏霍姆林斯基．给教师的建议［M］．北京：教育科学出版社，1984：526。

的家长、仗势欺人的家长、求全责备的家长、不负责任的家长，我们也或者感受到、或者看到、或者听到不少家长无理非难教育、非难教师的现象。但就总体水平看，家长对老师还是敬畏的，这种敬畏固然与教师的知识、人格相关，但更多的还是出于“我的孩子在他手里”的种种担心。也就是说，就一般情况，在调节教师与家长关系过程中，教师起着主导作用，建立教师和家长之间平等合作的关系，教师担着主要责任。

案例4.1①：

13岁的小光（化名）在某所中学读初一，学习成绩总在班上倒数五名之列，平日又不遵守班级纪律，老师十分头痛。一天下午，小光妈妈被“请”到学校。当着其他老师的面，班主任狠狠地批评了小光妈妈：“你是怎么教育孩子的？学习成绩这么差，还是个惹事精！孩子浑身上下一无是处！”听到这席话，小光妈妈忽然大脑一片空白，平时自尊心极强的她感到在这么多人面前挨批很失面子，心情十分抑郁。

小光妈妈回到家中，看到小光就是一顿打骂，随即离家出走。第二天下午，家人正准备报警时，她主动与家人取得了联系。回家后，她连续三天没睡着觉，头脑中出现幻觉，时刻怀疑人们都在指责她没本事，不会教育孩子，心情极度紧张。后来，小光妈妈被送进了某铁路分局医院心理卫生中心救治，被诊断为急性精神病。

建立教师和家长之间平等的合作关系，首先在于认定彼此在人格完全独立、完全平等。因此首先要尊重学生家长的人格，特别是要尊重所谓“差生”和“不听话”孩子家长的人格。我们不能动辄要求学生“请家长”，动辄就向家长“告状”，不要当众责备他们的子女，不能训斥、指责家长。常言说“敬人者，人恒敬之”，尊重别人不仅是自尊的表现，而且是获得别人的尊重的条件和基础。

尊重意味着接纳和理解，我们可以想一想“假如我是孩子的家长”，然后从这个角度出发最大限度地去理解家长的观念、性格和所处的情境，只要教师与家长心灵相通了，关系和谐了，合作就有了基础，并带来效果。

必须明确我们与家长的关系不是“教育者”与“被教育者”的关系。尽管我们有指导家庭教育的责任，但我们不能把家长视为我们的教育对象。应该看到，随着整个民族文化素质的提高，家长的水平也在不断提高，许

① 腾讯教育．不堪老师的长期奚落　差生家长竟然精神失常［EB/OL］．(2004-11-18)［2011-10-07］．http：//edu. qq. com/a/20041118/000045. htm。

多家长的见解值得我们学习和借鉴，加之“旁观者清”，家长比我们更容易发现教育过程中的问题。因此，我们应该放下“教育权威”的架子，向家长学习，经常向家长征求意见，虚心听取他们的批评和建议，以改进自己的工作。听取家长的教育建议，大而言之，可以邀请他们参与学校管理，参与学校有关决策的制定，请他们对学校的各方面工作提出积极的建议；小而言之，可以组织他们参与班级管理，提出合理化建议，与孩子一起参加班级有关活动。

好教师不仅自己要身体力行地尊重学生家长，而且要教育学生尊重自己的父母，特别是教育学生尊重社会地位和文化水平不高的父母。有教养的教师绝不当着学生的面讲有损于家长威信和家庭亲情的话。事实证明，教师教育学生尊重家长，不但可以提高家长的威信和作用，增强家庭教育的力量，而且当家长看到自己的孩子在教师教育下健康成长，自己又受到老师尊敬时，就会衷心地感谢教师，更加信任教师。这样，教师和家长就会在互相尊重的基础上，产生共同语言，主动沟通与合作，采取有效措施共同实施对学生的教育。

二、态度上平等对待家长

作为老师，不但要平等地对待学生，也要平等地对待学生家长。学生家长有各种类型，从学历层面讲，高的可能是博士、硕士，低的甚至会是文盲；从职位层面讲，有的是大权在握的高官，有的是无职无权的百姓；从职业构成来讲，有工人、农民、军人、干部、知识分子、无业人员等；从学生的监护人来说，有的是父母，有的是祖辈，还有的可能是兄、姐或亲戚朋友；从性格来说，有的外向，能主动地与你沟通，有的内向，与你交谈显得比较拘谨。面对不同家长，教师需要一视同仁，公正平等，不能按学生的“出身”而分别对待，既不在社会地位高、经济地位高的家长面前阿谀奉承，也不在社会地位低和经济地位低的家长面前摆架子。只有这样，才能更好地赢得家长信任与尊重。

三、方式上有效指导家长

教师尊重家长的人格和意见，并不等于一味顺应家长的意见和做法。对一些教育子女方法失当的家长，教师应在尊重的同时，要恰当地对家长的家庭教育给予指导。

2004年9月5日，《中国教育报》曾经以“师德的光芒”为题介绍一组师德故事。其中有这样一个故事：

一个孩子的母亲，因孩子把她刚买回家的一块金表当成新鲜玩具给摆弄坏了，就狠狠地揍了孩子一顿，并把这件事告诉了孩子的老师。不料，这位老师却幽默地说：“恐怕一个中国的‘爱迪生’被你枪毙了。”这个母亲不解其意，老师给她分析说：“孩子的这种行为是创造力的一种表现，你不该打孩子，要解放孩子的双手，让他从小就有动手的机会。”

“那我现在该怎么办?”这位母亲听了老师的话，对自己的行为后悔不已。

“补救的方法是有的。”老师接着说：“你可以和孩子一起把金表送到钟表铺，让孩子站在一旁看修表匠如何修理。这样，钟表铺就成了课堂，修表匠就成了老师，你的孩子就成了学生，修表费就成了学费，你孩子的好奇心可以得到满足。说不定，他还可以学会修理呢!”

这个故事发生在20世纪。故事中的那位老师就是我国著名的教育家陶行知先生。

陶行知指导家长的方法既不居高临下，又不是说空洞的道理，其观念充分体现了尊重学生，促进孩子成长的教育追求，具有很高的艺术性。

在实践方面，有的老师也指导学生家长，但指导家长的观念和方法需要改进，指导的效果令人忧虑。例如：

教师袁某在召开学生家长会后，学生家长甲、乙在碰面之后，交流教育孩子的体会时这样说道：

家长甲：“还是袁老师说得对，他写不完作业，就不让他睡觉！这一招可真灵，现在他一放下书包一准儿写作业。看来孩子不爱学习，咱们这些做家长的是该想想办法。”

家长乙：“对，还是袁老师有见识，他说现在孩子不好好学，将来就没有前途；家长在管教孩子上一定要硬气一点，不要心软。所以，我在家里准备了教鞭，立了家规，不听话就请他挨鞭子……”①

沟通、交流和指导有很多途径和方法，家长会、家访、电话、电子邮件等都是十分有效的方法。需要反复强调的是，好教师在指导家长时并不

---

① 中国教师研修网．师德案例［EB/OL］.（2010-12-24）［2011-10-05］.http：//www.zbjsyx.net/treseareh/a/364035617cid00001。

以指导者的面孔出现，家长在他们面前体会到的是共同商量，感受到的是彼此尊重。

参考阅读：

《香港教育专业守则》中的“对家长/监护人的义务”①：

1. 应尊重家长有询问、被咨询及获知子女情况的权利；

2. 应与学生家长建立友善合作的关系；

3. 应与家长交流对子女成长有助的资料及心得；

4. 应尊重家长对其子女教育上合乎情理的要求；

5. 应如实向家长反映其子女的学习表现；

6. 应尊重每个学生家长背影上的特殊性及应对所获悉的家庭隐私保密；

7. 应协助家长维护其子女在人身上、学业上的权利。

【思考与练习】

1. 阅读《教师的榜样力量》，说一说你对“教师是演员”这个观点的看法和想法。

2. 说一说给你留下深刻印象的教师的故事，想一想他（她）为什么会让你如此难忘？

3. 为人师表是一个广泛的话题，请注意反省自己的言行，想一想哪些言行能对学生成长带来积极影响，哪些言行明显（或潜在）地对学生有不良影响？

4. 回忆对你影响深刻的书籍，说一说对你影响深刻的读书故事。

5. 再仔细读一读《窗》，写一写自己的阅读收获。

---

① 香港教育专业守则［EB/OL］.［2011-10-05］. http：//cpc. edb. org. hk/Chinese/download/CPC _ Code%20 _ Chin _ . pdf。

第五章 心理健康与专业发展

【本章学习目标】

理解心理健康对自身以及对教育的意义，学习保持健康心理的方法。了解教师专业发展和专业成长的一般常识，明确终身学习、不断成长的意义，确立不断专业成长的意识，学习通过实践反思、同伴互助、专业引领不断专业成长的一般方法。

第一节 保持健康心理

由于过强的升学压力，过高的社会期望，过长的劳动时间，加上高付出与低回报所造成的强烈心理落差等原因，教师背负着过重的压力。

据《中国青年报》报道："福州市新近完成的一项调查显示，近半数的中小学教师都存在不同程度的心理障碍。这项调查是由福建省心理学会、福州博智市场研究公司与海峡都市报联合进行的，他们在今年第三季度对265名福建省中小学教师进行了调查。其中男老师128人，女老师137人；中学老师151人，小学老师114人。在接受调查的265名中小学教师中，29％的教师存在轻度心理障碍，10％的教师有中度心理障碍，4％的教师甚至已经得上了心理疾病。而且，女教师、班主任和毕业班教师的心理健康问题相对更为严重。专家分析说，中小学教师群体容易出现心理健康问题，主要是因为教师的压力过大。调查也证实了这一点：58％的教师表示，由于感到压力过大，他们经常会出现焦虑情绪、强迫症状。"①

缓解教师压力需要良好的教育外部环境、学校工作环境和家庭生活环境，需要社会、单位和家人等方方面面的努力和支持。社会和单位有责任也有义务坚持以人为本，为教师创造更和谐、更容易感受愉快和幸福的工作、学习和生活环境。而且，作为教师，我们也要学会运用法律手段捍卫自己的权利，争取更好的工作、学习和生活环境。

但是，心理毕竟是人脑的机能，心理健康是个人的心境状态。"你不可能仅仅从改变外部的生活条件中找到幸福。正是人们，他们学会控制内心

---

① 李洁言．升学率闹得老师爱跟学生着急 福建调查近半数中小学教师心理健康有问题［N］．中国青年报．2004-11-02。

的经历，他们将能够决定他们生活的质量。此外，那些设法使大家生活变好而没有首先学会管理好自己生活的人，其结果往往是把周围的事情搞糟。”① 离开个人的自我调节和努力，他人是无法给你一个健康的心理。我们说“环境影响心境”，但一般不说“环境决定心境”。环境影响心境正确的：春光明媚，阳光灿烂，鸟语花香更容易使人心情愉快。说“环境决定心境”就有问题了：在鸟语花香的环境中，如果是一个失恋的人，当他想到过去在这里和恋人卿卿我我，甜甜蜜蜜，今天形只影单，凄冷无奈时，他能心情愉快吗？所以，在环境与心境之间，人的主观能动性是桥梁。这种主观能动性是人对环境的认识、赋情，是人对自我心态的调节。在这里，我们主要讨论教师如何自我调节、维护健康的心理。

一、健康心理的意义

（一）对教师自身的意义

从教师自身来说，健康的心理有利于生理健康，有利于家庭和睦，有利于提高工作效率。

心理健康与生理健康关系极为密切。一方面，一个人的生理健康水平会影响心理健康水平。人的躯体性疾病、生理缺陷会给人的心理特点和心理状态带来负面影响，使人产生焦虑、忧愁、烦恼、抑郁等不良情绪，影响人的情感、意志、性格，乃至人际关系的和谐。另一方面，心理健康水平也影响生理健康水平，健康的心理滋养着健康的身体。古人说：“笑一笑，十年少”，乐观、愉快、自信、平和的心态有助于提高人的免疫能力，使人有效地抵抗疾病的侵袭，从而促进身体健康。而心理上的不健康，如长期的过度焦虑、忧虑、烦恼、抑郁、愤怒，会导致生理上的异常或病变，引发身心疾病，那些与情绪联系密切的器官系统更易受心理因素影响而患病。

心理健康的人，能用尊重、平等、信任、友爱、宽容、谅解的积极态度与别人相处，有宽广豁达的胸怀，并对生活抱积极乐观的态度。这种生活态度和生活方式于己于人于家庭都有好处。

从提高工作效率来看，心理健康的人能客观地评价、自如地应对客观环境，更容易与环境协调平衡。这种协调平衡能使当事者以正确的态度和方法来对待矛盾和处理问题，以平和的心态对待生活中的挫折，而且一般

① 迈克·富兰．变革的力量［M］．北京：教育科学出版社，2000：164。

不会因偶尔的失败而丧失信心，他们的智力、情感、意志等方面机能都得到正常发挥，工作和学习效率优于心理不健康的人。

（二）对学生健康成长的影响

这是一位六年级女生的一则日记："今天上数学课，我们老师拿着备课本，一副怒气冲冲的样子走进来。我看了都害怕。旁边同学悄悄告诉我，他下课时在办公室里发火。今天可糟了，千万别惹他。"我们可以想一想这一天这位女生将怎么面对老师的教育活动？

在很久以前，勒温就曾提出过著名的"心理场论"，这种理论认为，任何群体内部都存在着一种"心理场"，"心理场"感染和影响着在同一环境人群的心理。苏霍姆林斯基说："心情苦闷和精神抑郁，这种情绪会对学生的全部脑力劳动打下烙印。使他的大脑变得麻木起来。只有那种明朗的、乐观的心情才是滋养着思想的大河的生机勃勃的河流。郁郁不乐、情绪苦闷所造成的后果，就是使掌管情绪冲动和思维的情绪色彩的皮层下中心停止工作，不再激发智慧去从事劳动，而且还会束缚智慧的劳动。"① 大量的实践经验表明，教师的心境会影响教育的环境气氛，教师的心境会对学生产生巨大的影响，在学生面前，教师的一颦一笑、喜怒哀乐都躲不过学生的眼睛。学生会根据自己的觉察，作出相应的反应。从六年级这位女生的日记中，我们不难发现，学生会观察教师，如果教师"怒气冲冲"，学生害怕被"无名火"烧及，就会回避与老师的交往。

一个老师自己哭丧着脸，却对学生说"你们要快乐啊"，学生是很难快乐起来的，一个人要给别人温暖，自己心理需要装着阳光。很显然，没有教师的健康心理，就很难有学生的心理健康。"北京一所学校曾请心理专家测试一个年级 3 个班的学生心理状况，结果有一个班的学生，其情绪等指标与另两个班有明显的差异。经了解，发现该班班主任自身心理健康状况不良。"② 科学研究表明，教师的心理健康水平与学生的心理健康水平成正比：心理健康水平高的教师，他们的学生心理健康水平也高；心理有障碍的教师，他们的学生产生心理障碍比例也更高。

教育的目的和理想是什么？我们可以肯定：不能让学生痛苦和压抑，而是让他们快乐和幸福。苏霍姆林斯基说："我认为教育的理想就在于使所有的儿童都成为幸福的人，使他们的心灵由于劳动的幸福而充满欢乐。"

---

① 苏霍姆林斯基．给教师的建议［M］．北京：教育科学出版社，1984：39。

② 张晓东．教师更要心理健康［N］．中国教育报，2005，11：23。

“每一个人，早在童年时期、特别是少年时期和青年时期，就应当获得自己的精神生活的完满的幸福，享受劳动和创造的欢乐。”① 有一首歌这样唱：“你眉头开了 所以我笑了/你眼睛红了 我的天灰了/……/你快乐，所以我快乐。”只有幸福的老师才能培养造就幸福的学生，先有快乐的教师然后才能培养快乐的学生。快乐首先是要自己快乐，然后再让别人来分享你的快乐。“我们应该多多授人以我们的勇气而非我们的绝望，授人以我们的健康舒坦而非我们的愁容病态，当心别去传染疾病。”②

二、情绪低落时注意回避

在某次测试时，老师们遇到了这样一个问题：“如果你失恋了，情绪非常低落，你会继续上课吗？为什么？”对这个问题，大多数老师的回答是：“我会继续上课，因为我爱我的学生。”在佩服这些老师对教育和学生的热爱时，我们要说，在这里，主动回避是一种更加理性的热爱。

在情绪低落时，教师有责任和义务尽快调整好自己的情绪和心态进入课堂，这是无疑的。如果确有足够的自制能力，选择不离开是一种负责和崇高。但在没有调整过来，情绪“非常低落”的时候，我们就应该作出另外的选择：只要有条件（比如可以请同事暂代一下、可以向领导请假），就暂不要进教室，老师要在自己情绪调整到可以控制的时候再进教室，这可以避免在情绪非常低落的情况下，把学生当成发泄不满的替罪羊，学生很可能受到无意识的伤害。

2002年8月31日《教育信息报》刊登过这样的消息：

某初中的一名青年男教师失恋了，心情非常糟糕。

一天，一位女生上课迟到了，看到老师在讲课，她怕打扰老师，就悄悄地走到了自己的座位。谁知这位老师看到她后，马上勒令她站起来说明迟到原因，女生说：“我昨天睡晚了，今天早上起来晚了……”

“你昨晚去哪儿鬼混？晚上不睡觉……”

女生十分难堪。

不巧，第二天在上学路上，自行车链子掉了，女生又迟到了。这次她看到老师在上课，想到昨天的尴尬，她就没敢走回自己的座位，而是站在

---

① 苏霍姆林斯基．给教师的建议［M］．北京：教育科学出版社，1984：474、361。

② 亨利·戴维·梭罗．瓦尔登湖［M］．北京：当代世界出版社，2003：插页。

门口等。谁知老师看到她后，又沉着脸说："来晚了还不快进来，卖不了的树杆子，你戳在那儿干吗……"

第三天，女生又来晚了，在这位男老师正上课时，她走进来对老师说："你觉得我是应该在外面等，还是应该回座位？"男老师正觉得女生的口气有点奇怪，女生从书包里掏出一把菜刀，向老师砍了过去，最后老师连中三刀住进了医院，女生也进了少管所。

教师何以对学生说出"你昨晚去哪儿鬼混"的话来？原来是自己失恋了，对分手的女朋友不满，把眼前的学生当成了替罪羊。

"调查发现，30%的老师会因情绪低落而上课没精神，18%的老师承认会因为自己心中烦恼而迁怒于学生，还有14%的老师会因为上课气氛达不到自己的要求，情绪失控、朝学生发火。"① "人有悲欢离合，月有阴晴圆缺，此事古难全。"有时候，不是我们师德有问题，我们也爱学生，但我们就是难以控制自己。所以，我们都需要正视生活中种种不如意和人自身的弱点：做教师的，我们不要硬撑，要舒缓而不是积累不良情绪；做校长的，坚持以人为本，在教师情绪极为低落的时候，要主动支持和帮助他脱离教育现场，使他能得到调整和放松；做家长的也要理解，在教师情绪十分低落的情况下，教师选择的暂时回避不是不负责任，它体现的是对你孩子的一种更加理性的责任和热爱。

参考阅读：

杭州市天地实验学校实施的"教学回避办法"②

教学回避办法是：在课堂上，如果老师的心情不佳，情绪过于低落或激动，那么该老师可以向学校申请半天假期。或者听音乐，或出去散散步，或找知心朋友倾诉一番，使自己彻底放松下来，等到情绪调整好后再进行教学工作。如果情绪失控的程度较轻，也要暂时离开教学场所，待心情平静之后再重新走进课堂，时间一般不得超过半小时。

教学回避制度让教师在一种心情舒畅、情绪饱满的精神状态下走进课堂，走进学生当中，不仅可以避免教师将不良情绪暗示、传染给学生，保证教师始终在非常良好的教学心态下进行教学活动，而且还会把教师自己

① 李洁言．升学率闹得老师爱跟学生着急 福建调查近半数中小学教师心理健康有问题［N］．中国青年报，2004-11-02。

② 张荣兴．"教学回避"彰显人文关怀［N］．教育信息报，2003-03-04．（选用有删节）

对生活、人生的热爱和感悟，对自己所从事事业的认同和执著传达给学生，使他们真正感受到人的生命价值，感受到学习的意义。

长期以来，我们对教师的情绪与心情好坏关注不够，对教师情绪与教育之间的关系研究不够。不可否认，确实有很多教师能够做到人往讲台上一站，心中就只有学生，不把一丝一毫的不良情绪带进课堂。但也有相当一部分教师并不能达到这样的境界，他们因为工作和生活的不如意，影响了心情，进而把坏心情带到课堂上去，对学生恶语相加，动辄得咎。不少体罚学生的现象，是教师在心情不好、情绪激动时作出的过激行为。

三、阳光心态

我们不能选择环境，但可以选择对环境的看法，我们不选择学生，但可以选择对学生的态度……所谓阳光心态，就是用一种更积极、更主动、更乐观的看法、态度和行动对待生活。比如，几个连绵的阴雨天以后，夜晚，你站在窗前，当你向上看的时候，你可能看见满天的星斗，想着天终于放晴，你的心里可能充满希望，想出去施展一番；而当你低头向下看的时候，你就可能看到满地泥泞，想着明天外出的不便，你可能心里充满的是沮丧。你的视角、你的态度决定了你的心情，决定了你的幸福感受。阳光心态选择的是看星星，看到光明。

又如，我们也可能抱怨命运不公，抱怨“生不逢时”，熊秉明先生说：“你说你们一代‘生不逢时’，其实大可不必做如此叹息。每一代人都有其幸与不幸，所谓幸与不幸全看我们如何去对待机遇。幸运的方面固然要充分利用，不知利用也就无所谓幸运，不幸的方面能变成创造的资源，也就能转化为幸运。”① 苦难不等于痛苦，苦难与现实世界相关，而痛苦却仅是个人的主观情感。很多时候，我们是在已经远离痛苦的时候说起、想起痛苦，也就是说我们并不处在痛苦中，痛苦往往是我们自己赋予的。

参考阅读：

阳光真好

周雪峰

阳光真好
让骨头硬起来
让胸膛挺起来

① 杜小真．你的死已经不死［J］．读书，2004，4：37。

让头颅昂起来
对着自己说一声
我们伟大
我们爱

阳光真好
让眼睛亮起来
让胸襟大起来
让境界高起来
对着世界说一声
我们智慧
我们爱

阳光真好
让心情爽起来
让柔情淌起来
让激情燃起来
对着孩子说一声
我们快乐
我们爱

四、正视自己

人总是不完美的，对于不完美，我们常常选择遮掩和粉饰。掩盖和美化常常使我们缺乏对自身的审视，而缺乏对自己的认识使我们很难找到面对自己的正常心态和行为方式。马斯洛曾经对自我实现的人进行研究，他发现，“这些优秀人物中最普遍的共同特点，就是他们洞察生活的能力。他们能按照生活的真实面目看生活，而不是按照他所希望的那样看生活。……大多数人总是从别人那里听他们想要听的东西，即使听到的东西并不是充分真实的或诚实的。然而，自我实现中的人不会让他们的希望来歪曲他们的观察。”① 粉饰自己的人在镜子面前不是真实的自我，而是一个“意中人”，优秀人物认同和接纳真实的“镜中人”。

---

① 弗兰克·戈布尔．第三思潮：马斯洛心理学［M］．上海：上海译文出版社，1987：26。

在马斯洛那里，自我实现的人是享受了“高峰体验”的人，也可以说是幸福的人。我们可以得到的启发是，我们需要提高自我觉察能力。自我觉察，并不是为了反省和自责，而是从客观的角度认识自我。比如可以问问自己：我真正希望的是什么？我努力了吗？我是一个怎样的人？我在什么情况下会不高兴？究竟是什么东西令我恼怒？等等，理解了自己才能更好地理解别人、理解世界。

正视自己的主要障碍来自羞于承认自己的不足、无知、不道德和错误。对于这些问题，罗素这样回答：“我只是说，人应该顺乎自然，只要他的自发的兴趣爱好不是反社会的，就应该让他自然地表现出来。”“实际上，负罪感是一种十分无益的情感，它不是美好生活的成因。它使人不幸，造成人们的自卑感。正因为不幸福，他便可以向别人提出过分的要求，这样做又妨碍他去享受人际关系中的那种幸福。正因为自卑，他就会对那些比自己优越的人表示敌意。他发现对别人羡慕是困难的，而忌妒却是容易的。他将变成一个到处不受欢迎的人，发现自己越来越孤独。一种对待他人的大方豁达态度不仅给他人带来快乐，也是持这一态度的人的快乐的巨大源泉，因为它使他受到普遍的喜爱和欢迎。”①

没有人是完美无缺的，也没有谁永远不犯错误。傅雷在《约翰·克里斯朵夫》（译者献词）中说：“真正的光明绝不是永远没有黑暗的时候，只是永不被黑暗掩蔽罢了。真正的英雄绝不是永远没有卑下的情操，只是永不被卑下的情操所屈服罢了。所以在你要战胜外来的敌人以前，先得战胜你内在的敌人；你不必害怕沉沦堕落，只要你能不断地自拔与更新。”所以没有必要因为自己有缺点就感到烦恼。

当然，正视自己包括正视自己存在心理困扰。刘墉说：“心理学家发现，百分之九十九的人有心理困扰，其他的百分之一在说谎。这实验言简意赅地证实，每一个人都会在某一时刻，某一事件中心情沦丧。”“怎样的人正常？一般必须有三项条件：①承认自己是弱者，用凡夫俗子的心态面对自己，别把自己形容得太伟大了，相信自己也会犯错，重要的不是无过，而是如何从错里复苏。这叫‘面对自己’。②相信上帝是公平的，劫难不是永远站在你这边，而是每个人的幸与不幸不同，你的幸正好是我的不幸，而我的幸或者是你的不幸而已。这叫‘肯定自己’。③寻找方法，没有压力的人不算正常的人，谁都有困扰与烦恼，寻找面对与超越的方法才是重要

---

① 罗素论幸福与培根论人生［M］．天津：天津人民出版社，2005：64。

的。这叫‘超越自己’。”[①] 有心理困扰并不是一件难为情的事，承认它、正视它、消解它，求助专业工作者应该成为我们积极主动的选择。

五、释放压力

加拿大魁北克有一条南北走向的山谷。山谷唯一能引人注意的是它的西坡长满松、柏、女贞等树，而东坡却只有雪松。这一奇异景色之谜，许多人不知所以。1993 年的冬天，一对夫妇来到这里做浪漫之旅。他们发现由于特殊的风向，东坡的雪总比西坡的更大更密。不一会儿，雪松上就落了厚厚的一层雪。不过当雪积到一定程度，雪松那富有弹性的枝丫就会向下弯曲，直到雪从枝上滑落。这样反复地积，反复地弯，反复地落，雪松完好无损。可其他的树，却因没有这个本领，树枝被压断了。

生活中我们承受着来自各个方面的压力，如果这些压力得不到释放，我们将难以承受。这时候，需要像雪松那样弯一弯腰，释下重负，然后才能够重新挺立，避免压断的结局。对于失败和错误，有时很需要“人生何处不考场，一场不行下一场”的心理。释下重负要求接受和悦纳环境，这是一种弹性的生存方式，也是一种生活的艺术。

释放压力有很多方法，比如，走向窗前望向窗外深呼吸，将注意力集中到这次呼吸上并忘掉其他的一切；参加体育锻炼；放松地听听音乐；出去走走散散心；找朋友诉说一番；赏玩花鸟鱼虫等。

六、不执著于外物

不敢执著于外物，首先是外物的追求容易陷入无止境的地步，所谓“其未得之也，患得之；既得之，患失之。苟患失之，无所不至矣。”（《论语·阳货》）其次是因为能否得到外物，并不完全取决于我们自己，当我们痴迷于外物而不能得时，我们将陷入深深的痛苦。比如说，我们计划多少年要当特级教师、高级教师、教授，当我们痴迷于此并做好规划、为之付出了艰辛努力，看来就要实现理想时，突然意想不到的事情发生了：比如来了更突出的同事，没有指标，领导调整……这时我们怎么办？我们会有什么心情？不宜有过多的非得实现的生活目标，是因为这世界变化越来越快，我们能控制的东西越来越少。与选择外物比较，更有价值的是选择人

---

① 转引自张桂华、陆伟英．思想道德修养［M］．北京：清华大学出版社，2004：127。

生策略，比如有积极的生活态度，终身学习，注意审视的观察自己的内心，追求快乐的生活……

放弃对人生具有非常重要的意义，放弃有时比努力所起的作用更明显。聪明的人会尽力争取，但却不会在不可避免的灾难上徒费时间和精力。因此，一个人即使在追求真正重要的目标时，也不应该陷得太深，陷得太深容易使可能出现的失败的想法长久地困扰着自己，威胁心灵的平静安宁。我们都应该认识到，我们都是平常人，尽管我们想改变世界，但我们未必能改变世界，重要的是我们在努力改变着这个世界。

不执著于外物并不是不要外物，只是不要把外物当成生活的根本目的。在外物面前，我们要有一种“游戏精神”，所谓“游戏精神”是一种超功利的精神，与外物“游戏”不是为了占有外物，而是为了在与外物“游戏”中体现人的本质力量。也就是说，人不是为了外物而活着，在满足基本生存条件（如阳光、空气、水、食物等）基础上，功名、利禄只是我们幸福生活的副产品。美国作家霍桑说：“幸福是一只蝴蝶，你要追逐它的时候，总是追不到；但是如果你悄悄地坐下来，它也许会飞落到你身上。”幸福是这样，其实外物也是这样，中国有一种智慧是“舍得”：舍得舍得，一舍就得；就怕你不舍，那你就不得。在这里，舍的可能是有形的荣誉、财力、权力，得的却是心灵的快乐、充实、幸福。

第二节　教师专业发展

苏联著名教育家马卡连柯说过：“假如你的工作、学问和成绩都非常出色，那你尽管放心：他们全会站在你这一边，绝不会背弃你。相反地，不论你是多么亲切，你的话说得多么动听，态度多么和蔼，不论你在日常生活中和休息的时候是多么可爱，但是假如你的工作总是一事无成，总是失败，假如处处都可以看出你不通业务，假如你作出来的成绩都是废品和‘一场空’，——那么除了蔑视之外，你永远不配得到什么。”[①] 教师是履行教育教学职责的专业人员，没有广博而扎实的科学文化知识，没有过硬的专业本领和能力，你就只是爱学生的“父亲”“母亲”“哥哥”“姐姐”，而不是引导学生成长的好老师，你就不可能胜任复杂而艰巨的教育教学工作。

---

① 转引自华中师范学院教育系．教育学［M］．北京：人民教育出版社，1982：321－322。

听说过这样一个故事：

一位记者接到父亲的电话，叫他回家看望自己的小学老师肖老师。父亲说：肖老师已经去世，全村的人都很纪念他，你是肖老师教师生涯中唯一一个很有出息的人，是肖老师的得意门生，大家认为你应该回来，都在看着你、等着你。

放下父亲的电话，肖老师过去关心同学的一幕幕浮现在作者眼前：肖老师是民办教师，几十年含辛茹苦工作在小山村。山村小学对面有一条河，下暴雨时，肖老师总是早早地来到河边，背年少体弱的学生过河；学生家庭生活有困难，肖老师又常常从自己微薄的工资中挤出钱来为他们买学习用具……全村老少有很多是他的学生，附近的人没有不敬重他的。

想起这些事的同时，记者又想起了肖老师的许多教学故事，其中一次是这样的：在学习“飞沙走石”的词语时，有同学问：“什么是飞沙走石？”肖老师沉吟了好一阵，然后说：“飞沙我是见过的，走石不可能。这里是印错了，应该是飞沙走壁。”记者猜想，当时肖老师头脑中想到的大概是“飞檐走壁”的侠客。

类似的故事还比较多。

闪过这些故事，这位记者最终没有回家。

一、何谓教师专业化

“教育是一个使教育者和受教育者都变得更完善的职业，而且，只有当教育者自觉地完善自己时，才能更有利于学生的完善和发展。……没有教师生命质量的提升，就很难有高的教育质量；没有教师精神的解放，就很难有学生精神的解放；没有教师的主动发展。就很难有学生的主动发展，没有教师的教育创造，就很难有学生的创造精神。”[①] 教师的自我完善不仅仅是个人道德水平不断提升的过程，也是专业知识不断提升、专业技能不断形成和发展的过程，还是教师不断创新和自我超越，从而更好地履行专业责任，为学生提供专业服务的过程。概括起来，它是教师专业发展的过程。

专业化是一个职业经过一段时间后不断成熟，逐渐获得鲜明的专业标准，并获得相应的专业地位的过程。“教师专业化是指教师职业具有自己独特的职业要求和职业条件，有专门的培养制度和管理制度。教师专业化的

① 叶澜．教师角色与教师发展新探［M］．北京：教育科学出版社，2001：3。

基本含义是：第一，教师专业既包括学科专业性，也包括教育专业性，国家对教师任职既有规定的学历要求，也有必要的教育知识、教育能力和职业道德的要求；第二，国家有教师教育的专门机构、专门教育内容和措施；第三，国家有对教师资格和教师教育机构的认定和管理制度；第四，教师专业发展是一个持续不断的过程，教师专业化也是一个发展的概念，既是一种状态，又是一个不断深化的过程。”① 教师专业化既包括教师职业的专业化，也包含教师个体的专业化。一般而言，通常所说的教师专业化主要指教师职业专业化，而教师个体专业化则表现为教师的专业成长，教师专业发展主要指教师专业素质不断完善和提升的过程，它是一个持续不断、贯穿教师生活始终的过程。

二、为什么要不断专业成长

（一）通过专业成长胜任教育教学工作

一位师范学生在“师德修养”作业中这样说：“现在的学生聪明是不容置疑的。他们对新的老师也实行下马威政策。我的同学就遇到了这种情况。他刚到学校那天，下课铃声刚响，几个男学生便跑向他，问的问题不是他教的英语，而是数学题。也不知道这些小子从哪里拿来的题，但着实把我的同学考住了。所幸的是，我这位同学爱好唐诗宋词，在送别晚会上，学生要求我这位同学来个诗词对接，这下自然不在话下。试想如果他也不在行，两次被同学难倒的话，从今后他可能便会声名扫地了。”

这个例子是对教师广博文化知识方面的要求，它还只是对教师素质一个方面的要求。从专业知识层面看，教师的专业知识应该包括以下四个方面：所教学科知识（学科性知识）、教学学科知识（条件性知识）、实践性知识（案例性知识和策略性知识）和普通文化知识。

下面的两个教育案例，带给两位教师的是截然不同的教育感受和体验：

2004年初，一位在初中任教思想品德课的教师给我发来邮件，叙说她的教学故事和苦恼：在课堂上，当她提到一位当红女影星时，一位男生突然大声说了一句脏话，教室里的空气顿时紧张起来，全班同学都把目光集中在老师身上，静待她的处理。为了不影响教学，她采取的办法是让学生站起来批评一阵，课后叫到办公室苦口婆心批评教育。可是，这位男生并

① 教育部师范司编．教师专业化的理论与实践［M］．北京：人民教育出版社，2001：代序一。

没有改变，依旧经常在课堂上违纪。这位教师对此非常苦恼。

2004 年 6 月，我到安徽合肥，与老师们探讨这个案例。同样是一位政治老师，她说，在课堂上讨论友谊问题时，她刚提到马加爵把自己最好的朋友杀害了，一位中学生随口大声说："酷!"这位老师马上应对："是酷，残酷！所以被判处死刑!"学生的脸立刻红了。

我注意到，第一位老师事后得到的是极为痛苦的教学感受，而合肥这位老师在用骄傲和自豪的神情交流自己的这次教学遭遇。

知微见著，可以说，教师的专业生活是否愉快和幸福，取决于教师能否得心应手地与教育环境和谐相处，是否有能力面对和应对各种复杂的教育情境。如果没有必要的教育教学技能和智慧，教师不仅不能有效地完成教育教学任务，而且可能生活在苦恼和失望中，不仅会使"教书育人"成为空话，而且还会影响自身的生活质量。

参考阅读：

吻的力量①

有一位姑娘，毕业后当了一名女教师。她长得很美，走到哪里，哪里的人就会为她眼睛一亮。她的学生，特别是男学生，更希望得到她的喜爱和重视。女教师十分喜欢班上一个名叫罗斯的小男孩，因为他学习成绩突出，而且很守纪律。老师便安排他在毕业典礼上致词，并亲吻了他，祝愿他走向成功之路。

可是，这一吻却引起了一位低年级男孩的忌妒，他觉得也应该让老师吻一下。他便和老师说："我也要得到你的一个吻。"老师很惊讶，问他为什么。小男孩说："我觉得自己并不比罗斯差。"

女教师听了，微微地笑着，摸摸他的头说："可是，罗斯的成绩很好，而且很守纪律。"女教师接着说："如果你能和罗斯一样出色，我也会奖给你一个吻。"

小男孩说："那咱们一言为定。"

小男孩为了能得到老师的那个吻，发愤学习，不多时，他的成绩提高很快，而且全面发展。全校都知道这个小男孩很出色，他真的得到了那个美丽的女教师的一个吻。

这个小男孩名叫亨利·杜鲁门，他后来成了美国总统。

---

① 新浪读书．吻的力量［EB/OL］．（2008-09-09）［2011-10-04］．http：//vip.book.sina.com.cn/book/chapter_71032_46706.html。

当年美国人都知道这位女教师的名字，还有她最伟大的吻。

这是一位充满责任心、热情慷慨的老师。热情慷慨、乐于助人是教师专业情意的基本要求。“一个优秀或成功的教师应该具备多方面的专业要求，概括起来包括三个方面：专业知识、专业技能和专业情意。”[①] 教师的专业情意主要指教师对教育事业适不适合、愿不愿意、喜不喜欢、热不热爱，以及教师在教育活动中是否获得光荣感和自我实现的成就感。教师的专业情意包括以下几个方面[②]：

（1）专业理想。专业理想是对成为一个成熟的教育教学专业工作者的向往与追求，它为我们提供了奋斗的目标，是推动专业发展的巨大动力。具有专业理想就会对教学工作产生强烈的认同感和投入感，愿意终生奉献于教育事业。具有专业理想就更容易对教学工作抱有强烈的承诺，致力于改善教育素质以满足社会对教育专业的期望，努力提高专业才能及专业服务水准，努力维护专业的荣誉、团结、形象等。

（2）专业情操。专业情操是对教育教学工作带有理智性的价值评价的情感体验，教师的专业情操包括：理智的情操，即由于对教育功能和作用的深刻认识而产生的光荣感与自豪感；道德的情操，即由于对教师职业道德规范的认同而产生的责任感和义务感。

（3）专业性向。教学工作的专业性向是教师成功从事教学工作所应具有的人格特征，或者说适合教学工作的个性倾向。霍兰德（Holland）认为，社会型的劳动者喜欢从事为人服务和教育他人的工作，其个性适合做教师，因为他们热情慷慨，善于交际，关心他人，人际关系融洽。他们总在寻求与群众接触的机会，渴望发挥自己的社会作用，他们给人的印象是：向上的、乐于助人的、有责任心的、合作的、理想主义的、合群的、耐心的、八面玲珑的、友好的、仁慈的、善解人意的、慷慨的、有说服力的和温暖的。

（4）专业自我。与传统上强调教师的知识和能力倾向相反，在教师专业素质的情意领域，人们越来越重视教师的自我意识或自我价值。专业自我是教师个体对自我从事教学工作的感受、接纳和肯定的心理倾向，这种倾向将显著地影响到教师的教学行为和教学工作效果。从这个意义上说，

① 教育部师范司．教师专业化的理论与实践［M］．北京：人民教育出版社，2001：34。

② 同上，43—47。

教师专业发展的过程也是教师专业自我形成的过程。

（二）通过专业成长，适应教育变化和改革

变是这个时代唯一的不变。教育作为面向未来的视野，正处于变革的时代中，它不仅仅在适应变革，而且还引领着变革。不断变革的教育需要不断变革的教师、需要不断发展的教师。

可以借用这样一个比喻，过去你烧开水，只要95℃以上就达到要求了，这个时候你尽可以用普通的铁锅来烧水，谁更勤劳谁就更容易获得更多的开水，我们比的是勤劳，比的是体力，以及技术含量不算太高的烧火；现在要求变了，要你烧120℃以上的开水，你再勤劳也难以满足这样的要求了。这时，你可能需要新的工具和方法，比如采用高压锅来烧水，发明新的工具，发现新的方法，学会新的方法成了你适应新要求的必须。

学生在变化、社会在变化、教育要求在变化，适应变化，教师需要放弃那些已经驾轻就熟的东西、习以为常的东西，通过不断的学习和发展适应新的变化。

（三）通过专业成长，适应终身学习的时代要求

终身教育是人们在一生中所受到的各种培养的总和，它既要贯穿人的发展的一生，又要覆盖人的发展的全部。终身教育理念宣告了"学历社会"观念的终结，也宣告了在整个一生中，把人生分为两半——"充电"和"放电"的传统观念的错误。与终身教育相应的概念是终身学习。终身学习思想古已有之，荀子就曾经说："学不可以已。"（《荀子第一·劝学》）学习始于生命之初，持续到生命之末。如果说终身教育的目标在于超越现行教育制度，终身学习则更多的是从个人（或社会各种基本组织）的角度出发，强调具备终身学习的态度与能力以及人人参与学习的重要性，强调每个公民把终身学习作为"生存责任"和"生存方式"，以此提升其学习的自觉性和学习力。终身学习的警言是：在无穷变化的时代，你永远不能休息，否则就将永远休息。

"教师教育的基石和精髓是终身教育理念。"① 一方面，时代对教师的要求越来越高，对教师专业发展的要求也在不断提速。过去，人们常用"给学生一碗水，教师得有一桶水"对教师的知识水平提出要求。今天这种"一桶水"的观念已经受到摒弃，取而代之的源源不断的"活水"观念——

① 教育部师范教育司．更新培训观念 变革培训模式［M］．长春：东北师范大学出版社，2001：9。

“问渠哪得清如许，为有源头活水来”。“活水”观念的基础是终身教育和终身学习思想。强调终身教育和终身学习是当代教师成长和发展的必由之路。教师只有不断学习，才能不断适应不断发展和变化的时代要求。另一方面，教师以“育人”为主要社会责任，不仅直接对未来一代产生影响，而且潜移默化地影响家长和其他社会成员。在社会各行各业中，教育理应成为先进文化的代表行业，教师理应成为先进文化的代表者。从这一意义来说，教师参与终身学习，不断实现自身专业成长、提高专业服务水平就有了极为重要的社会意义。

三、怎样实现专业成长

（一）致力更加美好的教育生活

孔子说：“古之学者为己，今之学者为人。”（《论语·宪问》）朱熹在《论语集注》引程颐之言说：“为己，欲得之于己也；为人，欲见知于人也。”“为己”者，实际上是以修身立德为本，以成长发展追求和实现更加美好的教师生活，一方面是以高质量教育教学带给现实更加美好的学校生活和更加灿烂的未来生活；另一方面是以有专业尊严和成就的专业活动实现美好的教师生活。没有对未来生活的向往，没有对理想生活的追求，教师的专业成长就没有了内在的动力。

（二）“虚室生白”

“虚室生白”是《庄子》里的一句话。意思是说：如果一间屋子里塞满了家具等一应杂物，阳光不能渗透进来，那么，屋子里就会显得很昏暗。反之，假如屋子里是空的（虚室），阳光照进来，就会立即变得明亮起来（生白）。

有这样一个故事：一位学者向一位禅师问禅，老禅师开始并不说禅，而是将茶水不断注入学者的茶杯里，杯子满了还继续注入，问禅的学者看到茶水不断溢出杯子，忍不住大声说：“已经漫出来了，不能再装了。”禅师说：“你如果像这只杯子，里面装满了自己的东西，怎么装得下我给你说的禅。”

从专业成长的态度和方法看，没有对现在自身教育教学活动的不满，没有虚心的态度，就没有力求改变的基础，也就装不下其他的东西。当然，这种不满不能只是抱怨，不能只是针对社会、针对他人，而是针对自己。可以说，对自己现状“不满意”是自身一切发展和变革的根本。

（三）工作学习生活一体化

教师专业成长是一项长期的系统工程，它包括职前专业学习、入职见习与实习、职后继续学习。其中职后继续学习贯穿教师教育教学活动始终，职后继续学习要求教师“工作学习生活一体化”，“工作学习生活一体化”既是一种生活态度，又是一种生活方式。分开来说，就是“工作学习化，学习工作化，生活学习化，学习生活化”。

“工作学习化”就是通过工作的经历获得成长与进步，在工作中学会工作，在工作中学习更好地工作。“工作学习化”时，工作不仅仅是谋生的手段，而且是一次获得成长进步的机会；工作的过程就是学习的过程，工作不再是一种累赘，不再是一种无可奈何，而是一种体会成长和进步快乐的方式；通过工作的经历，从工作中学习新技能、新方法，获得工作的经验，积累经验成智慧。工作学习化要求在工作中不断创造和更新，不断尝试，不断超越，不断进步。

“学习工作化”即把学习视做每天的一项必要工作，如同认真对待工作一样认真对待学习，养成热爱学习、终身学习的习惯。同时，要带着问题学习，在学习中发现问题、研究问题、解决问题，理论联系实际，通过学习提高工作质量。

“生活学习化”，首先，需要树立生活就是成长，生活需要学习，生活方式是学习，生活质量在学习中得到提升的观念；其次，学会在生活中学习、向生活学习；充分认识学习的范围和对象是整个生活世界；同时又自觉地在生活世界中寻找学习的动力和源泉。

“学习生活化”意味着终身学习是21世纪的生存概念，学习是21世纪生存的基本方式，学习是生活的常态；学习将改变人的生存状态和生存方式；“学习生活化”将学习的目的定位于更好地生活，形成新的生活方式，提高生活质量。

（四）专业成长的方式和因素

“实践反思”“同伴互助”“专业引领”是专业成长的重要方式，教师自己、工作中的同伴、给予专业引领的专家是影响教师专业成长的主要因素。“实践反思”是教师与自我的对话，“同伴互助”是教师与同行的对话，“专业引领”是实践与理论的对话。“实践反思”既是“同伴互助”“专业引领”的最终目的，又是实现教师专业成长的根本和基础。“同伴互助”既是学校建设合作文化的手段和目标，又是促进实践反思的动力，它有利于突破教师个体实践反思的自我局限，在同伴交流分享中提升实践反思的质量。“专业引领”则是提升实践反思和同伴互助质量的关键。

1. 在实践反思中成长

美国著名教育心理学家波斯纳（G. J. Posner）曾于1989年提出过一个教师成长的简要公式：经验＋反思＝成长。他指出，没有反思的经验是狭隘的经验，至多只能形成肤浅的知识，如果教师仅仅满足于获得经验而不对经验进行深入的思考，那么他的发展将大受限制。波斯纳的教师成长公式揭示了经验和反思对于教师成长的重要意义。

实践反思的途径多种多样，反思性教学是其根本途径。关于反思性教学，熊川武先生认为反思性教学是指“教学主体借助行动研究，不断探究与解决自身和教学目的以及教学工具等方面的问题，将‘学会学习’与‘学会教学’结合起来，努力提升教学实践合理性，使自己成为学者型教师的过程。”① 反思性教学不仅要求教师思考、质疑或评价自己教学的有效性，而且还要求教师运用反思的结果矫正其不良的教学行为，并在今后的教学实践中加以运用。行动研究、叙事研究是反思性教学的重要实现方式。

2. 在同伴互助中共同成长

马克思认为：“一个人的发展取决于和他直接或者间接进行交往的其他一切人的发展。”② 虽然教师在实际教学过程中，教学风格是个人化的，教师在其实践中也大多处于孤立的状态之中，但是，就教师的专业发展而言，教师发展其专业知识与能力并不全然依靠自己，在实践中，教师在同伴身上得到的东西更多。也就是说，教师并非孤立地形成和改进教学的策略和风格，它依赖于同伴间的“教学文化”或“教师文化”。因此，合作的发展方式是教师专业发展的理想方式，这是通过同伴互助促进教师专业成长的理论和实践基础。通过同伴互助促进教师专业成长在我国有很好的传统，在实践中已经有了很多行之有效的途径和方法，如教研组活动、师徒制。

3. 借助专业引领实现成长

对于“专业引领”的作用，可以用“萝卜与肉”的关系来说明，在教师专业成长过程中，如果只有教师与自我的对话——“实践反思”，或者与同伴的对话——“同伴互助”，那么结果犹如“萝卜炖萝卜”，很难炖出好的味道；当教师的目光投向理论，开始理论与实践的对话——“专业引领”的时候，就犹如在“炖萝卜”的过程中加进了“肉”，只要调配合理，一般

① 熊川武．反思性教学［M］．上海：华东师范大学出版社，1999：3。

② 马克思恩格斯选集（第3卷）［M］．北京：人民出版社，1972：515。

来说，其味道不仅好，而且营养价值高。专业引领、实践与理论对话的方式既包括参加学术交流活动、听取专家报告、请专家进行临床诊断和指导，也包括更经常和更普遍的教师专业阅读。

现代信息技术高速发展，出于这样的生活和工作环境中，中小学教师的学习和生活方式也正在并将继续发生深刻的变化。网络和信息技术正在成为影响教师专业成长的重要方式和手段，用网络和信息技术手段实现自身发展正成为很多教师的自觉选择。网上阅读、网上论坛、网络博客等都开辟了教师专业成长的新的通道。

【思考与练习】

1. 你怎么评价今天的教师的心理健康状况？说一说保持心理健康有什么意义？

2. 阅读《阳光真好》，想一想怎样做一名“阳光教师”。

3. 与同伴分享交流保持健康心理的方法。

4. 想一想、说一说，教育正在发生哪些“变”？哪些需要“变”？

5. 以自己的成长和进步为例，说一说有效成长的方法和措施有哪些？

下编　教育法规

第六章　教育法规基础

【本章学习目标】

学习和理解教育法规，教育政策，法律规范的概念、结构、种类，教育法律关系的含义和要素，守法和违法，法律责任的归责原则，教育法律责任，教育申诉，教育行政复议，教育行政诉讼等教育法律常识。树立依法执教观念。学习运用教育法律救济手段维护自身合法权益。

第一节　教育法规与教育政策

为了确保教育发挥对人的发展和社会发展的重大作用，依法治教是当代教育发展的一个重要趋势。依法治教是指国家机关以及有关机构依照有关教育的法律规定，在其职权范围内从事有关教育的治理活动，以及各级各类学校及其他教育机构、社会组织和公民依照有关教育的法律规定，从事办学活动、教育教学活动及其他有关教育的活动。

依法执教是依法治教的重要组成部分，它是当今社会对教师的普遍要求。依法执教主要是指教师要依据法律、法规履行教书育人的职责，依法行使教书育人的权利。其含义主要有两个方面：一是教师的教育教学行为要在法律、法规所允许的范围内进行；二是教师要善于利用法律手段来维护自身的合法权益。

依法执教的前提是知法懂法，核心是在教育教学实践中依法守法，保障是利用法律手段维护教育法律权威，保护合法权益。

参考阅读：

敬畏伦理与社会和谐①

在中国，“伦”“理”二字早在《尚书》《诗经》《易经》等经典中已分别出现。“伦理”二字合用，最早见于秦汉之际成书的《礼记》：“凡音者，生于人心者也；乐者，通伦理者也。”大约西汉初年，人们开始广泛使用“伦理”一词，以概括人与人之间的道德规范和伦理准则。所谓“敬畏伦理”（这一概念系作者2004年提出），是指人类在面对具有必然性、神圣性

① 郭淑新、王建华．敬畏伦理与社会和谐［N］．光明日报，2007-09-18。

对象时形成的警示、规约自身言行的道德规范和伦理准则。“敬”体现的是一种人生态度和价值追求，促使人们“自强不息”，有所作为；“畏”显示的是一种警示的界限和自省的智慧，告诫人类应“厚德载物”，有所不为。

当代法国哲学家保罗·里克尔在《恶的象征》一书中，从文化人类学的视阈分析了伦理的起源：“经由害怕而不是经由爱，人类才进入伦理世界……由于它已经是伦理的畏惧，而不仅仅是肉体上的害怕，因此所畏惧的危险本身是伦理的。”在这个意义上说，“伦理”内在地蕴涵着“畏惧”的内涵，敬畏伦理是在人类特有的敬畏感基础上产生的一种最基本的道德规范。

敬畏感不是与生俱来的自发情感，即是说它不是单纯依附在人与动物身上的自发的畏惧或恐惧的感觉，而是在社会中培养的人性情感。它是社会、文化、历史的产物，是一切善恶观念的基础。敬畏感也不是固定不变的，而是始终处于生成性过程之中。敬畏感不是愚昧、委琐的代名词，而是人类拥有伦理智慧的象征。没有敬畏感的时代是野蛮的时代，没有敬畏伦理规范的社会是无序的社会。自然规律和社会规律的客观必然性、不可抗拒性，使得人类有足够的理由去敬畏它，而不去冒犯和亵渎它。对必然性的敬重、遵循与认识，有利于人类的发展、社会的和谐。

对和谐与秩序的追求是人性使然。这种追求使得人类必须对自身的言行进行约束和规范。康德对“头上的灿烂星空，心中的道德律令”的敬畏，中国哲人对“天人合一”境界的向往、对“慎独”“敬其在己者”的崇尚，都凸显了敬畏伦理为人类自身立法的恢弘气象。对与人生命攸关的神圣事物或力量的敬畏，不仅是人类的伦理义务和责任，而且是人类自身生命情感的内在诉求。

在人类进化的历程中，敬畏伦理规范警示着人们的思想和行为，是人类培养理想人格、安身立命之本，从而对自然的合理演化、社会的有序发展、人类的文明进化起着积极的作用。东西方贤哲们大多表达过他们的“敬畏”之情。孔子曰“君子有三畏”，其首畏是“畏天命”，即对不可抗拒之必然性的敬畏；老子则表现出对生命本身的敬畏：“吾所以有大患者，为吾有身。及吾无身，吾有何患！”海德格尔认为：“畏之所畏就是世界本身。”正是出于敬畏之心、出于人性中蕴涵的与宇宙万物共生共荣的内在诉求，人们才崇奉称之为敬畏伦理的道德规范，并将拥有这种道德品格的人称之为君子、圣贤。

当今时代，随着人们认识世界的水平越来越高、改造世界的能力越来越强，一些人的敬畏感却越来越淡漠，敬畏伦理所具有的神圣性、警示性和规范性也在逐渐弱化。这种趋势的存在，虽然在某种意义上张扬了人的主体性，但也相应地滋生、助长了人类病态的痴狂，增添了社会的不和谐因素。朱熹在对《中庸》进行诠释时，特别强调对“道”和“天理”的“敬畏”：“道者，日用事物当行之理，皆性之德而具于心，无物不有，无时不然，所以不可须臾离也。若其可离，则为外物而非道矣。是以君子之心，常存敬畏，虽不见闻，亦不敢忽，所以存天理之本然，而不使离于须臾之顷也。”《大佛顶首楞严经·卷四》云：“狂性自歇，歇即菩提。”正是“君子之心”难得的“常存敬畏”、正是人类明智的“狂性自歇”，才使得敬畏伦理的智慧之光能够普照大地，人类也才不至于毫无顾忌地为所欲为，因而才得以拥有自己的自然和精神的家园。

和谐社会的建构有赖于公民的人格完善，而公民的人格完善取决于仁爱之心的培育、社会责任感的加强、道德境界的提升、对必然性律令的敬畏。人类应该有所敬畏。对敬畏感的褒扬，并不意味着宣传愚昧与迷信、抹杀人的主体能动性，而是主张对人的主体性加以适度限制，即对人的狂妄浅薄、妄自尊大、不自量力等予以合理规约。这种限制和规约，有助于人类心灵的净化、人格的完善，特别是在人的主体性已得到极大张扬的今天，尤为必要。

一、教育法规

（一）教育法规的含义

教育法规是有关教育方面的法律、条例、规章等规范性文件的总称，也是对国家、社会组织、学校、教师和其他人群的教育行为具有法律约束力的行为规则的总和。理解教育法规要注意以下几个方面：①其作用是调整教育法律关系和规范教育主体行为；②由特定的国家机关制定和认可，具有国家意志性和权威性；③制定教育法律规范要依照法律程序，具有严肃性；④由国家强制力保证其实施的，具有国家强制性。

（二）我国教育法规的纵向结构

《宪法》（注：在不影响理解的情况下，对我国法律文本，本书正文均采用简称）是国家最高权力机关制定的国家根本大法。《宪法》中关于教育的条款，是教育法的重要内容，具有最高的法律效力，它是教育立法的主要依据和最高依据。我国《宪法》在以下方面对教育进行了规定：①规定我国教育的社会性质、目的任务、结构系统、办学体制、管理体制；②规定了公民有受教育的权利和义务；③规定了对少数民族、妇女和有残疾公民在教育方面予以帮助；④规定了对未成年人的保护；⑤规定了学校的教学用语；⑥规定了宗教与教育的关系。

根据制定机关的不同和法律形式的不同划分，我国的教育法规有这样的五个纵向层次：

1. 教育基本法

教育基本法是我国教育法体系的第一个层次。它是以宪法为依据制定的教育基本法，主要规定我国教育的基本性质、地位、任务、基本法律原则和基本教育制度等。作为教育领域的基本法律和根本大法，教育基本法由全国人民代表大会制定，我国的教育基本法《中华人民共和国教育法》，已在1995年3月18日召开的第八届全国人民代表大会第三次会议上通过，自1995年9月1日起施行。它是协调教育部门内部以及教育部门与其他社会部门相互关系的基本准则，也是制定教育领域不同部门的单行法律及行政法规、规章的依据，是全部教育法规的母法。

2. 教育单行法

教育单行法是我国教育法体系的第二个层次。它是根据宪法和教育基本法确立的原则制定的，用于调整某类教育或教育的某一具体部分教育关系的教育法律。我国先后制定并公布实施的教育单行法有《学位条例》《义务教育法》《教师法》《职业教育法》《高等教育法》和《民办教育促进法》。教育单行法由全国人民代表大会常务委员会制定。

《国家通用语言文字法》《国旗法》和《未成年人保护法》等其他相关法律也有涉及教育的条款。这些相关法律条款，也属于教育法律范畴。

此外，全国人民代表大会或其常务委员会发布的教育方面的决定、决议等法律文件，如1985年第六届全国人民代表大会常务委员会第九次会议通过的《全国人民代表大会常务委员会关于教师节的决定》，也属于教育法律范畴。

3. 教育行政法规

教育行政法规是我国教育法体系的第三个层次。它主要是为实施《教育法》和各单行法而制定的规范性文件；此外，属于较为具体的问题，《教育法》或各单行法未予规范的问题，也可由行政法规加以调整。属于这一层次的行政法规由国家最高行政机关国务院制定和发布。

党中央和国务院就一些重要问题联合发布的指示和决议，是一种具有法规作用但不具备完备法律形式的规范性文件，可以看做是一种特殊形式的教育法规。如1999年6月13日印发的《中共中央国务院关于深化教育改革全面推进素质教育的决定》。

4. 地方性教育法规

地方性教育法规（地方性法规、自治条例、单行条例）是我国教育法体系的第四个层次。其中地方性法规是省、直辖市和有地方立法权的人民代表大会及其常务委员会为执行国家有关教育的法律、行政法规，根据本行政区域的实际需要而制定的规范性文件。自治条例、单行条例则是民族自治地方的人民代表大会依照当地民族的政治、经济和文化的特点而制定的规范性文件。地方性法规和自治条例、单行条例规范着所属地的政治、经济和文化等方面的活动，其中有关教育活动的法律规范是教育法体系的重要组成部分。

5. 政府规章

政府规章是我国教育法体系的第五个层次。属于这一层次的政府规章一般由国务院各部委制定和发布，其效力要低于行政法规。政府规章的制定主要依据法律和行政法规，并且可以因实际工作的需要而决定其内容。此外，省、自治区、直辖市及省、自治区人民政府所在地和经国务院批准的较大的市人民政府，根据行政需要而制定的规章，也属于这一层次的教育法规。

二、教育法规与教育政策的关系

教育政策是一个政党和国家为实现一定历史时期的教育发展目标和任务，依据党和国家在一定历史时期的基本任务、基本方针而制定的关于教育的行动准则。

（一）教育法规与教育政策的联系①

我国的教育政策与教育法规在本质上是一致的，具有深刻的内在联系，主要表现在：

（1）教育政策与教育法规都是国家管理教育的重要手段，都是在教育活动中应予遵循的行为准则与行为依据。

（2）一般来说，教育法规，尤其是教育法律建立在教育政策的基础上，

① 张乐天. 教育政策法规的理论与实践（第2版）[M]. 上海：华东师范大学出版社，2009：44。

成熟稳定的教育政策会被确立为教育法律。

(3) 教育政策的实施需要“法”的保障。只有合法化的教育政策才能成为真正可供遵循、实施的政策，同时政策实施的全过程都要依法执行。

(4) 教育政策的制定应以法律为依据，法律规定了政策不可能涉及的具体内容。

(二) 教育法规与教育政策的区别

1. 制定机关不同

国家的教育法规是由国家权力机关或国家行政机关制定；教育政策既可以由国家机关制定也可以由政党制定，处在执政地位的政党在教育政策制定过程中起着重要作用。在我国，从国务院到地方各级人民政府，从国家教育部到地方各级教育行政部门都直接参与了教育政策的制定。相应地，教育法规的执行机关只能是国家机关，而教育政策除了国家机关，还有其他有关组织。

2. 约束力不同

教育法规的作用主要表现为国家强制性，具有普遍约束力，必须向全社会公布，除了具有一般法律的特征外，教育法规还具有行政主导性、教育性和广泛性等特点。而教育政策不具有国家强制性，只对某部分人有约束力，主要发挥指导性作用，只在一定范围内公布，主要通过人们的表率作用、组织约束、舆论引导等途径来实现。在具体实践中，执行教育政策不能超越教育法规所容许的范围，有法要依法，无法才依政策。

3. 表现形式不同

教育法规的表现形式有宪法中的教育条款、教育法律、教育行政法规、地方性教育法规和教育行政规章等。而教育政策主要以决定、指示、决议、纲要、通知、意见等形式出现，内容比较广泛、原则和概括。

4. 稳定程度不同

教育法规的稳定程度更高，而教育政策的灵活性更强。教育政策是制定教育法律的依据，很多教育法律条款都是从较为稳定的，对全局有重大影响的，以及在实践中获得了巨大成功的那些教育政策的基础上发展起来的，成为教育政策的具体化和条文化。教育法规一旦确定下来又会对教育政策产生影响和制约，任何新的教育政策出台都不能与教育法律、法规相抵触。

第二节　教育法律关系

一、法律规范

法律是体现国家意志，由国家制定或认可的，由国家强制力保证实施的，以规定当事人权利和义务为内容的具有普遍约束力的社会规范。

（一）法律规范的概念

规范一词含有约定俗成或明文规定的某种规格、标准、准则的意思，指人们在一定情况下应该遵守的各种规则。规范大体分为技术性规范和社会规范两大类。法律规范属于特殊的社会规范，是组成法的基本单位，是调整大量同类社会关系的共同规则，具有普遍约束力。

（二）法律规范的结构

用法律规范的逻辑结构作分类标准，法律规范有假定条件、行为模式、法律后果三要素。例如，《教育法》第37条："明知校舍或者教育教学设施有危险，而不采取措施，造成人员伤亡或者重大财产损失的，对直接负责的主管人员和其他直接负责人员，依法追究刑事责任。"直接负责的主管人员和其他直接负责人员"明知校舍或者教育教学设施有危险""造成人员伤亡或者重大财产损失的"是假定条件，"不采取措施"是行为模式，"依法追究刑事责任"是法律后果。

（1）假定条件是指法律规范中指出适用法律规范的条件或情况的部分。即法律规范在什么范围内（时间、空间、对象）适用，以及什么情况下法律规范对人的行为有约束力。

（2）行为模式指法律规范所规定的行为规则部分。根据行为要求的内容和性质不同，法律规则中的行为模式分为三种：①可为模式。指在什么假定条件下，人们"可以如何行为"的模式。②应为模式。指在什么假定条件下，人们"应当或必须如何行为"的模式。③勿为模式。指在什么假定条件下，人们"禁止或不得如何行为"的模式。从另一个角度看，可为模式亦可称为权利行为模式，而应为模式和勿为模式又可称为义务行为模式。它们的内容是法律规则的核心部分。

（3）法律后果是指法律规范中规定人们在作出符合或不符合行为模式的要求时应承担相应的结果的部分，是法律规范对人们具有法律意义的行为的态度和立场。根据人们对行为模式所作出的实际行为的不同，法律后果又分为两种：①合法后果，又称肯定式的法律后果，是法律规范中规定人们按照行为模式的要求行为而在法律上予以肯定的后果，它表现为法律规范对人们行为的保护、许可或奖励。如《教师法》第33条第3款："对有重大贡献的教师，依照国家有关规定授予荣誉符号。"②违法后果，又称否定式的法律后果，是法律规范中规定人们不按照行为模式的要求行为而在法律上予以否定的后果，它表现为法律规范对人们行为的制裁、不予保护、撤销、停止，或要求恢复、补偿等。如《教育法》第72条："结伙斗殴、寻衅滋事，扰乱学校及其他教育机构教育教学秩序或者破坏校舍、场地及其他财产的，由公安机关给予治安管理处罚；构成犯罪的，依法追究刑事责任。"

(三) 法律规范的种类

1. 授权性规范、义务性规范和禁止性规范

按照法律规范调整方式的不同，法律规范可以分为授权性规范、义务性规范和禁止性规范。

(1) 授权性规范，就是规定人们可以为一定的行为或不为一定行为，以及可以要求他人为或不为某种行为的规范。授权性规范通常采用"可以""有权""有……的自由"这类句式表述。如《教育法》第12条："民族自治地方以少数民族学生为主的学校及其他教育机构，从实际出发，使用国家通用语言文字和本民族或者当地民族通用的语言文字实施双语教育。"

(2) 义务性规范，就是规定人们必须依法作出一定行为的法律规范。这类规范在法律条文中常以"必须""须""应该""应当""有……义务""有义务"等词汇表述。如《教育法》第4条："全社会应当关心和支持教育事业的发展。全社会应当尊重教师。"再如，《义务教育法》第11条第1款："父母或者其他监护人必须使适龄的子女或者被监护人按时入学，接受规定年限的义务教育。"

(3) 禁止性规范，就是禁止人们作出某种行为或者必须抑制一定行为的法律规范。这类法律规范在法律条文中多以"禁止""严禁""不得""不应""不许""不准"等词汇来表述。如《义务教育法》第14条："禁止用人单位招用应当接受义务教育的适龄儿童、少年。"

2. 强制性规范和任意性规范

按照法律规范的强制性程度的不同，法律规范可以分为强制性规范和任意性规范。

(1) 强制性规范是指内容规定具有强制性质，不允许人们随便加以更

改的法律规范。义务性规范、禁止性规范属于强制性规范。

（2）任意性规范是指规定在一定范围内，允许人们自行选择或协商确定为与不为、为的方式以及法律关系中的权利义务内容的法律规范。

3. 确定性规范、委托性规范和准用性规范

按照法律规范内容确定性程度的不同，法律规范可以分为确定性规范、委托性规范和准用性规范。

（1）确定性规范是指明确规定行为规则内容的法律规范，绝大多数法律规范都属于确定性规范。

（2）委托性规范又称非确定性规范，是指规范中没有明确规定行为规则的内容，而委托某一机关加以确定的规范。这类规范的特点是不直接规定所要求或禁止的行为规范的内容，则是指出应由某一机关加以具体规定。如《教育法》第85条："境外的组织和个人在中国境内办学和合作办学的办法，由国务院规定。"

（3）准用性规范是指没有直接转述行为规则的内容，而是规定在某个问题上须参照、引用其他条文或其他法律、法规的法律规范。如《义务教育法》第62条："社会组织或者个人依法举办的民办学校实施义务教育的，依照民办教育促进法有关规定执行；民办教育促进法未作规定的，适用本法。"

二、教育法律关系

（一）教育法律关系的含义

法律关系是根据法律规范产生的以主体之间的权利义务关系的形式表现出来的特殊的社会关系。教育法律关系是教育法对由教育活动而产生的各种社会关系予以调整后形成的教育法律主体之间的权利义务关系，其含义包括：

（1）教育法律关系是以教育法律规范为前提而产生的社会关系。教育法律规范没有规定、未加规范的，就不是教育法律关系。

（2）教育法律规范作为人们实施教育教学、发展教育事业的行为准则，为人们的权利与义务设定了一种可能性。

（3）教育法律关系是体现意志性的特殊社会关系。一方面，教育法律关系体现国家在教育上的目的与意志；另一方面，有的教育法律关系要通过法律关系参加方的意志一致（如学校与教师聘任合同的达成、政府与学校合作培养项目的实施等）才能产生。每一具体的教育法律关系的产生、变更和消灭都带有某种意志性。

（4）教育法律关系是由国家强制力保证的社会关系。教育法律关系以法定的权利与义务为内容。侵犯权利主体的权益，或不履行法定义务所受到的制裁都是国家强制力的表现。即使人们之间自行协商解决各种纠纷，也是以国家的强制力为后盾的。

教育法调整的基本法律关系主要有：学校与政府的关系、学校与社会的关系、学校与教师、学校和学生、教师和学生、教师和学生家长的关系等。

（二）教育法律关系的要素

任何一种教育法律关系都由主体、客体和内容三个要素组成。

1. 教育法律关系的主体

教育法律关系的主体是指教育法律关系的参加者或当事人，是在教育法律关系中享受权利、承担义务的人。享有权利的一方称为权利人，承担义务的一方称为义务人。任何一种教育法律关系，没有享有一定的权利和承担一定义务的主体参加，都是不可能成立的，而且一个教育法律关系至少有两个主体。

教育法律关系主体具有多样性的特点。参与教育活动、按照教育法律规范的规定享有权利、承担义务的公民、组织都是教育法律关系的主体，大致可分为这样三类：①自然人，即个人主体，如教师、学生、学生家长等；②集体主体，如教育行政机关、学校等；③国家。

公民和法人要能够成为法律关系的主体，享有权利和承担义务，就必须具有权利能力和行为能力，即具有法律关系主体构成的资格。

权利能力是指能够参与一定的法律关系，依法享有一定权利和承担一定义务的法律资格。“自然人的权利能力从出生时开始，到死亡时终止。法人和其他组织的权利能力从成立时开始，到撤销、解散或破产时终止。”①

公民的行为能力是由法律予以规定的。①完全行为能力人。这是指达到一定法定年龄、智力健全、能够对自己的行为负完全责任的自然人（公民）。18周岁以上的公民是成年人，具有完全的民事行为能力，可以独立进行民事活动，是完全民事行为能力人。②限制行为能力人。这是指行为能力受到一定限制，只具有部分行为能力的公民。例如，我国《民法典》规定，8周岁以上的未成年人，不能完全辨认自己行为的精神病人，是限制行为能力人。③无行为能力人。这是指完全不能以自己的行为行使权利、

① 张光杰．法理学导论［M］．上海：复旦大学出版社，2006：165。

履行义务的公民。不满 8 周岁的未成年人，完全的精神病人是无行为能力人。

责任能力是指行为人对自己的违法行为后果承担法律责任的能力，它是行为能力的一种特殊形式。在《刑法》上，不满 14 周岁的未成年人和精神病人被视为无刑事责任能力人。在《民法》中，“自然人不分年龄和精神状态，都具有责任能力，负有赔偿等义务，但是在未成年人或精神病人造成他人人身或财产损害的案件中，往往是由具有监护职责的监护人承担实际的赔偿义务。”①

2. 教育法律关系的客体

法律关系客体又称权利客体，是法律关系主体的权利与义务所指向的对象。但并不是一切独立于主体而存在的客观对象皆能成为客体，只有那些能够满足主体利益的并得到国家法律确认和保护的客观对象（如物、行为）才能成为法律关系的客体。教育法律关系的客体一般包括物质财富、非物质财富、行为三个大的方面。

（1）物质财富。简称物，它既可以表现为自然物，也可以表现为人的劳动创造物；既可以是国家和集体的财产，也可以是公民个人的财产。物一般可分为动产与不动产两类：不动产，包括土地、房屋和其他建筑设施，如学校的场地、办公、教学、实验用房及其必要的附属建筑物；动产，包括资金和教学仪器设备等。

（2）非物质财富。包括创作活动的产品和其他与人身相联系的非财产性的财富。前者也被称做智力成果，在教育领域中主要指包括各种教材、著作在内的成果。其他与人身相联系的非物质财富包括公民（如教师、学生和其他个人主体）或组织（如教育行政机关、学校和其他组织）的姓名或名称，公民的肖像、名誉、身体健康、生命等。

（3）行为。行为是指教育法律关系主体实现权利义务的作为与不作为。一定的行为可以满足权利人的利益和需要，可以成为教育法律关系的客体。在教育领域中，教育行政机关的行政行为、学校的管理行为和教育教学行为都是教育法律关系赖以存在的最基本的行为。

3. 教育法律关系的内容

教育法律关系的内容是指教育法律关系主体在依法成立的教育法律关系中享有的权利和承担的义务。它由教育法律规范所确认并由国家强制力

① 张光杰．法理学导论［M］．上海：复旦大学出版社，2006：165。

保证实施，是教育法律关系的重要构成要素之一。权利和义务是教育法律关系的核心，没有权利和义务为内容，就无所谓教育法律关系。

(1) 教育法律权利。教育法律权利指的是教育法律关系的主体依据教育法律规范享有的某种权力或利益，表现在以下两个方面：一是教育法律关系的主体可以作出一定的行为，并不应当受到其他任何人的阻碍或强迫；二是可以要求他人作出或不作出一定行为，而被要求者应当如此。

教育法律关系的主体均在其中享有权利。教育法律关系的参加者主要包括学生、家长、国家、学校和教师这几类主体，相应地，教育法律权利包括受教育者的受教育权利、家长的教育权利、国家的教育权利、学校的教育权利和教师的教育权利。在这几种教育权中，学生的受教育权是最基本的教育权利。

(2) 教育法律义务。教育法律义务是与教育法律权利相对称的一个概念。指的是教育法律关系的主体依据教育法律规范的规定必须承担和履行的某种责任，表现为教育法律关系的主体必须作出或不作出一定的行为。相应地，教育法律义务包括受教育者的教育义务、家长的教育义务、国家的教育义务、学校的教育义务和教师的教育义务。

(3) 权利和义务的关系。权利与义务的关系是一种成对的相互依存的关系：①每种权利都必然伴随有某种相应的义务；享有权利的同时，还有守法的义务。②权利人所享有的权利的实现依赖于义务人对义务的承担；义务人如果不承担义务，权利人就不可能享受到权利。③其主体双方之间不可能一方只享有权利而不承担任何义务，另一方只承担义务而不享有任何权利。④法律关系中的权利和义务从其主体的数量上来看不一定是对等的，即可能不是一对一的，有时一个主体享有权利，多个主体负有义务。

第三节　教育法律责任

一、守法与违法

(一) 守法

1. 守法的含义

守法是指国家机关、社会组织和公民个人依照法律的规定行使权利（权力）和履行义务（职责）的活动。守法既包括消极被动的守法，即去做法律要求做的或者不去做法律禁止做的事情，也就是不违法；也包括积极主动的守法，即根据授权性法律规范积极主动地去行使自己的权利，主张自己的法律权益。

2. 守法的主体和内容

在我国，所有人都是守法主体，所有政党和组织都有义务守法，都要遵守宪法和法律，都要在宪法和法律的范围内活动。守法的内容，即所要遵守的法律，是广义的法律，不仅包括宪法和全国人民代表大会及其常委会制定的基本法律和非基本法律，而且包括与宪法和法律相符合的行政法规、地方性法规、行政规章和其他所有法律渊源。

3. 守法的要求

（1）具有良好的法律意识。在全社会形成良好的守法环境、守法习气、守法风范，逐渐形成良好的法律意识，这是守法的前提要求。

（2）按照法律规范规定的行为模式认真行使权利、履行义务，这是守法的实质要求。

（3）发生违反法律的行为或后果时，主动承担法律责任，这是守法的保障性要求。

（二）违法

1. 违法的含义

违法是违反现行法律的规定具有社会危害性的行为，包括做了法律禁止做的事或者没有做法律要求做的事。广义的违法指所有违反法律的行为，包括犯罪行为和狭义的违法行为。狭义的违法也可称为一般侵权行为，包括民事侵权行为和行政侵权行为，指除犯罪外所有非法侵犯他人人身权、财产权、政治权利、精神权利或知识产权的行为。

2. 违法的构成

违法的构成要件包括主体、主观方面、客体、客观方面四要件。

（1）违法主体。违法存在违法主体，一般认为，违法主体是达到法定责任年龄和具有责任能力的自然人、法人或其他社会组织。

（2）违法是对法律所保护的社会关系、社会秩序有危险性或有害的行为。如果一个行为并不侵犯法律所保护的社会关系，没有侵犯社会、国家、集体或个人的合法利益，就不构成违法。

（3）主观上行为人有过错。过错包括故意和过失两种心理状态。故意是在明知自己的行为会发生损害结果的情况下，实施加害行为或者放任结果的发生；过失是指行为人应当预见自己的行为可能发生损害的结果，因疏忽大意没有预见或已经预见而轻信能够避免，以致发生损害结果的心理状态。主观方面是行为构成违法的必备条件之一，如果行为人在主观方面没有过错，即使行为造成了损害的结果，也不构成违法。

(4) 客观上，违法是人们违背法律的行为，包括积极的作为或消极的不作为。违法的作为是指作出了法律所禁止的行为，违法的不作为是指没有作法律所要求的行为。不论是作为的违法还是不作为的违法，都具有客观性，行为的违法性与行为的社会危害性具有密切联系。

二、法律责任的归责原则

所谓归责，即责任的归结和归属，是指侵权行为人的行为导致损害事实发生后，应依据某种根据使其负责。归责原则是归责的基本规则，是确定行为人侵权民事责任的根据和标准，它运用法律判断价值功能，使行为人承担适当的法律后果。侵权行为的归责原则主要有过错责任原则、无过错责任原则。

(一) 过错责任原则

过错责任原则是指以过错作为确定责任的要件和确定责任范围的依据。这里有两层含义：首先，过错责任原则要求以过错作为确定责任的构成要件。即确定当事人的责任，不仅要考察当事人的违法行为，而且要考察当事人的主观上的过错。若当事人没有过错（如侵权行为是因不可抗力造成的或由受害人故意造成的)，则当事人不负责任。其次，过错责任原则要求以过错作为确定责任范围的依据。即在已经确定当事人应承担损害赔偿责任的情况下，还应当根据当事人的主观过错程度来确定其所应承担的责任范围。简单地说，构成过错责任的必要条件只能是过错，而不是损害结果，有过错则有责任；没有过错就没有责任；过错的大小与责任范围相一致。在实行过错责任原则中，举证责任是由受害人来承担的，受害人若提供不出证据或证据不足，就无法维护其正当权益。

案例 6.1①：

2000 年 5 月 26 日 17 时 50 分，某幼儿园的李姓小朋友焦急地等其父母来接。此时幼儿园早已下班，其余幼儿都早已被接走。张老师通过电话等方式没有联系上李某的父母。为稳定孩子情绪，张老师便陪他在室外拍皮球。李某拍球时不小心踩到球上摔倒在地，大喊“手臂痛”。张老师即带他去医院检查，医生诊断为骨折。看好病后，张老师将李某送回其家，并向

① 佚名．事故发生在超时服务时间［J］．早期教育（教师版)，2002（6）：29。

其父母说明事情经过。李某父母听后大怒，认为事情发生在幼儿园，幼儿园应负责任，并将幼儿园诉至法院，要求幼儿园赔偿医疗费及父母因照顾李某的误工费。

在这一案例中，伤害发生纯属意外，该后果无法预见。幼儿园已经放学，张老师属超时服务，且事先已通过多种方式联系其父母，事中陪同其玩游戏，事后立即送医院，救治后送其回家，没有过错。按照过错责任原则，不应承担赔偿责任。

（二）无过错责任原则

无过错责任原则也称为客观责任、严格责任、结果责任，是指在特殊情况下，无过错的行为人也要承担民事责任的原则。根据法律规定。无过错责任原则就是指当发生损害后，既不考虑加害人的过失，也不考虑受害人过失的一种法定责任形式，其目的是在于填补受害人的损失。在特殊情况下，依据法律规定，当事人没有过错，也要承担民事法律责任，这种确定当事人责任的原则就是无过错责任原则。在举证责任上，无过错责任原则采纳的是举证责任倒置，即举证责任在于加害人。加害人所要证明的内容并不是自己无过错，而是要举证受害人的损害是由受害人自己的故意造成的。加害人若不能证明损害是由受害人的故意造成的，则由加害人承担民事责任。

无过错责任原则必须在法律规定的范围内适用，不能随意扩大或者缩小其适用范围。《民法通则》规定的典型的适用无过错责任的范围：产品缺陷致人损害、高度危险作业致人损害、环境污染致人损害、地面施工致人损害、饲养的动物致人损害等损害赔偿。

学校伤害事故归责原则主要适用过错责任原则。《民法典》第 1199、1200、1201 条规定："无民事行为能力人在幼儿园、学校或者其他教育机构学习、生活期间受到人身损害的，幼儿园、学校或者其他教育机构应当承担侵权责任；但是，能够证明尽到教育、管理职责的，不承担侵权责任。""限制民事行为能力人在学校或者其他教育机构学习、生活期间受到人身损害，学校或者其他教育机构未尽到教育、管理职责的，应当承担侵权责任。""无民事行为能力人或者限制民事行为能力人在幼儿园、学校或者其他教育机构学习、生活期间，受到幼儿园、学校或者其他教育机构以外的第三人人身损害的，由第三人承担侵权责任；幼儿园、学校或者其他教育机构未尽到管理职责的，承担相应的补充责任。幼儿园、学校或者其他教育机构承担补充责任后，可以向第三人追偿。"

三、教育法律责任

（一）教育法律责任的含义

教育法律责任是教育法律关系主体因实施了违反教育法的行为依法应承担的带有强制性的法律后果。这一概念主要包含有以下几层含义：

（1）存在违法行为是承担教育法律责任的前提。

（2）教育法律责任的承担者是具有遵守法定义务的教育法律关系主体。

（3）法律责任的实现方式包括制裁、补偿、强制三种。法律制裁是特定国家机关对违法者依法追究法律责任而采取的惩罚措施，其内容包括对责任主体的人身、精神以及财产等方面的惩罚。

（二）教育法律责任的类型

1. 违反教育法的行政法律责任

行政法律责任，是指行政法律关系主体违反行政法律规范，构成行政违法而应当依法承担的否定性的法律后果。我国现行的教育法具有行政法的属性，违反教育法的行为就带有行政违法性的性质。根据有关教育法律的规定，违反教育法的行政法律责任的承担方式主要有行政处分和行政处罚两类。

行政处分是由国家机关或企事业单位对其所属人员予以的惩戒措施。包括警告、记过、记大过、降级、降职、撤职、开除留用和开除。行政处分有时也称纪律处分。

行政处罚是指国家行政机关依法对违反行政法律规范的组织或个人进行的行政制裁。根据1998年国家教委发布的《教育行政处罚暂行实施办法》的规定，教育行政处罚的种类主要有10种：①警告；②罚款；③没收违法所得，没收违法颁发、印制的学历证书、学位证书及其他学业证书；④撤销违法举办的学校和教育机构；⑤取消颁发学历、学位和其他学业证书的资格；⑥撤销教师资格；⑦停考、停止申请认定资格；⑧责令停止招生；⑨吊销办学许可证；⑩法律、法规规定的其他行政处罚。

行政处罚和行政处分虽然都是行政制裁措施，但两者有较大区别，主要表现在：行政处罚是具有行政处罚权的行政机关作出的，属于外部行政行为，其处罚对象可以是个人，也可以是组织，行政处分属于内部行政行为，处分对象只能是作为公民的个体。

2. 违反教育法的民事法律责任

民事法律责任是指行为人由于民事违法行为所应承担的法律后果。教育法的民事法律责任是教育法律关系主体违反教育法律、法规，破坏了平等主体之间正常的财产关系或人身关系，依照法律规定应承担的民事法律责任，是一种以财产为主要内容的责任。

根据《民法通则》的规定，承担民事责任的主要方式包括停止侵害，排除妨碍，消除危险，返还财产，恢复原状，修理、重作、更换，赔偿损失，支付违约金，消除影响、恢复名誉，赔礼道歉等。以上方式，可以分别适用，也可合并适用。

3. 违反教育法的刑事法律责任

刑事法律责任是指行为人刑事违法所应承担的法律后果。教育刑事法律责任是指行为人实施了违反教育法和刑法的行为，达到犯罪程度时，所应承担的法律后果。追究教育刑事法律责任是国家对违反教育法的行为人最为严厉的法律制裁。

我国教育法对教育刑事法律责任作了明确规定，根据我国《教育法》第 71 条、第 72 条、第 73 条、第 77 条的规定，对挪用克扣教育经费，扰乱学校教育教学秩序，破坏校舍、场地及其他财产，明知校舍或教育教学设施有危险而不采取措施，造成人员伤亡或重大财产损失，在招生工作中徇私舞弊等，且构成犯罪的，对其直接责任人员依法追究刑事责任。

根据《义务教育法》第 16 条的规定，任何组织或者个人不得侵占、克扣、挪用义务教育经费，不得扰乱教学秩序，不得侵占、破坏学校的场地、房屋和设备。禁止侮辱、殴打教师，禁止体罚学生。违反此规定，情节严重构成犯罪的，依法追究刑事责任。

根据《教师法》第 35 条、第 36 条、第 37 条、第 38 条的规定，承担刑事责任主要有以下几种情形：①侮辱殴打教师，情节严重构成犯罪的；②国家工作人员对教师打击报复，构成犯罪的；③体罚学生，情节严重构成犯罪的；④品行不良、侮辱学生，影响恶劣，构成犯罪的；⑤挪用国家财政用于教育的经费，严重妨碍教育教学工作，拖欠教师工资，情节严重，构成犯罪的。

在实践中，对于某一违反教育法律、法规的行为，追究法律责任的方式不限于一种，例如可以在追究行政责任的同时，追究刑事法律责任或民事法律责任，三种形式也可以并处。如对体罚学生情节严重的教师，可在追究其刑事责任的同时，追究其应承担的行政责任。

4. 违反宪法规定的违宪责任

我国宪法第五条规定：“一切违反宪法和法律的行为，必须予以追究，任何组织或者个人都不得有超越宪法和法律的特权。”违宪责任是指因违背宪法的原则、精神和具体内容而应承担的法律后果。

第四节　教育法律救济

一、法律救济概说

法律救济是指公民、法人或者其他组织认为自己的人身权、财产权因行政机关的行政行为或者其他单位和个人的行为而受到侵害，依照法律规定向有权受理的国家机关告诉并要求解决，予以补救，有关国家机关受理并作出具有法律效力决定的活动。

教育法律救济是指教育行政相对人的合法权益受到侵害并造成损害时，通过裁决纠纷，纠正、制止或矫正侵权行为，使受害者的权利得以恢复，利益得到补救的法律制度。教育法律救济具有如下特征：以纠纷存在为救济基础，以提出损害主张为前提，以补救受害者的合法权益为根本目的。

二、教育申诉制度

教育申诉制度，即指作为教育法律关系主体的公民，在其合法权益受到损害时，向国家机关申诉理由、请求处理的制度。

作为教育法律关系主体的公民，如教师、学生、学生家长等，都可以成为教育申诉的主体。从申诉的受理主体看，既包括人民法院，也包括党的纪检委、监察部门、权力机关以及上一级行政机关等。从申诉的目的看，旨在使当事人受到损害的合法权益得到补救。从教育申诉的类别看，可分为诉讼意义上的教育申诉和非诉讼意义上的教育申诉。诉讼意义上的申诉，是指教育法律关系当事人对已经发生法律效力的判决、裁定不服，向人民法院或人民检察院提请重新处理的申诉。

（一）教师申诉制度

1. 教师申诉制度的含义及特征

教师申诉制度的法律依据和含义。我国《教师法》第 39 条："教师对学校或者其他教育机构侵犯其合法权益的，或者对学校或者其他教育机构作出的处理不服的，可以向教育行政部门提出申诉，教育行政部门应当在接到申诉的 30 日内，作出处理。教师认为当地人民政府有关行政部门侵犯其根据本法规定享有的权利的，可以向同级人民政府或者上一级人民政府有关部门提出申诉；同级人民政府或者上一级人民政府有关部门应当作出处理。"这是宪法关于公民申诉权利规定在教师身上的具体体现。《教师法》

确立的这项维护教师合法权益的行政救济制度就是教师申诉制度，它是教师在其合法权益受到侵害时，依照法律、法规的规定，向主管的行政机关申诉理由、请求处理的制度。

教师申诉制度具有如下特征：①教师申诉制度是一项法定申诉制度。《教师法》明确规定了教师申诉的程序，各级人民政府及其有关部门必须依法在规定的期限内对教师的申诉作出处理决定，使教师的合法权益及时得到保障。学校及其他教育机构，有关部门对上级行政机关作出的处理决定，负有执行的义务，否则要承担相应的法律责任。②教师申诉制度是一项专门性的权利救济制度。它在宪法赋予公民享有申诉权利的基础上，将教师这一特定专业人员的申诉权利具体化。③教师申诉制度是非诉讼意义上的行政申诉制度。它是由行政机关依法对教师的申诉，根据法定行政职权和程序作出行政处理的制度。其行政处理决定具有行政法上的效力。

2. 申诉的范围

《教师法》对教师可以对学校或其他教育机构提出申诉的范围规定主要有：

(1) 教师认为学校或其他教育机构侵犯其《教师法》规定的合法权益的，可以提出申诉。这里的合法权益，包括《教师法》规定的教师在职务聘任、教学科研、工作条件、民主管理、培训进修、考核奖惩、工资福利待遇、退休等各方面的合法权益。只要教师认为学校或其他教育机构侵害了其合法权益，就可以提出申诉；但是否确实侵犯了教师的合法权益，要通过申诉后的查办，才能确认。

(2) 教师对学校或其他教育机构做出的处理决定不服的，可以提出申诉。对学校或其他教育机构的处理决定，如果教师不服，就可以提出申诉。对其他企业、事业单位或个人侵犯其合法权益的，不属于教师申诉的范围。

(3) 教师认为当地人民政府的有关部门侵犯其《教师法》规定的合法权益的，可以提出申诉。

3. 申诉受理和管辖

受理申诉的机关，因被申诉主体的不同而有所区别。可分两种情况：①教师如果是对学校或其他教育机构提出申诉的，受理申诉的机关为主管的教育部门；②如果是对当地人民政府的有关行政部门提出申诉的，受理申诉的机关可以是同级人民政府或者是上一级人民政府对口的行政主管部门。

教师申诉的管辖，是指行政机关之间受理教师申诉案件的分工和权限。教师申诉制度的管辖分为隶属管辖、地域管辖、选择管辖、移送管辖等。

①隶属管辖。指教师提出申诉时，应当向该学校或其他教育机构所隶属的教育行政主管部门提出申诉。②地域管辖。指没有直接隶属关系的学校或其他教育机构中的教师提出申诉时，按照教育行政部门的管理权限，由当地主管的教育行政部门受理。如民办学校同教育行政部门之间没有隶属关系，民办学校中的教师申诉适用地域管辖。③选择管辖。指教师在两个或两个以上有管辖权的行政机关之间选择一个，提起申诉。受理申诉的行政机关不得拖延推诿。对当地人民政府的有关行政部门的申诉，申诉人可以在同级人民政府或者上一级人民政府的有关部门选择受理的机关。在这种情况下，申诉人一般应本着及时、便利和业务比较对口的原则选择受理机关。④移送管辖。指行政机关对不属于其管辖范围的申诉案件，应当移送给有管辖权的行政机关办理，同时告知申诉人。

4. 申诉程序

教师申诉的程序由提出申诉、受理和处理三个环节组成，并依次序进行。

（1）提出申诉。教师提出申诉，应当以书面形式提出。

（2）受理。主管的教育行政部门接到申诉书后，应对申诉人的资格和申诉的条件进行审查，分别不同情况，作出如下处理：①对于符合申诉条件的应予以受理；②对于不符合申诉条件的，可以答复申诉人不予受理；③对于申诉书未说清申诉理由和要求的，要求重新提交申诉书。

（3）处理。行政机关对受理的申诉案件，应当进行全面的调查核实。根据不同情况，分别作出如下处理决定：①学校或其他教育机构的管理行为符合法定权限和程序，适用法律、法规正确、事实清楚，可以维持原处理结果；②管理行为存在着程序上的不足，决定被申诉人补正；③对于被申诉人不履行法律、法规和规章规定的职责的，决定限期改正；④管理行为的一部分适用法律、法规和规章的依据是错误的，可以变更原处理结果或不适用部分；⑤管理行为所依据的内部规章制度与法律、法规及其他规范性文件相抵触的，可撤销其原处理决定。

（二）学生申诉制度

1. 学生申诉制度的含义及特征

学生申诉制度也称受教育者申诉制度，是指受教育者在其合法权益受到侵害时，依法向主管的行政机关申诉理由，请求处理的制度。根据我国《教育法》第 42 条的规定，受教育者对学校给予的处分不服，有权提出申诉；对学校、教师侵犯其人身权、财产权等合法权益的，有权提出申诉或者依法提起诉讼。这既是《教育法》赋予受教育者维护自身合法权益的一项民主权利，又是为维护受教育者合法权益确立的非诉讼的法律救济制度。

2. 学生申诉的范围

（1）对学校给予的处分不服的。这里的处分包括学籍、校规、考试等方面的处分。

（2）对学校或教师侵犯其人身权的。例如，学生对学校因管理不当侵犯其名誉权的行为，就有权提出申诉。

（3）对学校或教师侵犯其财产权的。例如，学生对学校违反规定向其乱收费的行为、有权提出申诉。

（4）对学校或教师侵犯其知识产权的。例如，学生对学校或教师侵犯自己的著作权、发明权或者科技成果权的行为，有权提出申诉。

3. 学生申诉的程序

（1）申诉的提出。学生应以书面形式提出申诉申请。申请书应写明以下事项：申请人的姓名、性别、年龄、住址；被申请人的名称、地址；申诉理由和事实根据及相应证明；提出申请的日期。学生申诉应有明确的理由和请求，并应提出有关的法律、法规依据。

（2）受理。学生申诉先由学校受理。经校内申诉后学生仍对申诉处理决定不服的，或学生提起校内申诉但学校不予受理的，可再向教育行政部门提起申诉。受理学生申诉，学校应设立校内学生申诉委员会，并下设学生申诉办公室负责受理学生的书面申诉。

（3）处理。受理机构应通过审查、调查、直接听取双方当事人意见和理由等方式，在规定的时间内作出处理决定。

三、教育行政复议

（一）教育行政复议的概念及特征

1. 教育行政复议的含义

教育行政复议是指教育管理相对人认为教育行政机关作出的具体行政行为侵犯其合法权益，依法向作出该行为的上一级教育行政机关或法律、法规规定的其他行政机关提出申诉，受理申请的行政机关对发生争议的具体行政行为进行复查并作出裁决的活动和制度。

2. 教育行政复议的特征

（1）教育行政机关的具体行政行为的存在和争议是教育行政复议的前提；引发教育行政复议的前提也就是在教育行政管理过程中，教育行政相对人怀疑乃至否定具体行政行为的合法性和适当性；只有教育行政机关依法行使其法定职权活动中与相对人产生的纠纷，才属于教育行政复议的范围。

(2) 教育行政复议从相对人提出复议申请开始，教育行政复议机关作出行政复议行为，必须基于教育管理相对人的申请。如果被处理的相对人不依法提请复议，行政复议机关就不能主动地实施行政复议行为。

(3) 教育行政复议机关对于相对人所不服的具体行政行为必须进行审查，并作出裁决。

(二) 教育行政复议的范围

根据我国《行政处罚法》和《行政复议法》的规定，教育管理相对人在下列情况下，可以提请教育行政复议：①对教育行政处罚不服的；②对侵犯其合法经营自主权的；③对不作为违法的；④对违法设定义务不服的；⑤对行政机关作出的决定不服的；⑥认为行政机关的其他具体行政行为侵犯其合法权益的。

(三) 教育行政复议的程序

一般说来，教育行政复议的程序由以下几个环节组成：

1. 申请

教育行政复议申请可以以书面形式提出，也可以口头申请。以书面形式申请时，申请人应递交申请书。申请书应载明以下内容：①申请人的姓名、性别、年龄、职业、地址等（法人或其他组织的名称、地址、法定代表人的姓名）；②被申请人的名称、地址；③申请复议的要求和理由；④提出复议申请的日期。

2. 受理

复议机关在收到复议申请后，应当在5日内对申请人的资格和申请复议的条件认真加以审查，并对复议申请分别作出如下处理：①复议申请符合申请条件的，应予以受理；②复议申请不符合申请条件的，不予受理并书面告知申请人；③对符合法律规定，但是不属于本机关受理的行政复议申请，应当告知申请人向有关行政复议机关提出。

3. 审理

行政复议原则上实行书面复议制度，但申请人提出要求或者复议机关认为必要时，可以向有关组织和人员调查情况，听取申请人、被申请人和第三人的意见。复议机关应当在受理之日起7日内将复议申请书副本或复议申请笔录复印件发送被申请人。被申请人在接到复议申请书或者复议申请笔录复印件之日起10日内，提出书面答复，并向复议机关提交作出具体行政行为的证据、依据和其他有关材料。

4. 决定

行政复议机关应当自受理申请之日起60日内作出行政复议决定（法律另有规定的除外）。

（1）具体行政行为认定事实清楚，证据确凿，适用依据正确，程序合法，内容适当的，决定维持。

（2）被申请人不履行法定职责的，责令其在一定期限内履行。

（3）具体行政行为有下列情形之一的，决定撤销、变更，并可以责令被申请人，在一定期限内重新作出具体行政行为：①主要事实不清、证据不足的；②适用依据错误的；③违反法定程序的；④超越或者滥用职权的；⑤具体行政行为明显不当的。

（4）被申请人不按照《行政复议法》的有关规定提出书面答复、提交当初作出具体行政行为的证据、依据和其他有关材料的，视为该具体行政行为没有证据、依据，决定撤销该具体行政行为。

（5）申请人在申请行政复议时可以一并提出行政赔偿请求，行政复议机关对符合国家赔偿法的有关规定，应当给予赔偿的，在决定撤销、变更具体行政行为或者确认具体行政行为违法时，应当同时决定被申请人依法给予赔偿。

5. 执行

复议决定作出后，应当制作行政复议决定书，并加盖复议机关印章。复议决定书一经送达即发生法律效力。除法律规定终局的复议外，申请人对复议决定不服的，可以依法向人民法院提起行政诉讼。

四、教育行政诉讼

（一）教育行政诉讼的含义

依据我国《行政诉讼法》，教育上的行政诉讼，是指教育行政管理相对人认为教育行政机关或教育法律、法规授权的组织的具体行政行为侵犯其合法权益，依法向人民法院起诉，请求给予法律补救；人民法院对教育行政机关或教育法律、法规授权的组织的具体行政行为的合法性进行审查，维护和监督行政职权的依法行使，矫正或撤销违法侵权的具体行政行为，给予相对人的合法权益以保护的法律救济活动。

教育行政诉讼的特点：①主管机关恒定。教育行政诉讼的主管机关只属于人民法院，而不属其他机关，法院负有制止和纠正侵犯他人权益行为的权力和责任。②诉讼专属。教育行政诉讼只能由教育行政管理相对人，如教师、学生或学校提起，不能由教育行政机关提起，教育行政相对人在所有的教育行政诉讼中都是原告，而将教育行政机关恒定为被告。同时根据行政诉讼法的规定，教育行政机关只有上诉权，没有反诉权。③标的确指。教育行政诉讼的标的是教育法律规定的具体教育行政行为，而非其他。④被告举证。《行政诉讼法》规定："被告对作出的具体行政行为负有举证责任，应当提供作出该具体行政行为的证据和所依据的规范性文件。"⑤不得调解。人民法院在审理教育行政诉讼案件时，不得采取调解作为审理程序和结案方式。

（二）教育行政诉讼的受案范围

在教育行政诉讼中，教育行政案件的涉案范围与教育行政复议的范围极为相似，主要集中在以下几方面：①对教育行政处罚不服的；②认为符合法定条件申请教育行政机关颁发许可证或执照，教育行政机关拒绝颁发或不予答复的；③申请教育行政机关履行保护人身权、财产权的法定职责，教育行政机关拒绝履行或者不予答复；④认为教育行政机关违法要求履行义务的；⑤认为教育行政机关侵犯其他人身权、财产权的。

（三）教育行政诉讼的程序

一审教育行政诉讼案件的审理过程及步骤主要包括起诉、受理、审理、判决、执行。

参考阅读：

教师吕某体罚学生引起的行政诉讼案①

【案情】

原告（二审上诉人）：吕某，男，泉州市某县实验小学体育教师。

被告（二审被上诉人）：泉州市某县公安局。

1998年5月21日，福建省泉州市某县实验小学学生郑某在上业余武术训练课时，因捉弄其他同学，影响训练秩序，被领队教师吕某罚"站马步"。训练结束后，吕老师将郑某留下来，对其进行批评教育。教育中，郑某不服气进行争辩，老师盛怒之下打了郑某三记耳光，将郑某打伤。

事件发生后，学校于1998年5月22日召开行政会议，决定给予吕某行政处分，郑某的治疗费用由吕某负责。1998年5月29日，县教育局决定

① 褚宏启．中小学法律问题分析（案例篇）［M］．北京：红旗出版社，2002：1—8。

给予吕某行政处罚，并将此事通报全县；县教育局、公安局、学校、学生家长带着郑某到医院做全面检查，以便及时治疗；郑的检查治疗医药费用全由吕某负责。吕某为此支付了1万余元的医药费。1999年3月18日，县公安局以吕某“殴打他人”违反治安管理处罚条例为由，对其作出拘留15天的处罚决定。吕某不服，申请复议，泉州市公安局作出维持原行政处罚的复议决定。1999年县公安局将郑某的门诊病历寄到省公安厅，经福建省公安厅闽公刑医1999年第131号法医鉴定书鉴定，郑某的伤情为轻微伤。

吕某认为，本案发生在学校内，特定对象是学生，相互之间是教育与被教育的关系，他主观上是出于对学生教育，纠正不良作为，并无伤害的故意，是学校内部体罚学生的违纪行为，应受行政处分，而不是违反治安管理处罚条例的行为。

1999年6月4日，吕某向该县人民法院提起行政诉讼，要求法院依法撤销县公安局对其所采取的行政处罚行为。1999年8月18日，本案在县人民法院公开开庭审理。

【审判】

法庭上，县公安局认为，吕某在辅导自行招收、自行收费、自行管理的武术队员时，殴打郑某致轻微伤，事实清楚，适用法律正确，程序合法，对吕某给予治安拘留并无不当，要求维持其具体行政行为。

吕某的代理人认为：

其一，武术队是实验小学以学校名义开办的业余武术班，不是原告个人开办的武术班。该班成立于1995年2月，是该校为全面推行素质教育而开办的各种兴趣小组之一。被告把该武术班说成是原告“自己招收的”，属认定事实错误。

其二，原告是该武术班的武术教练，在学校里进行教学活动中的过错是履行职务上的违纪，不是妨害社会管理秩序的违法。打三下耳光是体罚，还是殴打？应该明确界定。被告把原告对学生的体罚认定为殴打，混淆了师生关系特殊主体与一般主体之间的界限，混淆了内部职务行为过错与外部违反治安管理行为的界限，明显属于认定性质错误。

其三，原告违反教育法规，此案应由《教师法》调整，而不是由《治安管理处罚条例》调整。对教师违反教育法规应如何处罚，现行教育法规已有明确规定。《教师法》第八章第37条规定：“教师有下列情形之一的，由所在学校、其他教育机构或者教育行政部门给予行政处分或者解聘：……体罚学生，经教育不改的……”对于体罚学生只能给行政处分或者解聘，没有可以给治安处罚的规定。这绝不是立法者的疏漏，而是法律对于教学行为的保护。

县人民法院经审理认为，原告吕某与第三人郑某虽是师生关系，案件也发生在学校，但其辅导学生武术训练，不是履行学校的教学任务，也不是发生在学校工作时间，故该行为不属职务行为。1999 年 9 月县人民法院作出判决：县公安局的处罚裁决事实清楚，程序合法，适用法律正确，应予维持。

接到一审判决后吕某不服，向泉州市中级人民法院提起了上诉。

吕某称：原审认定事实错误，造成认定性质错误。(1) 上诉人是县实验小学教师，第三人是县实验小学学生，上诉人与第三人不但是名义上而且是实际上的师生关系。(2) 上诉人体罚第三人的行为发生在学校之内，辅导学生武术训练之时，应当认定是教师教学的职务行为，而不是上诉人教学之外的非职务的个人行为。(3) 判决书以“不是发生在学校工作时间”为由认定非职务行为是错误的认定，因为教师的职务行为并不局限在学校工作时间。教师在课余批改作业、进行家访、第二课堂、辅导早读、晚自修等都属于教师在实施职务行为。原审把教师实施职务行为局限在学校作息时间之内，有悖于情、理、法。

泉州市中院经审理后认为，原审认定事实不清，遗漏了县实验小学作为第三人，裁定将此案发回县人民法院重审。在县人民法院重审本案时，第三人郑某及其代理人称，县公安局对吕某的处罚偏轻，应追究吕某的刑事责任，要求对郑的伤情重新鉴定，诉求撤销公安局的处罚决定。第三人县实验小学辩称：吕某的行为是非职务行为，该校不应承担任何责任，请求维持公安局的裁决。县公安局则辩称：对吕某的治安拘留裁决事实清楚，适用法律正确，程序合法，并无不当，要求维持原具体行政行为。

县人民法院经审理后认为，原告吕某在第三人县实验小学行政会研究停办武术班后，自行收费、组织训练，这些县实验小学是明知的。且在该校的一些较大的活动中安排有武术队的活动项目，并参加实际活动，有的项目指定原告吕某为负责人或指导教师，在有关工作报告、讲话中对武术队予以肯定，原告吕某的任职资格评审表等表格中也有写明负责学校武术队。原告吕某对武术队的训练，是否是履行学校的教学任务？其在训练中打第三人郑某三记耳光致轻微伤，是履行职务行为的体罚还是个人行为的殴打？被告县公安局认定原告吕某的行为属个人行为中的殴打，决定给予治安拘留 15 天的处罚，存在事实不清，证据不足，其请求维持其处罚裁决不予支持。

2000年10月26日，县人民法院依照《中华人民共和国行政诉讼法》第54条第二项的规定，作出判决：撤销被告县公安局1999年3月18日第801号治安管理处罚裁决。

县人民法院判决作出后，郑某、县实验小学和县公安局均提出了上诉。

县实验小学认为，体罚在教育教学中的效果是极坏的，绝不是原告所称是恨铁不成钢，殴打就成钢？不论是各级教育主管部门还是学校，曾三令五申严禁体罚学生。教师的职责是教书育人，职务行为就是培养教育学生成才，维护未成年人的合法权益。体罚殴打学生都在严禁之列，怎么能是职务行为？原告是一个教师，他是清楚这些的。原告是一个有完全民事能力的行为人，更何况郑某家长出钱聘请原告，是让其指导孩子练武健身，并非拿钱雇原告打孩子，原告是明知不对而行之，这是一种故意伤害，完全是个人行为，应由原告自行负责。这本来一个很简单的法律常识，但原审法院还要让作为国家教育机关的学校来为其承担故意伤害的责任，还要让作为国家财产的学校财产来为其承担民事赔偿。

对各上诉人的辩解，吕某的代理人认为，本案发生的行为地是在学校内，不是校外属《治安管理处罚条例》所管辖的公共场所，被上诉人的行为对象是特定的教育与被教育关系的学生，发生在教学训练过程中，这是客观事实，上诉人县公安局和县实验小学是无法否认的。这明明是在履行教学职责，辅导学生进行业余武术训练，两上诉人却把这说成是非职务活动的个人行为，根本原因在于县实验小学怕承担责任，县公安局帮助县实验小学免除其应当承担的民事责任。

泉州市中级人民法院经审理后认为，根据县教育局1998年107号文《关于给予吕某行政记过的处分决定》及惠教1998年109号文《关于吕某体罚学生的处理情况通报》，对吕某打郑某三记耳光的行为，均认定为是体罚学生。体罚学生是教师在履行职务时发生的违法行为。《中华人民共和国教师法》适用于各级各类学校和其他教育机构中专门从事教育教学工作的教师。其适用对象是特殊主体。根据后法优于前法的原则，本案应适用《中华人民共和国教师法》，对教师违反《中华人民共和国教师法》规定的行为，应由《中华人民共和国教师法》调整。上诉人县公安局在县教育局已对吕某处分后，认定吕某的行为属违反《中华人民共和国治安管理处罚条例》的殴打他人行为，决定给予吕某治安拘留15天的处罚显然不当。

法院同时还认为：上诉人郑某的代理人请求对郑的伤情重新鉴定，并追究被上诉人吕某的刑事责任，属另一法律关系，因此其上诉请求不予支持。上诉人县公安局和上诉人县实验小学关于一审法院判决事实不清、证据不足的上诉理由不足，不予采纳。原审法院判决正确，应予维持。

2001年2月10日，泉州市中级人民法院依照《中华人民共和国行政诉讼法》第64条第1款之规定，作出判决：驳回上诉，维持原判。

【评析】

在本案中，对下列几个基本事实的认定是至关重要的：

一、原告吕某在训练中打郑某三记耳光致轻微伤，是履行职务时的不当的体罚行为还是个人行为的殴打？

从法学的角度看，实施体罚的主体是特定的，即实施体罚的主体必须是具有教育工作职务的人员，如大、中、小学教师和幼儿园教师等，父母责打子女不是体罚行为。在本案例中，小学教师吕某体罚学生郑某的行为发生在学校之内，辅导学生武术训练之时，应当认定是教师教学的职务行为，而不是教学之外的非职务的个人行为，是教师违法行使职权的体罚行为。从体罚的行为特征看，体罚是教育工作者在履行教育职责过程中对受教育者所实施的一种侵害行为。体罚是在教师执行“公务”中发生的，是教师违法行使职权的结果，是教师滥用职权的表现。从体罚给学生造成的结果看，会对学生造成身体和精神的双重损害。首先是造成身体的伤害，同时还侵害了学生的人格尊严，伤害了学生的自尊心，甚至造成严重后果。

由于体罚会对学生的身体和精神造成双重侵害，不利于学生健康、全面地发展，教育法律、法规明确禁止体罚学生。《中华人民共和国义务教育法》第16条规定，禁止体罚学生。《中华人民共和国义务教育法实施细则》第22条规定，学校和教师不得对学生实施体罚、变相体罚或者其他侮辱人格尊严的行为。《中华人民共和国未成年人保护法》第15条规定，学校、幼儿园的教职员应当尊重未成年人的人格尊严，不得对未成年学生和儿童实施体罚、变相体罚或者其他侮辱人格尊严的行为。

同时，法律还规定了体罚学生的法律责任。《中华人民共和国义务教育法》第16条规定，对违反“禁止体罚学生”的规定的，根据不同情况，分别给予行政处分、行政处罚；造成损失的，责令赔偿损失；情节严重构成犯罪的，依法追究刑事责任。《中华人民共和国义务教育法实施细则》第42条规定，体罚学生情节严重的，由有关部门给予行政处分；违反《中华人民共和国治安管理处罚条例》的，由公安机关给予行政处罚；构成犯罪的，依法追究刑事责任。《中华人民共和国教师法》第37条规定，体罚学生，经教育不改的，由所在学校、其他教育机构或者教育行政部门给予行政处分或者解聘，情节严重，构成犯罪的，依法追究刑事责任。《中华人民共和国未成年人保护法》第48条规定，学校、幼儿园、托儿所的教职员对未成年学生和儿童实施体罚或者变相体罚，情节严重的，由其所在单位或者上级机关给予行政处分。

事件发生后，学校给予吕某行政处分，县教育局决定给予吕某行政处罚，并将此事通报全县，这些处分、处罚决定无疑都是正确合法的，但郑某的一万余元检查治疗医药费用全由吕某负责，是否合法？这就引出下一个问题：对于教师体罚行为引起的人身损害赔偿，学校是否应承担责任？

二、对于教师体罚行为引起的人身损害赔偿，学校是否应承担责任？

《中华人民共和国国家赔偿法》规定，行政机关和行政机关工作人员在行使职权时侵犯公民、法人或其他组织的合法权益造成损害的，该行政机关或工作人员所在行政机关为赔偿义务机关，由其支付赔偿费用。法律、法规授权的组织在行使被授予的行政职权时，侵犯公民、法人和其他组织合法权益造成损害的，该法律法规授权的组织为赔偿义务机关。

教师在教育教学活动中（即在职务活动中）对学生的人身权利或财产权利造成侵害，应由学校还是应由教师来赔偿呢？具体到本案，对于教师吕某的体罚行为引起的人身损害赔偿，学校是否应承担责任？

毫无疑问，对于教师体罚行为引起的人身损害赔偿，实施体罚者所在单位应承担民事赔偿责任，实施体罚者不直接承担民事责任。但这绝不是说教师不承担赔偿责任，学校在赔偿后，可以行使追偿权，要求有过错的教师承担部分或者全部的赔偿责任。

三、在县教育局对吕某作出行政处分之后，县公安局作出拘留15天的治安管理处罚决定是否合法？

县公安局认定原告吕某的行为属个人行为中的殴打，从而决定给予吕某拘留15天的行政处罚，这很明显是认定事实不清。吕某体罚郑某的行为发生在学校之内，辅导学生武术训练之时，应当认定是教师教学的职务行为，而不是教学之外的非职务的个人行为，是教师违法行使职权的体罚行为，绝不是所谓的“殴打”。所以，县公安局作出的行政处罚决定是不当的，应予以撤销。此外，更值得我们关注的是本案的行政法律救济程序。

1999年3月18日，县公安局以吕某“殴打他人”违反治安管理处罚条例为由，对其作出拘留15天的处罚决定。吕某不服，申请复议，泉州市公安局作出维持原行政处罚的复议决定。对泉州市公安局复议决定，吕某不服，于1999年6月4日，向该县人民法院提起行政诉讼，要求法院依法撤销县公安局对其所采取的行政处罚行为。

1999年8月18日，县人民法院公开开庭审理了本案。县人民法院经审理认为，原告吕某的行为不属职务行为，县公安局的处罚裁决事实清楚，程序合法，适用法律正确，应予维持。接到一审判决后吕某不服，向泉州市中级人民法院提起了上诉。吕某称原审认定事实错误，造成认定性质错误。泉州市中院经审理认为，原审认定事实不清，遗漏了县实验小学作为第三人，裁定将此案发回县人民法院重审。

县人民法院重审后认为，原告吕某对武术队的训练，是履行学校的教学任务，在训练中打第三人郑某三记耳光致轻微伤，是履行职务的不当的体罚行为。被告县公安局认定原告吕某的行为属个人行为中的殴打，决定给予治安拘留15天的处罚，存在事实不清，证据不足，其请求维持其处罚裁决不予支持。故2000年10月26日，县人民法院依照《中华人民共和国行政诉讼法》第54条第二项的规定，作出判决：撤销被告县公安局1999年3月18日第801号治安管理处罚裁决。

县人民法院判决作出后，郑某、县实验小学和县公安局均提出了上诉。

泉州市中级人民法院经审理后认为，根据县教育局1998年107号文《关于给予吕某行政记过的处分决定》及惠教1998年109号文《关于吕某体罚学生的处理情况通报》，对吕某打郑某三记耳光的行为，均认定为是体罚学生。体罚学生是教师在履行职务时发生的违法行为。上诉人县公安局在县教育局已对吕某处分后，认定吕某的行为属违反《中华人民共和国治安管理处罚条例》的殴打他人行为，决定给予吕某治安拘留15天的处罚显然不当。法院同时还认为：上诉人郑某的代理人请求对郑的伤情重新鉴定，并追究被上诉人吕某的刑事责任，属另一法律关系，因此其上诉请求不予支持。上诉人县公安局和上诉人县实验小学关于一审法院判决事实不清、证据不足的上诉理由不足，不予采纳。原审法院判决正确，应予维持。2001年2月10日，泉州市中级人民法院依照《中华人民共和国行政诉讼法》第64条第1款之规定，作出判决：驳回上诉，维持原判。

从1999年3月18日县公安局对吕某作出拘留15天的处罚决定，吕某不服，申请行政复议，到2001年2月10日，泉州市中级人民法院作出判决：驳回上诉，维持原判。其间经过了“行政复议——行政诉讼一审——行政诉讼二审（上诉）——重审（一审）——上诉（二审）”的法律程序，为我们直观地展示了行政纠纷解决的全过程，对于相关主体解决现实工作生活中的这类纠纷，其借鉴意义是积极的。

【思考与练习】

1. 研究《教师吕某体罚学生引起的行政诉讼案》，（1）对“行政复议——行政诉讼一审——行政诉讼二审（上诉）——重审（一审）——上诉（二审）”梳理各自的对象和内容，体会教师维权的方式。（2）说一说你获得了哪些法律知识？

2. 比较教育申诉和教育行政复议。

3. 说一说“敬畏伦理”对守法的意义。

第七章　教育法律关系中的学校、教师和学生

【本章学习目标】

了解教育法律关系中学校、教师、学生的法律地位，理解彼此之间的法律关系。记住学校、教师、学生的权利和义务。在案例学习中，了解常见的教育违法现象，教育法律责任的承担，学习教育法律案例分析方法。强化依法执教意识，学习运用法律手段维护教育权益。

第一节　学校

一、学校的法律地位

学校是组织教育活动的组织，是教育法律关系中最重要的主体。明确学校的法律地位，是处理学校与社会关系，规范办学行为，以及维护学校自主管理、自我约束、正常运行的前提。法律意义上的学校是指经教育行政主管机关批准或登记注册，以实施学制系统内各阶段教育为主的教育机构。

（一）学校的法人地位

《教育法》第32条规定，“学校及其他教育机构具备法人条件的，自批准设立或者登记注册之日起取得法人资格”。学校的法人资格具有以下特点：

1. 是事业单位法人，具有公益性的特点

根据《民法通则》，我国民法上的法人，依法人创立的目的和活动内容的不同可以分为企业法人和事业法人。企业法人是进行生产、经营活动，以扩大社会积累、创造物质财富为目的的各类经济组织。包括全民所有制和集体所有制企业法人以及联营法人。事业法人是指从事经济活动以外，从事社会公益事业、满足群众文化、教育、卫生等需要为目的的各类社会组织，包括科学、文化、教育、卫生、艺术、体育等事业单位法人。把学校规定为公益性机构是世界各国的惯例。我国《教育法》规定：“任何组织和个人不得以营利为目的举办学校及其他教育机构。”同时在许多方面规定了对学校的优惠政策，如勤工俭学、学校用地、教学仪器设备的生产和供应、图书资料的进口等，体现了学校公益性的法律地位。

2. 学校属于“公法人”

在许多国家，都有“公法人”的概念。所谓公法人，一般指行使、分担国家权利或依属于公法的行政法等特别法，以公共事业为成立目的的法人。换言之，是按照涉及公共利益的法律建立的，能够作为公权力并承担义务的组织，是为公共利益而存在的主体，它与依照民法、公司法等法律设立的私法或合伙组织不同。国外教育立法中或明文规定学校为公法人，或强调其公共性。如德国规定，学校公共机构，同时也是国家机构。日本《教育基本法》规定：“法律所承认的学校，具有公共性质。”我国虽然没有公法人的概念，但学校却体现了“公”或者说国家的特点。主要表现是：

（1）学校法律地位是依据有行政法性质的《教育法》确立的，学校设立、变更、终止有特殊的注册登记程序，必须经国家教育行政部门审批决定。

（2）学校设立的目的是提高全民族素质，培养人才，促进物质文明和精神文明建设。因此，国家有权根据本国国情建立相应的教育制度，并为提高国民素质采取必要的教育措施；同时，它也要承担与国家受教育权相应的责任，为教育之发展提供必要的财政来源及其他条件。

（3）学校行使的教育权，实质上属于国家教育权的一部分。《教育法》第 18 条中明确规定学校享有的权利。对学校来说，这种教育教学实施权，既是国家授予的权利，又是国家交予的任务，只能正确行使，而不能放弃。

（二）学校的多重主体身份

学校的法律地位在不同的法律关系中具有不同的表现。我国的学校在其活动时，根据条件和性质的不同，可以有多重主体资格。

（1）作为行政管理相对人身份的学校。它是指学校在实施教育活动中，与国家行政机关发生的关系。在这种行政法律关系中，学校是以服从和被管理为特征的。当然，这并不排除学校作为办学实体享有自己的权利和义务。

（2）作为民事主体身份的学校。当学校与不具有行政隶属关系的行政机关（此时行政机关以机关法人身份）、企事业组织、集体经济组织、社会团体、个人之间发生社会关系，例如涉及学校财产、人身、土地、学校环境乃至创收中所涉及的权利时，都会产生民事所有和流转上的必然联系。学校参与民事法律关系，取得民事权利和承担民事义务，与相对方地位平等。

（3）作为教育教学主体身份的学校。其与学生是一种基于育人宗旨在实施教育教学活动中发生的教育、管理、保护关系。

(4) 作为受托行政主体身份的学校。学校在实施教育活动中，享有法律、法规授权某些行政管理职权，取得行政主体资格时，与教师、学生发生的如授予学业证书的关系。在取得行政上的授权，承担行政上的义务时，学校又可能成为行政诉讼的被告。

二、学校的基本权利

学校的权利是指其在教育活动中依法享有的权利，即学校在教育活动中能够作出或不作出一定行为，并要求相对人相应作出或不作出一定行为的许可和保障，它是为教育法所确认、设定或保护。

根据《教育法》第 29 条规定，凡经合法手续设立的学校，具有以下基本权利：

(一) 按照章程自主管理

章程是指学校为保证正常运行，对内部管理进行规范而制定的基本制度，是实行依法治校，提高学校管理水平和效率的重要保证。学校依法制定章程，确立其办学宗旨、管理体制及各项重大原则，制定具体的管理规章和发展规划，自主地作出管理决策，并建立、完善自己的管理系统，组织实施管理活动，这是建立现代学校管理体制的重要前提。

学校一经依法设立，即意味着具备得以设立的全部条件，也就是说其章程得到确认，因此学校按照被确认的章程管理自身内部的活动即成为学校及其他教育机构所行使的法定权利。依据各级各类学校的任务不同，章程的内容各有不同，但其共同点应主要包括：办学宗旨、教育教学活动管理规则、校内管理体制、财务管理制度、安全保卫制度、民主管理与监督制度、修改章程的程序等。

学校章程制定应注意以下几点：一是不得与现行的法律、法规相悖；二是不得作出比现行的法律、法规更严厉的处罚的规定；三是制定的规章制度用语应准确，不应使执行者和遵守者产生歧义。

例如，某中学在《创建文明学校的管理规定》有以下条款："有下列行为之一者给予 5～100 元罚款处理：①随地吐痰、泼污水、乱倒垃圾、乱扔杂物者；②抽烟、喝酒、打游戏机者；③故意损坏桌椅、门窗、玻璃、黑板、仪器等公共财产者……"在这里，学校是无权作出《行政处罚法》所规范的"罚款"的行政处罚的。

(二) 组织实施教育教学活动

组织实施教育教学活动权，这是学校的一项最基本权利。这项权利的内容主要是，学校有权根据自己的办学宗旨和任务，依据国家教育主管部门有关教学计划、课程、专业设置等方面的规定，自行决定和实施自己的教学计划，决定具体课程、专业设置，决定选用何种教材，决定具体课时、教学进度，组织教学评比、集体备课，对学生进行统一考核、考试等。这项权利是学校作为以培养人、教育人为宗旨的法人，被《教育法》确定的从事教育教学活动的权利能力；其他领域不是依《教育法》成立的法人，均不具有从事教育活动的权利。

（三）招收学生或者其他受教育者

学校有权依据国家招生法律、法规和主管部门的招生管理规定，根据自己的办学宗旨、培养目标、任务以及办学条件和能力，制定本机构具体的招生办法，发布招生广告，决定具体数量和人员，确定招生范围和来源。

招生是一种属于教育活动的特殊活动。招生权是教育机构的基本权利。学校一旦为教育法确认为具有进行教育活动的权利能力的法人，那么作为其组织实施教育活动之一部分的招收学生的活动，就被认定为学校所具有的特殊的法定权利；其他领域中不具有教育法确认的法人机构，不具有招生的权利。同时，学校招收学生必须符合国家有关规定，其招生简章和广告内容必须真实、准确，严格按规定履行审核手续。不得制发虚假招生简章和广告。

案例 7.1①：

1998 年 8 月，宜登中学印制了一份招生简章，简章介绍了该校的基本环境和设备及管理措施，并载明，90％以上的学生能进入重点中学和大学学习，有条件者可直接去国外名校深造。校长的名片背面也有“每年升学率和优秀率在 90％以上”的内容。刘某等 9 名学生的家长看到了该招生简章，在去了解该学校情况时，又得到了校长递送的名片，便将刘某等 9 人送到宜登中学插班就读。在 2000 年 6 月全省初中毕业会考时，刘某等 9 人所在班级的学生 10 科总分最高分为 665.9 分，最低分为 376 分。而当年全市 10 科总分最低公费录取分为 788 分，最低收费录取线为 750 分，全班无一人超过最低的公费录取线。

刘某等 9 人向法院起诉称：宜登中学在招生简章中承诺毕业优秀率在 90％以上，90％以上的学生能进入重点中学学习，在看到招生广告后到宜

---

① 参见解立军．“误人子弟讼”案件的法律分析［J］．教学与管理，2005（5）：47－48。

登中学就读，但在2000年毕业考试中，不仅全班无一人达到重点中学录取分数线，且无一人达到普通中学录取分数线，给他们造成了损失，请法院判令学校退还已收取的学杂费共计85 500元，赔偿就读高中的额外收费78 920元和补课费12 000元。

一审法院判决学校退还全部学杂费85 500元，对原告要求被告赔偿毕业后继续学习而额外支付的费用及补课费用的诉讼请求，因被告已承担了相应的赔偿责任，不予支持。学校不服，提起上诉。

二审法院经审理认为，宜登中学印发的招生简章和校长的名片是其向有意来该校就读的学生发出的要约。简章包括了学校环境、设备设施、学校承诺、收费标准等内容，具备了教育服务合同的主要条款。学生刘某家长对招生简章仔细研究，了解后将刘某送到该校学习，该行为是对要约的承诺。学生刘某交费入学后，教育服务合同即成立，学生与学校之间形成了教育服务合同关系。宜登中学的招生简章和校长名片中对学校“每年升学率和优秀率在90%以上”“90%以上的学生能进入重点中学和大学学习”的宣传，是学校为争取生源所作的夸大宣传，有一定误导作用，有违诚实信用的原则，对纠纷的发生应承担主要责任。学生家长明知教育服务合同履行需要教育者和受教育者两个积极性，轻信学校的夸大宣传，对纠纷的发生也应负一定责任。教育服务合同的标的是传授知识，升学率不是标的，不能将升学率作为衡量教育合同的目的是否实现的唯一标准。因学校在教学育人方面已承担一定责任，付出了相应劳动，即教育服务合同已得到基本履行。一审法院判决学校退还全部费用不当。因此撤销一审判决，改判学校承担主要责任，赔偿刘某等9人共计29 000元。

这一全国首起教学质量纠纷案的起因就是虚假招生广告，学校为其违法行为承担了相应的法律责任。

此外，在招生工作中不遵守国家规定，擅自突破招生的数量、地域和国家统一招生标准或将招生资格转给学校教师及工作人员或其他社会组织或个人，都是违法行为，学校对这些违法行为都要承担相应法律责任。

教育主管部门要对学校的招生工作进行监督，建立、健全监督机制。对违反规定招收学生的和在招收学生中徇私舞弊的，应依法责令退回所招学生，返还所收费用，并对直接负责的主管人员和其他直接责任人员予以行政处分或依法移送司法机关处理。教育主管部门非法限制、甚至取消招生权的，是侵害学校办学自主权的违法行为，也必须予以制止和纠正。

（四）对受教育者进行学籍管理，实施奖励或者处分

这项权利可以简称为学籍管理权。所谓“学籍管理”，主要是指学校针对受教育者的不同层次、类别，制定有关入学与报名注册、成绩考核、纪律与考勤、留、降级转专业与转系、退学、休学与复学、转学的管理办法，并对其实施具体的管理活动。“奖励”是指学校针对受教育者有德、智、体等方面的突出表现，给予精神的、物质的奖励，如颁发荣誉证书、给予奖学金等。“处分”是指学校对违反校纪校规的受教育者，给予的校内处分，包括警告、记过、留校察看、勒令退学、开除学籍等处分形式。

学籍管理权是学校代表国家行使对受教育者教育活动的权力的重要组成部分，是普通公民和一般社会组织所不能行使的公共权力，是加强对受教育者的教育、管理职能，维护教学秩序，保证教育教学质量的需要。公民作为受教育者一旦进入学校及其他教育机构，其受教育的权利即依法实现，而这个权利的实现过程又是公民依法履行受教育义务的过程。所以受教育者有义务接受其所在学校及其他教育机构的、法律确认的学籍管理和纪律要求。

需要说明的是，学校在运用国家赋予的专项权力时，应严格遵守国家有关学籍管理的规定，不能侵犯受教育者的受教育权等相关权利；不仅要遵守法律、法规及规章所规定的实体性的管理规定，而且在对学生进行学籍管理时要注重程序；要将其处理决定进行告知；应允许被处理者本人提出申诉、申辩和保留意见；对本人的申诉，学校有责任进行复查，并作出相应处理。

案例 7.2①**：**

小雪今年 13 岁，2004 年 9 月，小雪转入某实验学校就读。就读期间，学校认为小雪表现不好，严重影响了其他学生的正常学习和学校管理秩序。2007 年 5 月 15 日，学校找到小雪的家长，通告其在学校的表现，并与其家长协商，希望将其转入其他学校学习。在反复商谈过程中，小雪主动中止了学业。其后不久，小雪的家长认为学校劝小雪退学的行为侵犯了未成年人接受教育的权利，遂向法院提起诉讼，将学校告上法庭，要求判令学校恢复小雪在该校继续受教育的权利并承担诉讼费用。该校辩称，校方从未禁止小雪来校就读，是小雪自己不到校学习，小雪的诉讼主张不能成立。

① 参见李春华．学生状告学校侵犯受教育权案解析［J］．思想理论教育，2009（24）：50—51。（选用有改编）

法院审判：法院经审理确认，该校根据小雪在校的一贯表现，的确找过小雪的家长希望把小雪转入其他学校学习，此行为导致小雪的家长误认为小雪在该校受教育的权利被剥夺；小雪有权继续在该校接受教育，故对小雪要求继续在该校学习的诉讼主张予以支持。据此，法院判决：小雪有在某实验学校继续接受教育的权利。

在本案例中，被告某实验学校因为小雪在校表现不佳，对其产生歧视，变相要求其退学，其行为违反了法律关于公民受教育权的规定。可以认定，该学校侵犯了小雪的受教育权。

（五）对受教育者颁发相应的学业证书

学校依据国家有关学业证书的管理规定，根据自己的办学宗旨、培养目标和教育教学任务要求，有权对经考核、成绩合格的受教育者，按其类别，颁发毕业证书、结业证书等学业证书。学业证书制度是我国的教育基本制度之一。学校作为从事教育教学活动的事业法人，法律授予了学校行使对受教育者颁发学业证书、学位证书的行政权力，这种权力是代表国家行使的在学位、学历证书方面的行政管理职权。

凡经国家批准设立的学校，就具有了《教育法》所确认的按国家规定颁发学历证书或其他学业证书的权力。学校在行使这一权力时，应该严格依据法律、法规、规章的规定维护学生的受教育权利，维护学业证书的权威性。

案例 7.3①：

河南省某县第二初中是一所县级重点初中。一日，学校党支部书记梁某的办公室里来了两位客人，他们是梁书记的老战友康某和他的女儿康某某。康某某原为县第二初中学生，后来由于其父母为她找到一份好工作，而在初三上学期辍学，也就因此没有得到初中毕业证书。现在，康某某的单位要推荐职工去一所中专学校进行培训，要求初中毕业并有毕业证书证明。梁某听后，立即找到了该校校长钮某、副校长李某、张某等。经商量，他们私自发给了康某某初中毕业证书。事后，康某某顺利地参加了培训，并长了工资。为了表示感谢，康某为第二初中买了一些教学仪器，而且给了 500 元钱，美其名曰“手续费”。学校的领导们研究决定，给原来在这个学校读过书而中途辍学或由于其他原因没有得到毕业证书的学生补发初中毕业证书，收取手续费，这样，需要待业证或想进修的许多人都来该校办

① 参见佚名．学校出卖毕业证书违法［J］．教育，2009（7）：51。（选用有改编）

理毕业证书。该校先后给97人发放初中毕业证书，共收费2453元，而其中34人从未在该校学习过，并且有28人年龄在12岁以下。

案例中的学校领导把毕业证书卖给未完成学业的学生，卖给根本没有在本校上过学的人员，属于伪造、变卖证书的行为，严格来说属于犯罪行为。不过本案中的有关人员并没有为自己牟取私利，在处理上可以从轻。

（六）聘任教师及其他职工，实施奖励或者处分

此项权利，是学校实施教育活动的保证，也是学校作为法人被法律所确认的权利之一。学校根据国家有关教师和其他教职工管理的法规、规章规定，从本校的办学条件、办学能力和实际编制情况出发，有权自主决定聘任、解聘有关教师和其他职工，可以制定本校的教师及其他职工聘任办法，签订和解除聘任合同，并可以对教师及其他员工实施包括奖励、处分在内的具体管理活动。教育机构在聘任、奖励、处分教师和其他职工时，应根据教师和其他职工的职责要求，重点考虑本人的表现及业绩。

案例7.4①：

2001年9月原告区某通过成人高考，成为被告某财贸管理干部学院2001级学生，学制两年。同年9月1日原告到被告学校办理了入校手续，向被告交纳了第一学年度的学杂费2200元、住宿费1800元及课本资料费400元。按规定，原告等新生第一学年到学院分教点住读，第二学年回学院本部就读。被告在第一学年提供的教授课程的13位教师中，除晏某某持有高等学校教师资格证书外，其他教师均不具有高等学校教师资格，只持有中专学校教师专业技术资格证书，有的无任何技术职称。原告于2002年9月回被告院校本部住读。2003年7月原告学业期满毕业。后原告以被告聘用中专教师和电工为其提供高等学校教育服务属于严重的欺诈行为等为由，诉至法院。法院一审以违约为由判决被告退还原告第一学年度学杂费的30%即660元。

案例中，被告委派的大多是中专学校的教师，未担任高等学校教学工作，而根据规定这些教师不但难以在短时间内取得高校教师资格，而且也难以保证被告的教学质量。被告作为教学合同的一方，违反了从事教育工作应依法取得教师资格的规定，对聘用的教师未尽严格审查、审慎聘用的义务，应对其提供有瑕疵的教育服务承担相应的违约责任。

---

① 解立军．“误人子弟讼”案件的法律分析［J］．教学与管理，2005（5）：48。

(七) 管理、使用本单位的设施和经费

学校作为其法人单位，对其占有的场地、教室、宿舍、教学设备等设施、办学经费以及其他有关财产，享有财产管理权和使用权，必要时可对其占用的财产进行处置或获得一定的收益。同时学校行使此项权利，也应遵守国家有关国有资产管理、教育经费投入及学校财务活动的管理规定，符合国家和社会公共利益，有利于学校发展和实现学校的办学宗旨，有利于合理利用教育资源，不得妨碍学校教育和管理活动的正常进行，不得侵害举办者、投资者等有关权利人的财产权利。

案例 7.5①：

原告刘某是某中学的高中二年级的住校学生，2007 年 5 月 23 日晚，睡在上铺的刘某从高低床上层掉落地面，县人民医院诊断结果为右锁骨骨折。刘某认为学校提供的床铺不符合安全要求，对造成其受伤负有不可推卸的责任，诉至法院。

法院认为：依据教育部《学生伤害事故处理办法》的有关规定，学校提供给学生使用的学具、教育教学和生活设施、设备有明显不安全因素的，因此情形造成的学生伤害事故，学校应当依法承担相应的责任，判决被告某中学赔偿原告刘某医疗费、护理费、住院伙食补助费、营养费等各项经济损失 2654.56 元。

学校对学生安全，负有这样一些责任：保障设施安全，及时排除隐患；建立安全制度，进行安全教育；采取防范措施，杜绝安全事故；事故发生过后，及时救护处理；关心爱护学生，防止伤害发生。

(八) 拒绝任何组织和个人对教育教学活动的非法干涉

这是指学校对来自行政机关（包括教育行政机关）、企业事业组织、社会团体、个人等任何方面的非法干涉教育教学活动的行为，有权拒绝和抵御。所谓“非法干涉”，是指行为人违背法律、法规和有关规定，作出的不利于教育教学活动的行为。如强行占用教室，随意冲进教室抓人，随意要求学校停课，以行政命令干涉具体的教学活动，要求学校向学生家长催粮要款等。当前，社会对学校的乱摊派以及某些教育行政部门中的业务机构，对学校教学的随意检查、干预过多，这是侵犯学校实施教育教学自主权的

---

① 邢光武．雨夜惊梦：中学生落床摔伤谁担责［EB/OL］．(2007-09-22)［2011-10-07］．http：//www.dffy.com/sifashijian/al/200709/20070922190548.htm。（选用有删节）

行为，干扰了正常的教育教学秩序。对此，学校有权抵制，并应要求教育行政部门会同当地公安、司法、纪检、检察等部门，及时地予以查处。

（九）法律、法规规定的其他权利

这是指除前述八项权利外，现行法律、行政法规以及地方性法规赋予学校的民法中规定的一般法人的权利和其他法律、法规规定的权利。同时，还包括将来制定的法律、法规确立的有关权利。此项规定，是对学校享有除前述八项权利外的其他合法权利的概括。作出此项规定，有利于将来制定有关教育法律、法规，进一步完善学校的办学自主权。

三、学校的基本义务

学校的义务是指其在教育活动中必须履行的法律义务，即学校在教育活动中必须作出一定行为或不得作出一定行为的约束。它根据法律产生，并以国家强制力保障其履行。规定学校的义务，一是为保证学校实现育人宗旨、实施教育教学活动的需要；二是保障学校相对一方特别是学生受教育权利和教师的合法权益的需要。从深层次上说，它也是权利义务一致的体现。我国《教育法》规定的学校的基本义务是：

（一）遵守法律、法规

遵守法律、法规：一是要遵守宪法、国家权力机关制定的法律、国务院制定的行政法规、地方性法规以及根据法律、法规制定的规章；二是要遵守教育法律、法规、规章中为学校及其他教育机构确立的与实施教育教学活动、实现办学宗旨有密切联系的义务。

（二）贯彻国家的教育方针，执行国家教育教学标准，保证教育教学质量

教育方针是根据一定社会和时代的需求，由国家或统治阶级确定的在一定时期内教育工作发展的总方向或教育工作发展的基本指导思想。教育方针规定了我国教育的性质和方向，教育目的和人才质量规格，实现目标的根本途径。《教育法》第 5 条规定，我国的教育方针为：“教育必须为社会主义现代化建设服务、为人民服务，必须与生产劳动和社会实践相结合，培养德智体美劳全面发展的社会主义建设者和接班人。”中共中央 国务院《关于深化教育教学改革全面提高义务教育质量的意见》提出了“突出德育实效”“提升智育水平”“加强体育锻炼”“增强美育熏陶”“加强劳动教育”的“五育并举”时代教育新要求。

《义务教育法》第 3 条规定，“义务教育必须贯彻国家的教育方针，实施素质教育，提高教育质量，使适龄儿童、少年在品德、智力、体质等方面全面发展，为培养有理想、有道德、有文化、有纪律的社会主义建设者和接班人奠定基础”。“实施素质教育”成为了法律要求。

要执行国家教育教学标准，努力改善办学条件，加强育人环节，保证教育教学活动和培养学生的质量达到国家的教育教学质量要求，并不断提高教育教学质量。

从法律意义上讲，《教育法》《义务教育法》施行后，不履行相应义务，出现违背国家教育方针的办学行为，或者不执行国家教育教学标准，已不再是单纯的教育思想和教育方针错误问题，将被作为违法行为对待，学校及有关直接责任人员要承担相应的法律责任。

案例 7.6①：

1995 年，四川某小学语文毕业升学考试试题中，选择“自作自受”中“作”字读音，校方标准答案是一声。而根据《普通话异读词审音表》规定：除“作坊”的“作”读一声外，其余都读四声。其中张某等学生因答四声被扣一分，这一分之差使 3 名学生丢失升入某重点中学资格。张某等 3 名学生的家长要求该市教委纠正错误标准答案，重新计算考试成绩。但市教委答复：考试成绩是有效的。张某等 3 名学生最后只好分别缴纳了 6000 元“捐资助学金”才得以就读某重点中学。作为代理人的 3 名学生家长以市教委为被告向法院提起行政诉讼，要求被告作出纠正错误的书面答复，补发某中学录取通知书，赔偿损失各 1 万元（含“捐资助学金”、学生的精神损害、家长的误工费等)。《教育法》第 42 条规定，学生有在学业成绩上获得公正评价的权利。以错为对，将会误人子弟。案例中，校方用错误的标准答案阅读评分，影响了学生的升学成绩，侵犯了学生在学业成绩上获得公正评价的权利。最后该市教委对全部考卷进行了更正，并将最后得分重新计入学生成绩册。

（三）维护受教育者、教师及其他职工的合法权益

这项义务的内容包括：①学校自身的行为不得侵犯受教育者、教师及其他职工的合法权益，如不得克扣、拖欠教职工工资，不得拒绝合乎入学标准的受教育者入学，尊重学生的受教育权，包括学籍权、学历、学位证

① 解立军．“误人子弟讼”案件的法律分析［J］．教学与管理，2005（5）：48。（选用有改编）

书权、上课权等；②当教育机构以外的其他社会组织和个人侵犯了本校学生、教师及其职工合法权益时，学校应当以合法方式，积极协助有关单位查处违反行为的当事人，维护其合法权益。

案例 7.7：

衡阳某中学侵犯学生的财产权案①

【案情】

原告：彭某，衡阳某中学学生。

法定代理人：彭某某，女，系原告母亲。

被告：长沙铁路总公司衡阳某中学（以下简称衡阳某中学）。

被告衡阳某中学从学生中优选包括原告彭某在内的 34 名学生，参加衡阳电视台综艺节目，并向原告等 34 名学生每人收取 25 元，共计人民币 850 元，1998 年 10 月 20 日，被告与电视中心签订合同，被告按合同规定向中心交纳了 2000 元（含被告等 34 名学生交的 850 元）费用。被告曾宣布：在抽奖过程中，如果学校方阵中幸运号被抽中，指定由学生会主席上台领奖；无论是领导、教师、学生，凡中了奖，奖品统一由学校处理。22 日晚，原告上台摸奖，摸出了价值 6800 元的豪华家具一套的兑奖券一张，可得价值 6800 元的豪华家具。原告回到座位，被告将兑奖券拿走，后兑取了奖品。事后，原告对该奖品向被告主张权利，被告于 1998 年 11 月 6 日将该奖品捐赠给社会福利院。原告认为被告侵犯了其合法权益，遂向衡阳市江东区人民法院提起诉讼。称：其出资参加有奖游艺活动，摸中奖纯属个人偶然所得。被告兑取并占有其摸中的奖品，并将奖品“捐赠”给他人，侵犯其财产权。请求判令被告返还该奖品或赔偿相应损失。

【审判】

衡阳市江东区人民法院审理认为：原告出资 25 元由被告组织参加衡阳电视台综艺活动，原告理应享受观赏节目、幸运摸奖、获取奖品机会等权利。电视台的幸运观众指向的对象是个体，而不是单位或集体。原告不是被告指定上台摸奖的人，被告指定的是学生会主席，原告上台摸奖并不代表衡阳某中学，也不代表他人，纯属其个人行为。原告以个人身份摸奖行为是合法有效的民事行为。被告在参加节目之前，宣布不论是谁摸中奖品

① 褚宏启．中小学法律问题分析（案例篇）［M］．北京：红旗出版社，2002：10—12。（选用有删改）

都归校方所有，违背了权利义务一致的原则。原告系限制民事行为能力人，且出资25元，在校期间，被告对原告具有一定的监护职责，作为监护的校方宣布中奖奖品归学校所有，侵犯了作为被监护人原告的合法的财产权益，被告宣布中奖奖品归校方所有的民事行为是无效的民事行为。被告领取奖品并捐赠他人，因奖品数额大，被告并未征得原告法定监护人同意，被告捐赠奖品的行为，侵犯了原告合法取得的财产权利，应当予以返还或赔偿相应损失。根据《中华人民共和国民法通则》第75条、第117条第1款，《中华人民共和国未成年人保护法》第46条、第47条规定，该院于1999年3月12日判决如下：被告长沙铁路总公司衡阳某中学返还原告彭某摸中的奖品豪华家具，或赔偿原告6800元，在本判决书生效之日起10日内履行。

该案宣判后，双方当事人均未提起上诉。

（四）以适当方式为受教育者及其监护人了解受教育者的学业成绩及其他有关情况提供便利

这项义务的实质，是学校保障受教育者及其监护人了解受教育者本人学业成绩和在校表现等的知情权，是加强学校教育与家庭教育的联系和沟通的需要，也是保证学生在学业方面受到公正评价的一种途径。所谓“适当方式”，是指学校通过设立“家长接待日”“家长会议”“教师家访”等合法的、正当的方式，保障家长及其他监护人、学生本人的知情权。但不得采取“考试成绩排队”“公布学生档案”等非法的、侵犯学生合法权益的方式进行。所谓“监护人”，是指未成年人的父母，父母没有监护能力或者不能履行监护职责时，由未成年人的其他成年亲属或者所在基层组织担任监护人。所谓“提供便利”一般包括两方面：一是学校不得拒绝受教育者及其监护人了解学业成绩、在校表现等情况的请求；二是学校应当提供便利条件，帮助受教育者及其监护人行使此项知情权。学校在履行此项义务时，要特别注意不得侵犯受教育者的隐私权、名誉权等合法权益。

案例7.8：

期中考试排榜。班主任在公布排榜名次时，不问青红皂白，严厉地批评了张某。张某因为妈妈住院而影响学习成绩自觉委屈，老师当面批评使她抬不起头。孩子回家后，神情沮丧、少言寡语，茶不思饭不想，并告诉父母她不想念书了。家长因此向学校提出申诉，认为老师排榜行为客观上造成孩子沉重的精神负担，伤害了孩子自尊心，侵犯了孩子名誉权。并依据《教师法》第8条，教师应履行“关心、爱护全体学生、尊重学生人格，促进学生在品德、智力、体智等方面全面发展”的规定，要求学校对班主任进行批评教育并公开向学生道歉。

学校接受张的家长申诉书后，找学生、老师进行核实。确认家长反映情况属实。学校认为：该班主任考试排榜行为违反了《教育法》第3章第29条第4款：“学校以适当方式为受教育者及其监护人了解受教育者的学业成绩和其他有关情况提供便利”和《教育法》第42条第3款：“受教育者在学业成绩和品行上获得公正评价”以及《教师法》第8条第4款：教师应“关心爱护全体学生、尊重学生人格”之规定，构成了侵害学生的知情权和名誉权。责令班主任撤消排榜并向学生本人及家长赔礼道歉。

参考阅读：

如何协调教师的教育教学权与学生的隐私权①

学生是未成年人，他们的隐私权具有特殊性，我们必须照顾到这种特殊性，才能更好地保护他们的隐私权，促使其健康发展。

一是隐私支配权的有限性。一个具有完全民事行为能力的成年公民可以对自己的隐私信息进行自由处置，尤其是可以合法地利用自己的隐私来谋取经济利益。而对于限制民事行为能力特别是无民事行为能力的未成年学生来说情况则有所不同。由于他们的心智成熟水平低、社会经验不足，他们对隐私的支配权具有有限性。

二是隐私权的冲突性。作为未成年人，其隐私权经常会与父母作为监护权人的监护权发生冲突。未成年人的生理和心理发育尚不完全，可塑性极强，过于放任就意味着对他们不负责任，极易使他们走向邪路。因此，未成年人的隐私权与父母对他们隐私的知情权容易发生冲突。

另外学生的隐私权经常也会与教师的教育教学权发生冲突。教师因工作关系，或多或少都会掌握到学生的个人信息，如班主任对学生档案的管理，教师在教学中接触到学生的考试分数，教师家访了解到学生家庭情况，等等。教育必须做到因材施教，要教育好学生，教师就必须先了解学生，尽可能全面深入且不断了解和研究学生，如学生的身体情况、行为习惯、智力水平、情感世界、家庭背景、父母职业及社会关系等，这些都可能成

① 孟俊红．如何协调教师的教育教学权与学生的隐私权［J］．河南教育，2009（5）：15。

为教育学生的契机。可以说有效地教育教学工作是以了解学生为基本前提的，只有如此，教师的教育才能有的放矢。为此，教师的教育教学权很可能与学生的隐私权发生冲突。

三是隐私权内容的复杂性。学生的许多信息从法律角度来说应当属于隐私，但是鉴于其学生的身份，许多信息能否作为隐私又值得商榷，如许多人认为考试分数、名次是隐私，特别是不允许排名。但是从学生个人来说，不知道自己的名次，何以确定下一步的学习目标？如果家长不知道孩子的学习成绩及其在班级的情况，何以对学生行使监护管理权？假如说教师为了尊重学生的隐私权，每次都对家长说："你的孩子考得不错。"而等到关键考试时，教师却对家长说："你的孩子已经没有挽救的可能了。"这无异于医生一直对病人隐瞒病情，直到最后才突然对病人说："你是癌症晚期，只有一个月的期限了。"我们能说这是尊重隐私权吗？这是教师的渎职，为师者放弃了教学管理的义务，是对学生不负责任的表现。

学生隐私权与教师教育教学权的协调：

《中华人民共和国教师法》明文规定了教师的教育教学权，而法律同时也规定了学生的隐私权，二者都有合法的权利来源。那么，教师该如何行使教育教学权，才能既提高教育效果，又不侵犯学生的隐私权呢？这既牵涉学生隐私权的"度"，又涉及教师教学活动的"度"。一言以蔽之，就是学生隐私权与教师教育教学权的协调问题。笔者认为，这种协调可以从教师获取隐私信息的手段与对信息的使用两方面着手。

其一，教师获取学生个人信息的手段应合法。教师获取信息的手段受到的制约应该更多，在这方面教育教学权要让位于学生的隐私权。教师可以通过谈心的方式，让学生主动说出相关的信息，或者通过与家长的交流获取相关信息。教师要获得影响学生学习的信息，就要特别注意获得隐私信息的手段，可以采用谈心、告知家长的方式，而不是私拆、扣押信件的方式。

其二，教师对隐私信息的使用要合法。教师接触到、获得的学生隐私信息，如果与教育教学权无关，就应当保密。即使要服务于教育教学权，教师也应当尽可能地注意使用方式与范围，在必要的范围内公布，使隐私权与知情权达到一定程度的协调。如满足家长的知情权，可以向家长披露；满足教学群体的知情权，可以向相关任课教师披露。以考试分数为例，教育部 1994 年公布的《关于全面贯彻教育方针减轻中小学生过重课业负担的意见》明确规定“学校、教师不得按学生考分高低排列名次张榜公布”。考试分数与名次虽然是学生的隐私范畴，但是教师可以向家长告知，可以向教授同一个班级的教师告知，而不适合在班里公布，更不适合张榜公布或网络公布。

（五）遵照国家有关规定收取费用并公开收费项目

即学校应按照相关法律规定，依据中央和地方各级政府及其有关部门的收费规定，从办学公益性质出发、按照成本分担原则，公平、合理确定本校收取学费和杂费的标准，并向家长、社会及时公布收费的项目。不履行此项义务，不执行各级政府有关主管部门的规定，巧立名目，乱收费用，甚至把学校变成牟利的工具，都是非法行为，学校及其直接责任人员须承担相应的法律责任。

案例 7.9：

如此管理“奇招”实在不该①

有家长向记者举报，称某中学要求初三年级各班选举 10 名最不守纪律的差生，被选中者要向学校交 500 元押金。如被选中的学生有再违反校纪的情况，要么被没收押金，要么被勒令退学。随后，该校的一位初三学生证实，在春节前补课期间，其班主任老师在班上当众宣布了这一“规定”，但没说要求“选举”的具体人数。目前，这名学生只听说有的班级已经“选”出了 1～2 名学生，但还没听说哪个同学交了 500 元押金。

为向校方进一步核实情况，记者的一位媒体朋友首先以家长身份与该校分管副校长联系。他在电话里称，这是学校加强学生管理的一项“新举措”，不以收钱为目的，只是想加强对初三年级某些调皮学生的管理。

对校方的这种管理“奇招”，一位姓段的家长表示非常气愤。他认为，初三的学生仍处在义务教育阶段，这些孩子都是未成年人，被“选”中的学生会在人格上受到损害。一位姓刘的家长则认为，教育孩子应以鼓励、引导为主，动不动就采取精神、经济的惩罚措施，这会对孩子的健康成长造成负面影响。

（六）依法接受监督

这项义务是指学校对各级权力机关、行政机关依法进行的检查、监督以及社会各界依法进行的监督，应当积极予以配合，不得拒绝，更不得妨

---

① 张敏．如此管理“奇招”实在不该［N］．中国教育报，2005-02-28。（选用有删改）

碍检查、监督工作的正常进行。这是学校作为行政管理相对人和独立法人应承担的法定义务。特别是符合《教育法》第8条确立的“教育活动必须符合国家和社会公共利益”原则的基本要求，有利于促进学校自觉地把教育教学和管理活动置于主管部门和社会的监督之下，全面贯彻国家的教育方针。

第二节 教师

一、教师的法律地位

《教师法》第3条规定：“教师是履行教育教学职责的专业人员，承担教书育人，培养社会主义事业建设者和接班人、提高民族素质的使命。教师应当忠诚于人民的教育事业。”理解教师的法律地位，需要注意以下几个方面：

(1) 履行教育教学、教书育人职责是教师的职业特征。只有直接承担教育教学工作职责的人，这是法律意义上的教师的基本条件。

(2) 专业人员是教师的身份特征。教师是一种从事专门职业活动的专业人员，必须具备专门规定的从事教育教学活动的资格，符合特定的要求。

(3) 教师必须从教于各级各类学校或者其他教育机构。这是教师的形式特征，也是法律意义上教师概念的外延。

(4) 教师具有特定的权利义务。它在教育教学活动中产生并由教育法律规范所设定，是一种职业特定的法定权利和职业特定的法定义务。它与教师职务和职责紧密相连，始于其取得教师资格并在学校或者其他教育机构任职，终于解聘。当教师以教育者身份出现时，其与职责相关的权利义务从某种意义上说是代表国家和社会利益，带有一定的“公务”性质，是不能随意放弃的。

二、教师的权利

教师的权利是指教师在教育活动中享有的由教育法赋予的权利，是国家对教师在教育活动中可以行为或不为一定行为的许可与保障。教师的权利是教师特有的权利，属于公权，不能随意放弃。

案例 7.10[①]**：**

【案情】

2004 年，某中学青年教师薛某，因学校分给其新住房以及在同年的职称评定中没能晋升中学一级教师，思想上想不通，觉得自己受到排挤，因而对在该校工作失去了信心，于是向学校提出了请调报告，要求立即调走。

当时学校正值学期中间，工作非常紧张，并且薛某担任的课程还未结束，其与学校签订的聘任合同也还未到期。因而学校决定暂不考虑薛某的调动问题，并派人做他的思想工作，劝其认真考虑，最好还是能继续留校任教。

薛某却认为学校这样做是有意拦阻不放其走，因而，拒不上课，致使其所担任的语文课被迫停课。学校领导多次找薛某做工作，但其仍不去上课，并声称："教师有教育权，权利可以放弃，因此，我不上课并不犯法。"

【评析】

薛某作为一名教师，在享有教育教学权的同时，也应履行教师的各项义务。而其在与学校签订的教师聘任合同尚未到期，请调报告未获批准、所任课程还未结束的情况下，就拒不为学生上课，致使他所担任的语文课被迫停课，这是一种严重的失职行为，其行为不仅违反了《教师法》，也违反了《宪法》和《教育法》的有关规定，侵犯了学生的受教育权。

"教师有教育权，权利可以放弃，因此，我不上课并不犯法"，这种观点是错误的，因为教师的教育权等同于一般的公民权。教师所享有的教育权则是与教师的职业密切相关的，它是国家赋予教师的特有的职务权利，公民权的行使代表的只能是个人利益，而教师职权的行使其所代表的则是国家利益，是作为一名国家教师的职责。公民权可以放弃也可以不行使，因为放弃公民权并不侵犯他人的利益，而职权却必须履行而不能放弃，如若放弃职权，不履行职责，则必然要侵犯他人的权益，因而放弃职权就等于失职，当事人必须为此承担相应的法律责任。

根据《宪法》《教育法》《教师法》的相关规定，学校应责成薛某及时纠正自身的违法行为，自觉履行聘约，必要时应给予其相应的行政处分。

《教师法》第 7 条规定了教师具有以下权利：

---

① 湖北襄阳四中．教师的教育权能否自行放弃［EB/OL］．(2010-06-17)［2011-10-05］．http：//www.xf4hs.com/Article/ShowArticle.asp? ArticleID=2284。(选用有删改)

（一）教育教学权

“进行教育教学活动，开展教学改革和实验”的权利简称教育教学权。它属于职权，是教师最基本、最重要的权利，是其他权利的基础；对不具备教师资格的人员，不得享有这项权利；对具有教师资格、尚未受聘或已被解聘的人员，这一权利的行使处于停顿的状态，受聘时，其权利的行使才恢复正常状态；合法的解聘或待聘，不属于侵犯教师的这一权利。教育教学权的基本含义包括：

（1）教师可依据其所在学校的教学计划、教学工作量等具体要求，结合自身的教学特点自主地组织课堂教学。

（2）按照教学大纲的要求确定其教学内容和进度，并不断完善教学内容。

（3）针对不同的教育教学对象，在教育教学的形式、方法、具体内容等方面进行改革、实验和完善。任何组织或个人都不得非法剥夺在聘教师从事教育教学活动，开展教育教学改革和实验权利的行使。

（二）科学研究权

“从事科学研究、学术交流、参加专业的学术团体，在学术活动中发表意见”的权利简称科学研究权。这是教师作为专业技术人员所享有的基本权利之一。其基本含义包括：

（1）教师在完成规定的教育教学任务的前提下，有权进行科学研究、技术开发、技术咨询等创造性劳动。有权将教育教学中的成功经验，或专业领域的研究成果等，撰写成学术论文，或著书立说。

（2）教师有参加有关的学术交流活动，以及参加依法成立的学术团体并在其兼任工作的权利。有在学术研究中发表自己的观点，开展学术争鸣的自由。

需要注意的是，在面对学生的教育教学活动中，应按教学大纲或教学基本要求进行讲授，不应任意发表与讲授内容无关且有损受教育者身心发展的个人看法。2001年，某校教师尹某因为在课堂上提出“读书为了挣大钱娶美女”的观点和言论，并向学生推销其作品，受到了解除聘任的处理。

需要说明的是，教师参加学术交流和进修培训权的行使，要在完成本职工作前提下，有组织有计划的进行，不得影响正常的教育教学工作。

案例 7.11[①]：

某校化学教师赵某参加了县教育学会组织的为期一天的学术研讨会。事先未向学校请假，也没有和教同班课程的其他教师串课，致使他所任教的两个班各有一节化学课没有上。学校按旷职论处，按照本校的有关规定，扣发其当日的工资和本月全勤奖，并在全校职工大会上提出批评。教师赵某依据《教师法》第 7 条第 2 款规定，“教师享有从事科学研究、学术交流、参加专业的学术团体、在学术活动中充分发表意见的权利”。认为教师参加的是县教育学会学术活动，学校对其进行处罚侵犯了其合法权利。对学校作出的处理决定不服，向这所学校的主管部门提出了申诉。要求返回扣发的工资和奖金，在全校职工大会上取消对其所做的批评。

教育行政部门对此进行了调查，教师所述情况基本属实。但认为，教师既享有法律赋予的权利，也应当完成法律规定的义务。《教师法》第 8 条第 2 款规定教师应当履行“贯彻国家的教育方针，遵守规章制度，执行学校的教学计划，履行教师聘约，完成教育教学工作任务”的义务。赵老师只强调了权利的方面，而没有遵守学校的规章制度和执行教学计划，没有很好地完成教育教学工作任务。学校作出的决定符合权限和程序，使用法律、法规正确，事实清楚。因此决定：维持学校原处理结果。教师赵某在接到《教育行政案件处理决定》后，15 天内未向有关部门提起行政复议和诉讼。

（三）管理学生权

“指导学生的学习和发展，评定学生的品行和学生成绩”的权利简称管理学生权。包括指导学生的学习和发展权、学生品行评定权和学生学业成绩评定权。其基本含义包括：

（1）教师有权依据学生的身心发展状况和特点，因材施教，有针对性指导学生，并就学生的特长、就业、升学等方面的发展给予指导。

（2）教师有权对学生的思想政治、品德、学习、劳动等方面给予客观、公正的恰如其分的评价。

（3）教师有权运用正确指导思想、科学的方式方法，使学生的个性和能力得到充分发展。

---

① 彩云枫睿教育网．中华人民共和国教师法解读［EB/OL］．(2007-06-28)［2011-10-07］．http：//www.jlcp.cn/jlcp0909/tt/3966.jsp。(选用有删节)

案例 7.12[①]**：**

A 市两名初中三年级学生王某与卢某平时就吊儿郎当，不务学业，屡经老师的批评而不改。1995 年 6 月 27 日，这两名学生在上晚自习期间溜到校门外看录像回来，嘴里还叼着一根烟，哼着不三不四的歌曲，大摇大摆地往学校走来。这时，正在值班的黄老师在这黑夜中看见两人走进学校，并且嘴里还叼有烟时，便大声喝道："谁?"王某粗声粗气地说"是你老子"。黄老师走上前去要他们站住承认错误，王某拒不承认错误并以恶言相胁，卢某依仗自己长得高大，也根本不把老师放在眼力，便一手揪住黄老师的衣领，扬起拳头恶狠狠地说："你少管闲事，否则，我让你趴下站不起来。"正在上晚自习的其他同学听到校门口的吵闹声，便都一窝蜂似的拥了过来观看。另一位老师见事态不断扩大，便打电话到公安分局，公安分局同志当即赶到学校，把肇事的王某和卢某用警车带走。1993 年 6 月 29 日，公安分局根据《治安管理处罚条例》第 19 条第 1 项之规定，给予王某和卢某实施了处罚。

（四）获取报酬待遇权

"按时获取工资报酬，享受国家规定的福利待遇以及寒暑假期的带薪休假"的权利简称获取报酬待遇权。这是《宪法》规定的公民享有劳动的权利和劳动者休息的权利的具体化。其基本含义包括：

（1）教师有权要求所在学校及其主管部门根据国家教育法律、教师聘用合同的规定，按时、足额的支付工资报酬，包括基础工资、职务工资、课时报酬、奖金、教龄津贴、班主任津贴及其他各种津贴在内的工资收入。

（2）教师有权享受国家规定的福利待遇。包括医疗、住房、退休等方面的各种待遇和优惠以及寒暑假期的带薪休假。

案例 7.13：[②]

【案情】

安徽某厂子弟学校教师殷某，因不服学校以"联考"成绩差为由扣罚其浮动工资、奖金，他认为自己的合法财产权受到侵害，一纸诉状将学校

---

① 电大在线．第六章 学生［EB/OL］．(2002-07-11)［2011-10-07］．http：//www.scopen.net/exhibite/showpage/filecontent.php? PlanID = &PlanName = &CourseName = &TopicName = &Rule = 3&FileDataURL = 2146/04/MD04 _ 10141.cnt&ResPath = /www/exhibite/resource12/。(选用有改编)

② 佚名．学生成绩不理想扣教师工资案［J］．教育旬刊，2010（9．上）：51。(选用有改编)

告上法庭，合肥市郊区人民法院受理了这一诉讼案。

“联考”是指该厂和附近企业的子弟学校约定的联合考试，每学期举行一次，学校依据学生成绩对授课教师进行奖惩，并排名次，决定课时多少。

“联考”风刮起后，一些教师为获取奖金或避免处罚而抢占课时、搜罗资料、竞猜考题，使学生负担加重，积极性受挫，而教师人人自危，有的把素质教育抛掷脑后。

而当时的安徽省教委早在几年前就在转发国家教委有关通知中指出，各级教育部门和个人不得单纯以考试成绩或升学率高低来排名次和评价学校、教师，领导部门不得向教育部门和学校下达学生考试成绩或升学率指标。

【评析】

1. 殷老师的做法是合乎法律规定的。根据我国《宪法》和有关规定，对职工的工资，除了法律规定的情况外，任何单位、个人都不允许任意扣除。我国《教师法》第 7 条明确规定：教师享有“按时获取工资报酬、享受国家规定的福利待遇以及寒暑假期带薪休假……”

当教师的合法财产权受到侵犯时，教师有权提出控告，以求得法律的保护。我国《教师法》第 39 条赋予了教师该项权利。

2. 本案中，扣罚教师工资应当由学校来承担法律责任。根据国办发［1997］27 号《国务院办公厅关于保障教师工资按时发放有关问题的通知》：“对挪用、截留教育经费而拖欠教师工资或者以各种名目克扣教师工资的违法行为，要依法惩处。”又根据我国《教师法》第 38 条之规定：“地方人民政府对违反本法规定，拖欠教师工资或者侵犯教师其他合法权益的，应当责令其限期改正。违反国家财政制度、财务制度，挪用国家财政用于教育的经费，严重妨碍教育教学工作，拖欠教师工资，损害教师合法权益的，由上级机关责令限期归还被挪用的经费，并对直接责任人员给予行政处分；情节严重构成犯罪的，依法追究刑事责任。”

很明显，学校以“联考”成绩差为由扣罚教师工资的行为违反了有关国家政策和法律，应该由学校（法人）来承担法律责任。

（五）民主管理权

“对学校教育教学、管理工作和教育行政部门的工作提出意见和建议，通过教职工代表大会或者其他形式，参与学校管理的民主权利”简称民主管理权。其基本含义包括：

（1）教师享有对学校及其他教育行政部门工作的批评和建议权，这是

《宪法》规定的“公民对任何国家机关和国家工作人员，有提出批评和建议的权利”的具体表现。

（2）教师有权通过教职工代表大会、工会等组织形式以及其他适当方式，参与学校的民主管理，讨论学校发展、改革等方面的重大事项，以保障教师的民主权利和切身利益，推进学校的民主建设，提高学校管理的效益和水平。

（六）进修培训权

“参加进修或者其他方式的培训”的权利简称进修培训权。其基本含义包括：

（1）教师有权参加进修和接受其他多种形式的培训，不断更新知识、调整知识结构，以提高自己的思想品德和业务素质，从而保障教育教学的质量。

（2）教育行政部门和学校及其他教育机构应当采取各种形式，开辟多种渠道，保证教师进修培训权的行使。

三、教师的义务

所谓教师的义务，是指依照法律规定教师从事教育教学工作必须履行的责任，表现为必须作出或不作出一定行为。我国《义务教育法》规定：“应当为人师表，忠诚于人民的教育事业”。“教师在教育教学中应当平等对待学生，关注学生的个体差异，因材施教，促进学生的充分发展。教师应当尊重学生的人格，不得歧视学生，不得对学生实施体罚、变相体罚或者其他侮辱人格尊严的行为，不得侵犯学生合法权益”。我国《教师法》第二章第 8 条专门对教师义务作了具体规定。依照《教师法》之规定，我国教师应当履行下列义务：

（一）遵纪守法的义务

“遵守宪法、法律和职业道德，为人师表”的义务简称遵纪守法的义务。宪法和法律是国家、社会组织和公民活动的基本行为准则，教师不仅应是模范遵守宪法和法律的表率，而且要在教育教学工作中注重培养学生良好的法制观念和民主意识，使每个学生都成为遵纪守法、笃行道德的好公民。教师在传授科学文化知识的同时，要注意以自身形象对学生的思想品德、道德、人格、学习等起到良好的教育影响作用。因此，教师职业道德是教师自身行为的规范，遵守职业道德规范也是法律赋予教师应尽的义务。

（二）完成教育教学任务的义务

“贯彻国家的教育方针，遵守规章制度，执行学校的教学计划，履行教师聘约，完成教育教学工作任务”的义务简称为完成教育教学任务的义务。教师在教育教学活动中，应当全面贯彻国家教育方针，对学生进行全面指导。教师应遵守教育行政部门和学校及其他教育机构制定的教育教学管理的各项规章制度，执行学校依据法律、法规制定的具体教学工作安排。教师应当履行聘任合同中约定的教育教学职责，完成职责范围内的教育教学任务。否则，要承担相应的法律责任。

案例 7.14：①

【案情】

1997 年暑假前，某市某小学公办教师陈某向市教委申诉，说他所任教的小学提前终止聘任合同，解除了对他的聘任，侵犯了他本人的合法权益。

市教委组织调查小组到小学调查，事实如下：陈某家住学校附近，并开了一间杂货店。1996 年 9 月，学校分别与全校教师签订了任期 3 年的聘任合同。合同明确了学校与教师双方的职责、义务和权利。合同签订后，陈某经常骑摩托车为家里进货，甚至经常骑车载客。一学期里陈因进货或载客而 15 次迟到半小时以上，影响了学校正常教学工作，学生家长对此意见很大。陈某原是民办教师，业务水平不高。学校检查教师备课工作时，发现陈某有十多节课无教案或教案写得过于简单，不少教案不足 100 字。期末考试，陈某所教四年级语文平均分比同年级语文成绩低 14 分。1996 年年底，学校给陈的年度考核结果为不合格。1997 年春节后，学校对陈改为试聘，时间半年，不发奖金和聘金。在试聘期间，陈某以各种理由请假。1997 年 3 月，学校发现陈两次请假去进货，以后学校就减少批准其请假要求。陈某继续早晚骑车载客，中午进货。这个学期，陈某 27 次迟到半小时以上。学校领导听陈某的课，发现其多次没备课就去上课，对学生作业批改马虎。期末考试，陈某所教的班该科成绩比其他同级科成绩平均分低 15 分。十多位家长向学校提出，不让陈某再教他们的孩子。学期结束，学校对陈某的考核结果仍为不合格，决定解聘陈某，在教师大会上宣布，并将陈某在试聘期的表现写成书面材料，向镇教办报告。

---

① 吉林省教育社区．教师学习的 100 个教学案例［EB/OL］．（2009-08-24）［2011-10-07］．http：//club. jledu. gov. cn/？uid-440-action-viewspace-itemid-77079。（选用有改编）

【评析】

学校提前解聘陈某，并没有侵害陈某的合法权益。《教师法》第5条第3款规定，“学校和其他教育机构根据国家规定，自主进行教师管理工作”，确定了学校与教师之间的管理与被管理的关系。《教师法》第37条规定，教师“故意不完成教育教学任务给教育教学工作造成损失的，学校有权给予行政处分或者解聘。本案中，陈某只顾经营家庭的杂货店及早晚骑车载客，不履行教师义务和职责，教学效果差，社会影响极坏，属故意不完成教育教学任务，并且给学校教育教学工作造成了损失。这表明陈某没有履行聘任合同中规定的职责和义务，应负不履行合同规定职责、义务的法律责任。合同的一方发现另一方不履行义务时，经协商失效后，有权提出终止合同。因此，学校可提出终止聘任合同。本案中，尽管学校与陈某的聘任合同为3年，但学校提前将陈某解聘却并未侵犯陈某的教育教学权，因为陈某并未履行一个教师应尽的义务，学校的行为是依法治校的正当行为。

教师对学生不仅具有教育和管理的义务，而且具有看护的责任，在应该履行职责的时间和空间范围里，教师擅离职守，由此造成伤害，相关责任人要承担法律责任。

案例7.15①：

唐山某小学三年级二班的学生上体育课，体育教师让男生们自行踢球，而自己离开了踢球现场。在踢球过程中，两个男生撞到了一起，其中一名男生摔倒后造成左下眼眶骨折，送医院进行了手术治疗。在学生们踢球过程中，体育老师在47米之外的主席台上玩掌上游戏机，其他学生把受伤的男生扶到水房洗脸时，体育教师才赶过来。过了约半个小时之后，才通知家长把受伤的男生送进了医院。在这起事件中，另一名男生和学校是否应该承担赔偿责任？

中国教育维权网首席律师王杰君认为：

本案中，两名男生不足10岁，属无民事行为能力人，对体育课可能带来的伤害后果不能明确预见，而作为体育教师，在履行职务过程中，是明知足球运动可能带来的潜在危险，但根据本案的案情描述，显然，体育教师没能履行其应尽的职责，事故发生后，没能给予积极救助。

根据《学生伤害事故处理办法》第8条规定，学生伤害事故的责任，应当根据相关当事人的行为与损害后果之间的因果关系依法确定。因学校、

① 校园维权．教师怠于履行职责应依法承担责任[N]．中国教育报，2007-04-03(7)。

学生或者其他相关当事人的过错造成的学生伤害事故，相关当事人应当根据其行为过错程度的比例及其与损害后果之间的因果关系承担相应的责任。当事人的行为是损害后果发生的主要原因，应当承担主要责任；当事人的行为是损害后果发生的非主要原因，承担相应的责任。

本案中，学生均属于无民事行为能力的人，两名学生发生碰撞所造成的伤害并非是学生故意行为造成的，而且，本案中两名学生都受到了身体伤害，只是轻重程度不同，受伤害重的学生家长并不能因两名学生发生碰撞，自己的孩子受伤重，就要求另一名学生家长与学校共同承担侵权责任。所以，本案中，另一名学生不应承担责任。

根据《学生伤害事故处理办法》第 9 条第 9 款的规定，学校教师或者其他工作人员体罚或者变相体罚学生，或者在履行职责过程中违反工作要求、操作规程、职业道德或者其他有关规定造成学生伤害事故的，学校应当依法承担相应的责任。因此，本案所造成的对学生的人身伤害，应由学校承担赔偿责任，在学校承担经济赔偿责任后，可向体育教师进行全部或部分追偿。

（三）进行思想品德教育的义务

“对学生进行宪法所确定的基本原则的教育和爱国主义、民族团结的教育，法制教育以及思想品德、文化、科学技术教育，组织、带领学生开展有益的社会活动”的义务简称进行思想品德教育的义务。教师应自觉地结合自己教育教学的业务特点，将思想政治、品德教育贯穿在教育教学工作全过程之中。教师应当有意识地对学生进行爱国主义、民族团结教育、法制教育，弘扬中华民族精神。在教育的方法和形式上，要注意适应学生身心发展的特点，采用生动活泼的形式和方法，寓教于乐，讲究实效，反对形式主义。

（四）热爱学生、尊重学生人格的义务

“关心、爱护全体学生，尊重学生人格，促进学生在品德、智力、体质等方面全面发展”的义务简称热爱学生、尊重学生人格的义务。热爱是教师的天职和美德。教师更应给予每一个学生关怀，使他们都能健康地成长。在教育教学活动中，绝不能采取简单粗暴的办法，不能侮辱、歧视他们，不能泄露学生隐私，更不能体罚和变相体罚学生。因污辱学生影响恶劣或体罚学生经教育不改的，泄露学生隐私，造成后果的，应承担相应的法律责任。

案例 7.16：

教育学生失“度”案①

【案情】

西安市某省级重点中学，以它踏实严谨的校风和全面严格的管理，成为许多学生的理想求学之地。该校学生多数是通过考试录取的，只有很少一部分是就近入学。因此，该校学生分布于西安市各个方位，而且有些学生家庭住址离学校非常远。过去，迟到的现象比较严重。学校为了严格纪律，实行量化管理，规定：每天迟到的学生要签到，扣所在班级量化管理分数。量化管理分数是各班评比先进集体的依据，也是决定班主任月奖金等级的依据。因此，各班主任都非常重视学生迟到现象。大部分教师通过利用班会、和学生谈心等方式，教育学生严格遵守学校作息制度，不迟到早退。但也有个别教师在班级实行了一些“土政策”：

甲班班主任规定：罚迟到学生扫操场一周。

乙班班主任规定：罚迟到学生早操后在操场跑步十圈。

丙班班主任规定：迟到的学生干脆别进学校，回家自习，下次上课时间再来。

此规定实行后，甲、乙、丙班迟到现象确有改观，甲、乙、丙班班主任的规定是不是违法行为？

【评析】

此中学甲、乙、丙班班主任的规定都是违法行为，违犯了我国《义务教育法》和《未成年人保护法》。

一、我国《义务教育法》第 16 条第 2 款规定：“禁止体罚学生。”《未成年人保护法》第 11 条规定：“学校、幼儿园教职员应当尊重未成年人的人格尊严，不得对未成年学生和儿童实施体罚、变相体罚或者其他侮辱人格尊严的行为。”体罚是指采取造成学生肉体痛苦的手段以达到教育学生目的的惩罚措施。体罚可分为直接体罚（如殴打）和变相体罚。变相体罚的种类繁多，如罚站、罚冻、罚饿等。也有一些体罚不易为人们识别，往往以为是对的，错而不知。本案中甲、乙班班主任的规定就是如此。甲班班主任罚迟到学生扫操场一周，乙班班主任罚迟到学生跑步十圈，实际上就是叫学生付出一定的体力（劳动或跑步）代替惩罚，说穿了是对迟到学生

① 褚宏启．中小学法律问题分析（案例篇）［M］．北京：红旗出版社，2002：10—12。

的一种变相体罚。这种变相体罚，超出学生的承受能力，有害学生的身体健康，侵犯了学生的身体健康权。

二、丙班班主任规定迟到学生干脆别进学校，是剥夺学生受教育权的行为。在义务教育的学校里，受教育权是每个学生的一项基本权利。《中华人民共和国宪法》第 46 条规定："中华人民共和国公民有受教育的权利和义务。"我国《义务教育法》第 4 条规定："国家、社会、学校和家庭依法保障适龄儿童、少年接受义务教育的权利。"我国《未成年人保护法》第 14 条规定："学校应当尊重未成年学生的受教育权。"受教育权主要包括学生有权参加学校为实现教育目的而组织的各种教育教学活动，其中包括有权按照课程表听教师的课。如果无正当理由不让其中的一个学生或一部分学生听课，就是剥夺学生受教育权的表现。丙班班主任因学生迟到会扣班级的分数，就不让迟到学生进校门，使学生上课时间不能听课，不能参加教育教学活动，已经侵犯了学生的受教育权。

三、体罚学生的行为是违法行为，对责任者应当给予制裁。根据后果的不同，责任者应当承担不同的法律责任。《中华人民共和国义务教育法》第 16 条规定：对体罚学生的可以"根据不同情况，分别给予行政处分、行政处罚；造成损失的，责令赔偿损失；情节严重构成犯罪的，依法追究刑事责任"。《中华人民共和国未成年人保护法》第 48 条规定："学校、幼儿园、托儿所的教职员对未成年学生和儿童实施体罚和变相体罚，情节严重的，由其所在单位或者上级机关给予行政处分。"一般来说，对那些实施体罚和变相体罚的人应当给予相应惩罚，以严肃法纪，纠正体罚现象。在本案中，甲、乙班班主任的行为属于体罚学生，是违法行为，这是确定无疑的。他们的行为后果尚不严重，可以给予批评教育。丙班班主任剥夺学生受教育权的行为，也是违法行为，应当给予制裁。同样，本案中，鉴于老师的行为后果尚不严重，可以给予批评教育。

中小学老师体罚学生扫地、跑步、抄作业，不让犯错误的学生上课等的现象时有发生，由于一般不会造成严重后果，并且多数教师都是出于教育学生、恨铁不成钢的心情，动机是好的，所以这种违法行为常常被忽视，不能引起学校及教师的足够重视。教育学生，纠正学生的不良行为，是学校的职责。但教育是应该讲究方法的，应在合情、合理、合法的前提下进行。不能以体罚和剥夺学生的受教育权作为教育的手段，以教育者的违法行为作为教育的代价。倘若如此，教育就失去了它的意义，更达不到它的目的。因此，在中小学教职工中还要大力进行法制教育，增强法制观念，彻底根除体罚学生、剥夺学生受教育权的现象发生。

参考阅读：

“体罚”惩戒为何屡禁不止[1]

“体罚”惩戒为何屡禁不止？相关专家认为原因有五：一是教育观念的落后。“不打不成才”的观念至今在许多教师心中根深蒂固。二是法制观念淡薄。不少中小学教师在实施体罚时，并不知道这是在违法。三是心理状况不良。近年来，中小学教师已经成为心理障碍的高发人群，这使得体罚学生的概率增加。四是缺乏良好的专业素养。教师不但应拥有扎实的专业知识，还应该熟悉教育学、心理学等学科知识；经常体罚学生的教师往往与教育教学能力低下密切相关，不愿也无能力去分析学生、特别是问题学生的心理，因此，“体罚”学生就难免发生；五是学生因素。毋庸讳言，“体罚”的起因来自问题学生；由于某些问题学生的恶习积久，顽疾难愈，甚至屡教不改，致使少数教师失去耐心，实施“体罚”。

（五）保护学生的义务

该义务要求：“制止有害于学生的行为或者其他侵犯学生合法权益的行为，批评和抵制有害于学生健康成长的现象。”教师制止的范围是特定的，主要指教师在学校工作与教育教学工作相关的活动中，对侵犯其所负责教育管理的学生合法权益的违法行为给予制止。同时，教师批评和抵制的范围是一般意义上的。保护学生的合法权益和身心健康，是全社会的责任。教师自然更负有义不容辞的义务。因此，教师对社会上出现的有害于学生身心健康成长的不良现象，有义务进行批评和抵制。

（六）不断提高素养的义务

该义务要求：“不断提高思想政治觉悟和教育教学水平”。在一定程度上说，教师担负着提高民族素质的使命，这就要求教师不断学习，加强自身的思想道德修养，使其保持较高的思想政治觉悟和教育教学专业水平，以适应教育教学工作需要。

四、教师资格制度

（一）教师资格制度与教师资格

教师资格制度是法定的教师职业许可制度。教师资格是国家对符合相应教师资格条件并提出申请的人员认定的资格，属于国家资格性质。教师资格制度实施后，只有具备与学校办学层次相应的教师资格（即持有相应

---

① 史欣．“体罚”学生酿悲剧［J］．教育旬刊，2008（9．上）：47。

《教师资格证书》）的人，才能被聘任担任教师工作，未取得教师资格的人将不能从事教师工作。教师资格是从事教师职业所必须具备的基本条件，而不是全部条件，并不是具有教师资格的人都一定能够从事教师工作，具有教师资格的人是否能从事教师工作，还要受教师编制、学校师资需求、教师队伍学科结构、聘任条件等方面的限制。被学校或其他教育机构聘任为教师，从事教师工作的，享有法定的教师权利，履行相应的教师义务，享受教师待遇。

教师资格在全国范围内具有普遍的适用效力，不受地域的限制。

（二）教师资格的种类

教师资格共分为七个类别：

（1）幼儿园教师资格；

（2）小学教师资格；

（3）初级中学教师和初级职业学校文化课、专业课教师资格（统称初级中学教师资格）；

（4）高级中学教师资格；

（5）中等专业学校、技工学校、职业高级中学文化课、专业课教师资格（统称中等职业学校教师资格）；

（6）中等专业学校、技工学校、职业高级中学实习指导教师资格（统称中等职业学校实习指导教师资格）；

（7）高等学校教师资格。

成人教育的教师资格，按照从事成人教育的层次，依照以上的分类确定类别。

取得教师资格的公民，可以在本级及其以下等级的各类学校和其他教育机构担任教师。其中，高级中学教师资格与中等职业学校教师资格相互通用；但取得中等职业学校实习指导教师资格的教师，只能在中等专业学校、技工学校、职业高级中学或者初级职业学校担任实习指导教师，不能与其他教师资格融通。

（三）教师资格的认定条件

1. 共同条件

中国公民，遵守宪法和法律，热爱教育事业，具有良好的思想品德。

2. 特定条件

（1）学历要求：申请幼儿园教师资格，必须具备中等专业学校、中等职业学校的幼儿师范教育类专业毕业及其以上的学历；申请小学教师资格，应具备中等师范学校毕业及其以上学历；申请初级中学教师资格，应具备大学专科毕业及其以上学历；申请高级中学、中等职业学校教师资格，应具备大学本科毕业及其以上学历；申请中等职业学校实习指导教师资格，应具备中等职业学校毕业及其以上学历，并具有相当于助理工程师以上专业技术职务或者中级以上工人技术等级；申请认定高等学校教师资格，应具备研究生或者大学本科毕业学历。

（2）教育教学基本素质与能力要求：具有选择教育教学内容和方法、设计教学方案、掌握和运用教育学心理学知识的能力，语言表达能力，管理学生的能力，运用现代教育技术的能力，以及教育教学研究能力。除列入国家普通招生计划的师范教育类专业毕业的申请人外，其他人员需参加教育学、心理学补修，经全省统一考试，取得相应的资格认定教育学、心理学合格证书；并经教师资格认定机构进行教育教学素质和能力测试，成绩合格。

（3）身体条件：申请人应当具备良好的身体素质和心理素质，无传染性疾病，无精神病史，有完全的法律行为能力等，在教师资格认定机构指定的县级以上医院体检合格。

（4）中等职业学校实习指导教师的专业技术要求。

（5）普通话水平要求：普通话水平应达到国家语委颁布的《普通话水平测试等级标准》二级乙等及以上标准（指 1955 年 1 月 1 日以后出生的，其中 1965 年 1 月 1 日以后出生的语文教师应达到二级甲等及以上水平）。1955 年 1 月 1 日以前出生的人员可不参加普通话测试。

（6）教育学、心理学知识要求：非师范类专业毕业的申请人要补修相应层次的教育学和心理学知识，并考试合格，还需要参加教育教学素质和能力的测试。

（四）申请认定教师资格的程序

（1）申请人向教师资格认定机构提出申请，填写《教师资格认定申请表》等有关表格，并提交申请材料。

（2）教师资格认定机构对申请人提交的材料进行初步审查，主要审查申请人的身份、学历、普通话水平、思想品德、身体状况以及教育学、心理学成绩等方面是否符合规定。

（3）教师资格专家审查委员会考察申请人的教育教学基本素质和能力，提出专家审查意见。

（4）教师资格认定机构于受理申请期限终止之日起 30 个法定工作日内作出是否认定的结论，公布认定结果，并通知申请人。

（5）教师资格认定机构对经认定符合教师资格条件的人员，颁发教师资格证书。

普通全日制师范教育类应届毕业生，可以在其毕业前的最后一个学期，向就读学校或拟任教学校所在地的教师资格认定机构提出认定教师资格的申请，申请时以在读学校出具的学业成绩单代替学历证书，其他要求不变。应届毕业生一般应采取就读学校集中办理的形式进行认定。

五、教师职务制度

（一）教师职务制度和教师职务

教师职务制度是关于教师任用的制度，是国家对教师岗位设置及各级岗位任职条件和取得该岗位职务的程序等方面的有关规定的总称。这一制度涉及教师的聘用、职责、待遇、考核等多个方面。《教师法》明确规定，我国实行教师职务制度，具体办法授权国务院制定。

国家实行教师职务制度，其目的就是为了充分调动和发挥教师为社会主义教育事业服务的积极性和创造性，激励教师不断提高政治思想觉悟、文化业务水平、学术教育水平和履行职责的能力，努力完成本职工作，促进人才合理流动。通过教师的职务评聘，可以明确教师的地位及其权利义务。

《义务教育法》第 30 条规定：“国家建立统一的义务教育教师职务制度。教师职务分为初级职务、中级职务和高级职务。”

（二）教师职称评定和职务聘任

一般来说，各级教师职称由同行专家组成的教师职务评审组织，依据现行各教师职务试行条例规定的任职条件评审。

表 1　教师职称与职务比较

职称的特征	职务的属性
不与工资待遇挂钩	与工资待遇挂钩
不受数额限制，只受标准限制	有数额限制
一旦取得，终身享有	是任期制，不是终身制
相同的职称，评定的标准应该是相同的，不应因地区、民族等因素而有所差异	有明确的任职条件，相同的职务，因具体岗位不同，其任职条件可以有所不同，即教师能否被聘相应职务首先取决于是否有空岗，其次才取决于自身具备的条件
与使用无关，离退休人员也可参加职称评定，有人认为过世的人也可由子女代为申请评定职称	离退休教师不能参加职务评聘，教师退休后其职务自然解聘

表 2　教师职称评定制度与教师职务聘任制度比较

教师职称评定制度	教师职务聘任制度
是一种单纯的人才评价制度	是一种用人制度
其目的是评价人才，属于品位分类，不考虑用人意图	其出发点和归宿是为了聘用教师，为了用人，如果没有聘任教师的意图，就无须考察评价教师德、勤、绩、能
评价的重点是通过考查教师已取得的学术成就和工作业绩来评定教师的学术及业务水平等级称号	考察评价教师的重点是教师的履职能力
教师申请评定职称纯属个人行为	应遵循双方地位平等的原则，由用人学校与教师双方共同协商完成

教师聘任制度，就是聘任双方在平等自愿的基础上，由学校或者教育行政部门根据教育教学需要设置的工作岗位，聘请具有教师资格的公民担任相应教师职务的一项制度。

1. 聘任条件

教师必须具备一定的任职条件，才能受聘担任相应的教师职务，从现行各教师职务试行条例的任职条件规定来看，一般包括如下几个方面：①具备各级各类相应教师的资格；②遵守宪法和法律，具有良好的思想政治素质和职业道德，为人师表，教书育人；③具备相应的教育教学水平、学术水平，具有教育科学理论的基础知识，能全面地、熟练地履行现职务职责；④具备学历、学位要求；⑤身体健康，能正常工作。

2. 聘任形式

教师聘任形式依其聘任主体实施行为的不同可分为如下几种形式：①招聘。即用人单位面向社会公开、择优选拔具有教师资格的所需人员。②续聘。即聘任期满后，聘任单位与教师继续签订聘任合同。③解聘。即用人单位因某种原因不适宜继续聘任教师，双方解除合同关系。④辞聘。即教师主动请求用人单位解除聘任合同的法定行为。

3. 聘任程序

人事部发布的《关于在事业单位试行人员聘用制度的意见》（2002 年 7 月 3 日）中指出，人员的聘用、考核、续聘、解聘等事项由聘用工作组织提出意见，报本单位负责人集体决定。人员聘用的基本程序是：①公布空缺岗位及其职责、聘用条件、工资待遇等事项；②应聘人员申请应聘；

③聘用工作组织对应聘人员的资格、条件进行初审；④聘用工作组织对通过初审的应聘人员进行考试或者考核，根据结果择优提出拟聘人员名单；⑤聘用单位负责人员集体讨论决定受聘人员；⑥聘用单位法定代表人或者其委托的人与受聘人员签订聘用合同。

4. 任职考核

《教师法》第五章第22条、第23条、第24条规定："学校或者其他教育机构应当对教师的政治思想、业务水平、工作态度和工作成绩进行考核。教育行政部门对教师的考核工作进行指导、监督。""考核应当客观、公正、准确，充分听取教师本人、其他教师以及学生的意见。""教师考核结果是受聘任教、晋升工资、实施奖惩的依据。"

参考阅读：

关于聘用合同纠纷的救济途径①

2003年9月，某中学对无故旷课长达20天的教师张某作出了辞退处理。张某认为，学校计算旷课的天数有误，没有安排授课的8天不应算旷课，学校不应该对自己作辞退处理。张某欲向相关部门讨个说法。那么，作为教师，张某能否直接向人民法院提起诉讼呢？教师合法权益的救济途径有哪些？每种救济途径的内容又是什么呢？本文拟就这些问题谈一点粗浅的认识。

本文所说的教师合法权益是指与教师的特定身份或特定工作相关的受法律保护的权益，具体包括：职务聘任、教学科研、工作条件、民主管理、培训进修、考核奖惩、工资福利、退休保障、履行聘用合同等权益。

从现行法律的规定和司法实践来看，教师与学校发生纠纷后，不能直接向人民法院提起诉讼。目前，教师合法权益的救济途径主要有以下几种：信访、教师申诉、行政复议、行政诉讼、调解、人事仲裁、民事诉讼。

一、信 访

依据国务院的《信访条例》，教师可以向主管行政机关提出信访，行政机关对信访事项应当深入调查，依据法规政策，根据来信来访的内容和具体要求，在60天内办理完毕，并书面答复信访人。因特殊原因到期不能办理完毕的，可以延长30日。

信访人不服信访答复，可以向信访承办机关的上级机关申请信访复核。

① 李启. 中小学教师合法权益的救济途径［J］. 中小学管理，2006（6）：10—12。（选用有删节）

上级机关有责任进行核查，并作出相应的处理。如果信访答复属于行政复议、行政诉讼受案范围的，信访人也可以提起行政复议、行政诉讼。

本文所说的教师合法权益，均可以通过信访途径解决。上述案例中的张某，可以向主管学校的教育行政部门提出信访，要求解决学校辞退自己的问题。教育行政部门应当在规定的时限内，给张某明确的书面答复。

二、教师申诉

教师申诉是一项维护教师合法权益的、法定的、专门性的行政权利救济制度。依据《中华人民共和国教师法》和《国家教育委员会关于〈中华人民共和国教师法〉若干问题的实施意见》的相关规定，教师对学校或者其他教育机构侵犯其合法权益的，对学校或其他教育机构作出的处理不服的，可以向教育行政部门提出申诉，教育行政部门应当在接到申诉的30日内作出处理。教师认为当地人民政府有关行政部门侵犯其根据《中华人民共和国教师法》应享有的权利的，可以向同级人民政府或者上一级人民政府有关部门提出申诉，同级人民政府或者上一级人民政府有关部门应当作出处理。

对教师申诉案件的处理，教育行政部门应以书面审查为主，坚持合法性审查与合理性审查相结合的原则，以事实为依据，以法律为准绳，及时、妥善地进行审查和处理。案件审查完毕后，应当出具书面的处理意见。

教师不服申诉处理意见，可以向上级机关进行信访，上级机关应当予以核查，如确认承办单位对教师申诉处理不当，可以责令其重新作出处理。属于行政复议、行政诉讼的受案范围的，当事人也可以提起行政复议、行政诉讼。

上述案例中的张某，可以直接向主管学校的教育行政部门提出教师申诉，要求教育行政部门解决学校辞退自己的问题。教育行政部门应当在规定的30天内给张某明确的书面答复。

三、行政复议

行政复议是指公民、法人和其他组织认为行政机关的具体行政行为侵犯其合法权益，按照法定程序和条件向该行政机关的上一级机关提出复议申请，受理申请的行政机关依法定程序对该具体行政行为进行复查并作出复议决定的活动。

教师遇到以下几种情形，可以申请行政复议：

1. 教师向行政机关提出信访或教师申诉申请后，行政机关超过法定期限，不予答复，教师有权向上一级机关提起行政复议，状告该行政机关不作为。

2. 教师对信访承办机关的信访答复不服，并且该信访答复属于行政复议的受案范围的，教师可以向信访承办机关的上一级机关申请行政复议，从而使该案进入行政复议程序。

信访答复在实践中一般不属于行政复议的受案范围。

3. 教师不服教师申诉处理机关作出的申诉处理决定，并且该决定内容属于行政复议的受案范围的，教师可以向教师申诉处理机关的上一级机关申请行政复议，从而使该案件进入行政复议程序。

教师申诉处理决定在实践中多属于行政复议的受案范围。

上述案例中的张某，如果向主管学校的教育行政部门提出信访或教师申诉申请后，教育行政部门在规定的时限内没有答复或作出教师申诉处理决定，张某便可以向教育行政部门的上一级机关提起行政复议，状告该教育行政部门不作为。如果主管学校的教育行政部门作出了信访答复或教师申诉处理决定，而张某不服，张某也可以向教育行政部门的上一级机关提起行政复议，要求撤销该信访答复或教师申诉处理决定。

四、行政诉讼

行政诉讼，俗称“民告官”，是指人民法院依照司法诉讼程序，运用国家审判权解决行政争议案件的活动。

在实践中，教师遇到以下几种情形，可以提起行政诉讼：

1. 教师向行政机关提出信访或教师申诉申请后，行政机关超过法定期限，不予答复，教师有权向人民法院提起行政诉讼，状告该行政机关不作为。

在司法实践中，法院一般都会受理教师的申请并判决该行政机关及时作出信访答复或教师申诉处理决定。

2. 教师不服信访承办机关的信访答复，并且该信访答复属于行政诉讼的受案范围的，信访教师可以向人民法院提起行政诉讼，从而使该案件进入法院的司法审查程序。

信访答复在实践中大都不属于行政诉讼的受案范围。

3. 教师不服教师申诉处理机关作出的申诉处理决定，并且该决定内容属于行政诉讼的受案范围的，教师可以向人民法院提起行政诉讼，从而使该案件进入法院的司法审查程序。

教师申诉处理决定在司法实践中大都属于行政诉讼的受案范围。

上述案例中的张某，如果向主管学校的教育行政部门提出信访或教师申诉申请后，教育行政部门在规定的时限内没有作出答复或作出教师申诉处理决定，张某就可以直接向法院提起行政诉讼，状告该教育行政部门不作为。如果教育行政部门作出了信访答复或教师申诉处理决定，而张某不服，那么，张某也可以向人民法院提起行政诉讼，要求法院撤销该信访答复或教师申诉处理决定。

五、调　解

调解是指各方当事人通过第三人的劝说诱导，在自愿的基础上互谅互让，达成协议，解决争议的一种方法。调解人只能说服劝导，而不能自主作出有约束力的决定，争议能否解决，最终还是取决于争议双方能否达成协议。

依据2003年教育部、人事部印发的《关于深化中小学人事制度改革的实施意见》的相关规定，教职工与学校在履行聘用（聘任）合同时发生争议的，应由教师人事争议调解委员会先行调解。

教师人事争议调解委员会一般设在当地的教育行政部门内。教师与学校发生纠纷后，教师申请调解的，应当向教育行政部门提出书面申请，教师人事争议调解委员会应当在查明事实的基础上，依据法律法规进行调解，帮助当事人达成协议。达成一致协议的，教师人事争议调解委员会制作调解协议书，在调解人的见证下，各方当事人在调解协议书上签字，然后加盖教育行政部门的印章。调解不成的，教育行政部门应当及时终止调解。

上述案例中的张某，如果被学校解除聘用合同，可以向主管学校的教育行政部门申请调解，教育行政部门应当进行劝说诱导，进行调解。

六、人事仲裁

人事仲裁是指仲裁机构对人事争议进行调解或裁决的行政司法活动，是将行政权力与司法权力相结合而采用的一种解决人事争议纠纷的方式。人事仲裁的处理遵循先行调解、及时裁决的原则，对调解未达成协议的，仲裁庭应当及时裁决，以使双方权益得到保障。

依据1997年实施的《人事争议处理暂行规定》和2002年颁发的《国务院办公厅转发人事部关于在事业单位试行人员聘用制度的意见的通知》的相关规定，事业单位与工作人员之间因辞职、辞退以及履行聘任合同或聘用合同而发生争议的，可以向当地人事争议仲裁委员会申请仲裁。

由于中小学校是事业单位，所以教师与学校发生纠纷后，教师可以向当地人事争议仲裁委员会申请仲裁。人事仲裁委员会根据自愿和合法的原则先行调解，调解达成协议的，人事仲裁委员会根据调解的内容制作调解书；调解不成的，人事仲裁委员会进行裁决并制作仲裁裁决书。

人事仲裁委员会处理人事争议案件，一般在仲裁庭组成之日起 60 日内结案。教师不服人事仲裁委员会作出的裁决，可以向人民法院提起民事诉讼。

上述案例中的张某，可以直接向当地的人事仲裁委员会申请仲裁，要求解决学校辞退自己的问题。人事仲裁委员会应当在规定的时限内作出裁决。但张某应当注意仲裁时效，即在知道或应当知道纠纷发生之日起 60 日内提出仲裁申请，否则就要承担败诉的风险。

七、民事诉讼

民事诉讼，是指人民法院依照司法诉讼程序，运用国家审判权，解决平等主体之间发生的财产权和人身权纠纷案件的活动。依据 2003 年实施的《最高人民法院关于审理事业单位人事争议案件若干问题的规定》（法释［2003］13 号）的相关规定，当事人对依照国家有关规定设立的人事争议仲裁机构所作的人事争议仲裁裁决不服的，自收到仲裁裁决书之日起 15 日内可以向人民法院提起民事诉讼。

依据上述规定，教师不服人事仲裁委员会的裁决，可以在收到裁决书的 15 日内向人民法院提起民事诉讼，人民法院会依法处理教师与学校发生的纠纷。

上述案例中的张某，如果向人事仲裁委员会申请仲裁后，对仲裁结果不服，便可以直接向人民法院提起民事诉讼，要求解决学校辞退自己的问题。

第三节　学生

一、学生的法律地位

（一）学生法律地位的含义

法律意义上的学生，一般是指在各级各类学校及其他教育机构中登记注册并有其记录学业档案的受教育者。学生作为公民，享有其国家宪法、民法、婚姻法等法律、法规及其有关教育法律、法规中规定的权利，同时，也要相应承担公民的义务。但学生因其年龄、身份等方面的因素，它又是社会关系中一个特殊的群体，与此相应的享有特殊的权利和应履行相应的义务。

（二）学校与学生的法律关系

学生是教育法律关系的重要主体，没有学生，也就没有学校。可以说，学校里的主要工作是直接或间接为培养学生成才服务的。就学校与学生的法律关系而言，一般包括两个方面：一方面是学校与学生之间的管理与被管理关系；另一方面是学校与学生之间的平等关系。

1. 学校与学生之间的管理与被管理关系

学校要贯彻国家的教育方针，执行国家教育教学标准，保证教育教学质量，维护受教育者的合法权益，就必须享有一定的管理权限，对学生进行相应管理。例如，依据《教育法》的有关规定，学校有对学生实施教育教学活动的权利；有对受教育者进行学籍管理，实施奖励或者处分的权利；有对受教育者颁发相应的学业证书的权利。对实施义务教育的学校，依据《义务教育法实施细则》的有关规定，学校必须按照国务院教育主管部门指定的教学计划，教学大纲和省级教育主管部门制订的教学计划，对学生进行教育教学活动；学校应当选用经国务院教育主管部门审定或其授权的省级教育主管部门审定的教科书等。

作为事业单位法人，学校具有公务法人的性质，它与学生的关系具有行政法律关系性质，因此，学校的管理行为要受到行政监督。如学校对学生的纪律处分、退学或不发毕业证学位证等决定，均属于具有行政行为效果的行为，对于这些决定不服，学生完全可以通过行政复议、行政诉讼等途径解决。

2. 学校与学生之间的平等关系

这种平等关系不仅表现在教育观念、教育行为、教育教学活动中，而且体现在相关的法律、法规规定里。《教育法》列专条明确规定了受教育的权利和义务，充分体现了受教育者与其他教育法律关系主体所具有的法律地位上的平等性。比如，学生有参加教育教学计划安排的各种活动的权利，有权要求学校在学业成绩和品行上给予公正评价，并在完成规定的学业后获得相应学业证书、学位证书的权利；学生有对学校给予的处分不服而向有关部门申诉的权利，对学校侵犯其人身权、财产权等合法权益，学生有权提出申诉或依法提起诉讼的权利等。

二、学生的权利

学生的权利是指学生在教育活动中享有的由教育法赋予的权利，是公民受教育权的一个具体内容，是国家对学生在教育活动中可以为或不为一定行为的许可与保障。学生的法律地位集中表现在受教育权的享有，它是作为特殊群体的学生的具体权利与义务的基础。《教育法》对各级各类学校学生的基本权利作出规定，包括以下五个方面内容：

（一）参加教育教学计划安排的各种活动，使用教育教学设施、设备、图书资料

这是保障学生学习权利的前提和基础，也是学生学习权利的具体表现。教育机构的教育教学计划应该对本机构的学生公开，学生有权按照教学计划的安排，参加本年级本班教师的授课活动、围绕着课堂教学所安排的课外活动等，有权使用教室和课桌椅、实验室、查询和借阅图书资料等。

（二）按照国家有关规定获得奖学金、贷学金、助学金

奖学金和贷学金主要适用于普通高等学校和中等专业学校学生，助学金主要适用于义务教育阶段学生，体现了国家对特殊群体的学生的辅助，体现了对教育公平的追求。

（三）在学业成绩和品行上获得公正评价，完成规定的学业后获得相应的学业证书、学位证书

学业成绩的评价是教育机构对学生在受教育的某一段时期的学习情况和知识结构、知识水平的概括，包括课程考试成绩记录、平时学习情况和总评等。品行评价包括对政治觉悟、道德品质、劳动态度等的评价。学生有权要求获得学业成绩评价和品行评价，而且有权要求评价的公正性。学业证书、学位证书是对学生某一段受教育时期的学业成绩、学术水平和品行的最终评定，学生除思想品德等方面合格外，学完或提前学完教育教学计划规定的全部课程，考试、考核及格或提前学完教育教学计划规定的全部课程，考试、考核及格或修学分，在该教育阶段结束时均有获得相应学业证书的权利。

案例 7.17①：

【案情】

原告：杨某，东台市东台镇某小学学生。

法定代理人：杨父。

被告：东台镇人民政府。

被告：东台市教育局。

1998 年 6 月 29 日，江苏省东台市教育局按照惯例部署全市毕业班会

① 褚宏启．中小学法律问题分析（案例篇）［M］．北京：红旗出版社，2002：15—16。（选用有改编）

考，会考成绩作为学生升入初中部学习的入学依据。东台市东台镇某小学学生杨某也参加了这次毕业考试。7月6日，学校书面通知杨某，其毕业考试成绩语文为92分、数学为90.5分。杨某认为考试成绩有误，其父亲杨父先后以书面形式向东台镇教管会和东台市教育局要求核查考分，镇上和教育局的答复都是只查积分差错，不管试题批改情况，试题即使改错了，也不纠正。因杨某的考分与江苏省东台中学初中部的录取分数线只差1分，其父母只得出资6000元让其作为“集资生”读了该校。9月24日，杨某向东台市人民法院提起行政诉讼，状告东台镇人民政府和东台市教育局拒绝履行法定职责，请求法院判决两被告对其小学数学毕业会考试卷试题批改差错情况给予复核，东台市法院受理了原告的起诉。

【评析】

根据《中华人民共和国教育法》第16条第2款：“县级以上地方各级人民政府教育行政部门主管本行政区域的教育工作”和第16条：“国务院和县级以上地方各级人民政府应当向本级人民代表大会或者其常务委员会报告教育工作和教育经费预算、决算情况，接受监督”的规定，被告东台镇人民政府不具有本案被告主体资格，应当驳回原告的起诉。

《中华人民共和国未成年人保护法》第46条规定：“未成年人的合法权益受到侵害的，被侵害人或者其监护人有权要求有关主管部门处理，或者依法向人民法院提起诉讼。”本案原告认为其考试试卷批改情况可能有差错，有权要求被告东台市教育局组织核查，被告拒绝组织核查，原告可以以教育局为被告向当地人民法院提起行政诉讼。

在本案中，东台市教育局是行政主体，小学生杨某是行政相对方，杨某与东台市教育局的关系，杨某是权利人，东台市教育局是义务人，前者有权要求在考试中获得公正的评价，后者有义务贯彻执行国家各部委的文件精神。根据《教育法》第42条规定：受教育者享有下列权利……（三）在学业成绩和品行上获得公正评价，完成规定的学业后获得相应的学业证书，学位证书。“学业成绩”应属于学生受教育权的范围，学校及有关教育主管部门应当尊重和保障学生充分行使这一权利。而被告东台市教育局拒绝为原告杨某核查试卷，可能导致原告杨某的试卷批改差错得不到纠正，从而造成原告父母财产权的损失，即差1分损失6000元。更重要的是，本案中市教育局侵害了杨某的受教育权。

(四)对学校给予的处分不服向有关部门提出申诉,对学校、教师侵犯其人身权、财产权等合法权益,提出申诉或者依法提起诉讼

这是公民申诉权和诉讼权在学生身上的具体体现。根据《民事诉讼法》的规定,学生对学校或者教师侵犯其合法权益所提起的诉讼,可分为以下几种情况:

1. 受教育者对学校侵犯其合法财产权利可提起诉讼

案例 7.18:

小学生凑钱投诉,班主任怒扇耳光①

【案情】

2000 年 2 月 23 日,某小学六年级学生李某在电视上看到"除大学可以补课外,中、小学一律不准补课"的消息后,心里很不平静,想到自己学校不但每天下午(周一至周五)补课一小时,而且还要收 40 元补课费,觉得不合理,于是根据电视上看到的电话号码给《今晚 8:00》打了投诉电话。第二天(24 日)上午回到学校的李某向其他 4 位同学说了此事。4 位同学觉得李某给他们出了一口气。为了使补课一事得到解决,他们决定每人凑 3 毛钱作为电话费继续投诉。但此事被班上其他同学知道了,并告诉了班主任曾某。

24 日下午第二节数学课,班主任曾某把李某叫到办公室,气急败坏地大骂李某是"瓜娃子,敢跟老子斗,耍长了"等,随后左右开弓,连扇李某十几耳光,打得李某鼻血长流。曾某命令李某写书面检讨,必须保证不再打投诉电话,如果记者来了,什么都不准说,否则,吃不了兜着走。

【评析】

在本案中,学校违规收费,侵害了学生的合法财产。教师曾某侵害了学生的申诉权,在知道李某申诉的事情后,又以体罚、威胁等方式侵害了李某的人身健康权和安全权,理应承担相应的教育法律责任。

2. 受教育者对学校侵犯其人身权利可提起诉讼

例如,受教育者对学校在校园管理过程中处理不当而侵害了其名誉权,有权提起诉讼。

① 邓吉力.小学生凑钱投诉 班主任怒扇耳光[N].商务早报,2000-02-26。

案例 7.19[①]**：**

【案情】

一位母亲在北京丰台区人民法院开庭审理的一桩民事案件中愤怒地要求某学校为儿子在该校所受到的伤害和侮辱索赔经济损失 75 万余元，精神损失 30 万元。

这位母亲在起诉中称，儿子 1990 年就读于丰台某小学，1994 年 7 月因考试分数低，未能升入中学，而后在该校留级。为了能让孩子继续升学，母亲应学校的要求到医院给孩子开了一张“中度智力低下”的证明，并向学校申请儿子年龄已大，不适宜留级，希望让他升入初中。然而她没想到这张证明给孩子带来了长达两年的精神伤害，学校很快把这个秘密公之于众。课上，老师当着众多同学的面多次侮辱该生是“弱智”“白痴”“大傻子”。1998 年 2 月 6 日，她的儿子被医生诊断患了精神分裂症。她认为，是学校的部分老师和学生长时间持续地对孩子打骂侮辱，才导致了这种可悲的结果，为此她向学校提出了以上赔偿要求。

【评析】

在本案中，学校侵犯了学生的隐私权，造成学生精神分裂，对此学校要承担主要责任。

隐私权亦称个人生活秘密权或生活秘密权，是指公民不愿公开或让他人知悉个人秘密的权利。我国公民的隐私权是受到法律保护的。最高人民法院关于贯彻执行《民法通则》若干问题的意见，已认定“以书面、口头等形式宣扬他人的隐私”构成侵犯公民人身权。新修订的《未成年人保护法》第 39 条规定：“任何组织或者个人不得披露未成年人的个人隐私。”《刑事诉讼法》第 152 条第 1 款规定：“有关国家秘密或者个人隐私的案件，不公开审理。”这强调了对未成年人隐私权的保护。另外，我国《刑法》《民事诉讼法》和《行政诉讼法》有关条款也规定了对隐私权的保护。在本案中，母亲及儿子对于医院所开具的“中度智力低下”的证明显然是不愿让他人知悉的，而学校却将此秘密公之于众，这无疑是对学生隐私权的侵犯。

在本案中，除了学校侵犯学生隐私权外，学校老师还当众侮辱学生，这是侵犯学生人格权的行为，违反了《教师法》《义务教育法》等法规的有关规定。

---

① 佚名．学校泄露学生隐私惹事端 [J]．教育旬刊，2008 (7. 上)：37。

根据我国《民法通则》《教育法》和《教育行政处罚条例》可对侮辱学生的教师和泄露学生隐私的有关教务人员做如下处理：(1) 由学校或教育行政部门给予教师及有关责任人员以行政处分，对于造成严重后果的教师予以解聘或撤销教师资格。(2) 受害学生属于未成年人，故由其母亲作为法定代理人要求侵权人停止侵害，恢复受害学生的名誉，在学校内消除影响，向受害学生赔礼道歉，对于受害学生的医疗费等费用予以赔偿，对于由此给学生造成的精神损害予以赔偿。

3. 受教育者对教师侵犯其人身权利可提起诉讼

值得指出的是，教师对学生的侵权行为，在法律上被认为是一种职务行为，即教师按学校安排从事日常的教学活动，是代表学校从事教学活动的职务行为，因此，教师在履行教育教学职务活动中，发生侵权行为，学校作为侵权的法人主体，因其未尽到管理职责而应对教师的职务行为承担民事责任。

4. 受教育者对学校或教师侵犯其知识产权可提起诉讼

例如，教师剽窃学生的著作权、发现权、发明权或其他科技成果权，学校强行将学生的知识产权收归学校等。除诉讼权外，受教育者对学校、学校工作人员、教师侵犯其合法权利时，可向有关申诉机构提起申诉，对学校给予的处分不服，认为所受的处分过重或不该受处分，也可提起申诉。

(五) 法律、法规规定的其他权利

即《教育法》以外的其他法律、法规规定的权利。在这里包括《宪法》《民法通则》《未成年人保护法》《义务教育法》《〈义务教育法〉实施细则》《教师法》等法律、法规，主要包括如下几项权利：

1. 受教育权

所谓受教育权是指公民为接受教育，要求国家作一定行为的权利，即公民从国家那里获得均等的受教育条件和机会的权利。法律上称为是公民的基本权利之一。受教育权是《宪法》规定的公民的一项基本权利，《宪法》第 46 条规定，公民有受教育的权利和义务。从法律意义上讲，受教育权的内涵很丰富，它既有人身权的特征，也具有财产权的属性。具体表现在受教育选择权、学籍获得权、公平评价权、听课权等方面。

(1) 受教育者根据身心发展的特点或其他情况选择学校、专业、教育形式。这是受教育权的重要内容。一般来说，义务教育阶段按照“就近入学”的原则，受教育者及其监护人没有选择的权利。在完成义务教育阶段后的学生，可以享有比较充分的选择权，其父母或监护人可根据学生身心发展的特点、爱好、志向、学习成绩等情况帮助其选择或尊重学生自己的选择。

（2）受教育者在就学和完成规定学业发生困难时，享有获取国家、家庭、社会、学校等方面援助的权利。比如，低收入家庭的子女有权享有申请贷学金的权利；身体残疾的受教育者享有为他们提供特殊教育的权利等。

（3）受教育者在教育活动中享有法律、法规以及学校章程所规定的广泛的权利。具体由《教育法》规定。

案例 7.20：

小芳的家住在农村，在村里的小学上五年级。一天，爸爸突然对她说："明天你不要去上学了，到小卖部给你妈帮忙吧，你妈一个人忙不过来。"小芳听了后，伤心地哭了。她想念书，她舍不得学校的老师和同学们。但是，她又不能不听爸爸的话，只好不去学校读书了。老师了解到小芳的情况后，找到了小芳的爸爸，劝他让小芳继续上学。小芳爸爸说："女孩子比不得男孩子，读书多了也没什么用，还不如让她在家里干活呢。再说了小芳是我的女儿，让不让她上学得由我说了算。"

显然，小芳的爸爸让小芳中途辍学的行为是违法的。《宪法》第 46 条规定：中华人民共和国公民有受教育的权利和义务。《教育法》第 9 条规定："公民不分民族、种族、性别、职业、财产状况、宗教信仰等，依法享有平等的受教育机会。"《中华人民共和国义务教育法》第 5 条规定："凡年满六周岁的儿童，不分性别、民族、种族，应当入学接受规定年限的义务教育。"另外，为保护儿童受教育权利，国家还禁止工厂、商店、个体户等雇用不满 16 周岁的儿童；女孩和男孩享有平等的权利，不能歧视女孩。

让孩子上学接受教育是法律规定的父母必须履行的义务，小芳的爸爸应当让小芳赶快回到学校继续读书。如果不改正的话，当地政府应对他进行批评教育，并责令他送小芳返回学校上学。

2. 姓名权

公民的姓名权是指公民依法决定、使用和改变自己姓名的权利，是公民作为民事主体不可缺少的一项重要权利。姓名权的内容包括自我命名权、使用权、姓名变更权，以及禁止他人侵犯自己姓名权的权利。公民的姓名权受法律保护，他人不得侵犯，任何滥用、假冒、干涉他人姓名的行为都是违法的。姓名权作为人身权的一种，与权利人的人格、名誉、尊严紧密相关，在侵权人假冒他人姓名进行非法行为时，往往给受害者造成精神上，财产上的损害。

姓名是一个人的符号和标志，每个人出生以后就有了姓名权，这意味着每个公民按照法律，有权决定使用或者改变自己的姓名。姓名权是公民最基本的人身权利，如果有人盗用或者假冒别人的姓名，或者干涉别人的姓名权，都是违法行为。

案例 7.21[①]**：**

小学生赵丽美所在的班级换了一名新老师，恰巧她的名字也叫赵丽美。有一天。赵老师对全班同学说："同学们，我给赵丽美起了一个新名字，今后大家就叫她赵丽娜。"小丽美感到很突然，回家对父母说了这件事，她的父母认为赵老师这样做不妥当，就向学校领导反映。赵老师第二天就向小丽美道了歉，并得到了小丽美和家长的谅解。

我国《民法通则》第 99 条规定，公民享有姓名权，有权决定使用和依照规定改变自己的姓名，禁止他人干涉、盗用和假冒。一旦姓名权受到侵害就要根据《民法通则》的规定加以维护，必要时可以向人民法院起诉。

3. 荣誉权

荣誉是一种正式的积极的社会评价，是社会对民事主体的一种奖励，它是社会组织依据一定的程序，对在某方面有突出表现或贡献的特定民事主体所给予的证明评价。荣誉的内容带有专门性，荣誉授予、撤销、剥夺的形式必须遵循一定的程序，荣誉所包含的利益，既包括物质利益，又包括精神利益。

4. 隐私权

隐私权作为一种民事权利，是人格权的一种。相关法律对隐私权的保护主要有：我国《宪法》第 40 条规定："中华人民共和国公民的通信自由和通信秘密受法律保护。除因国家安全或者调查刑事犯罪的需要，由公安机关或者检察机关依照法律规定的程序对通信进行检察外，任何组织或者个人不得以任何理由侵犯公民的通信自由和通信秘密。"《刑法》第 252 条规定："隐匿、放弃或非法开启他人信笺，……处一年以下有期徒刑或者拘役。"《未成年人保护法》第 30 条规定："任何组织和个人不得披露未成年人的个人隐私。"

5. 健康权

健康权是公民人身权的重要内容之一，健康权是绝对权、对世权，权利主体外的任何人都负有不得侵害其健康权的法定义务。健康权的内容一

---

① 参见李文成．老师擅自给学生改名是违法的［J］．教学与管理，2008（9）：26。

般包括健康维护权、(包括精神健康权) 健康损害救济请求权、劳动能力权等。其中健康维护权是公民维护自身生命，提高生活质量，实现人生价值的条件和基础。学生作为公民理应主张获得良好的学习，生活环境的维护权，不受到人身和精神上的损害。健康损害救济请求权，是任何人不得侵害他人的健康权，任何人的健康权也不受他人的非法侵害。当权利主体的健康权受到损害时，他就可以要求司法保护，并依法获得相应的赔偿。公民的劳动能力是公民保护自身的肌体完善的基础，是与健康程度息息相关，尤其是学生正处在长身体的发育阶段，对其身体心理健康的损害，会带来严重的后果。

案例 7.22[①]**：**

某初级中学二年级女生李某上学迟到了，老师便按照校规进行“罚操”：让她和其他 6 名同样迟到的男生一起绕操场跑 20 圈。被罚的学生中只有李某一个女生，周围还有学生在围观、起哄，这给一向沉默、老实的李某带来极大恐惧，她很紧张地在操场上跑跑停停，老师发现了她的这种行为后便把她叫到政教处狠狠训斥了一顿，并强令她跑完规定的圈数后才能回教室上课。当天早晨放学后，李某回到家里便抱头蹲在地上，哭笑不止。家人吓坏了，立即将她送到了精神病医院进行诊治。李某的病情经河南省精神病医院精神疾病鉴定委员会司法鉴定为急性应激性精神病，与学校“罚操”事件直接相关。因李某家人与校方就赔偿事宜达不成一致意见形成纠纷，遂将学校诉至法庭，要求被告赔偿医疗费、鉴定费、精神损失费共计 81 895 元，诉讼费用由被告负担。

日前，法院作出判决：原告胜诉，被告某初级中学赔偿原告李某医疗费、检查费、鉴定费、精神抚慰金等共计 13 915 元。

这是一起教师侵犯学生人身权 (健康权)，致使其受到精神损害的典型案例，不仅使学生在肉体上承受痛苦以外，还受到心理上的强烈刺激，以致遭受精神上的痛苦，严重侵犯了学生健康权。

三、学生的法定义务

学生的法定义务是指学生依照教育法及其他有关法律、法规，参加教育活动中必须履行的义务。表现为学生在教育活动中必须作出一定行为或不得作出一定行为。依学生就读学校的类别和学生年龄的不同，学生的具

① 参见史欣．“体罚”学生酿悲剧 [J]．教育旬刊，2008 (9. 上)：47。

体义务各有差别。《教育法》第43条规定了受教育者的以下义务：

（一）遵守法律、法规

这是对受教育者作为社会公民最基本的规范，遵守法律、法规，既包括宪法、法律、行政法规，也包括教育法律、法规和有关教育的规章。

（二）遵守学生行为规范，尊敬师长，养成良好的思想品德和行为习惯

“学生行为规范”特指原国家教委颁发的《小学生日常行为规范》《中学生日常行为规范》（试行）《高等学校学生行为准则》（试行）。这三个规章集中体现了国家对学生在政治、思想、品德方面的基本要求。

（三）努力学习，完成规定的学习任务

学生进入学校就意味着承担了接受教育的义务。对义务教育阶段的学生来说，这种义务是强迫的；对非义务教育阶段的学生来说，这是依自愿入学在享受教育权利同时应承担的义务。它同时也是学生获得学业证书权利的前提。任何一个教育阶段的学习任务都包括两种：一种是结果性的，即某一教育阶段教学计划规定的受教育者在该教育阶段结束时所应完成的学习任务；一种是过程性的，是受教育者为完成某一教育阶段总的学习任务而要完成的日常的、大量的、具体的学习任务，是量的积累。这两种性质的学习任务是相辅相成的，受教育者应按时完成。

（四）遵守所在学校或者其他教育机构的管理制度

该义务主要包括以下几方面：①遵守其所在教育机构的思想政治教育管理制度。②遵守其所在教育机构的教学管理制度。③遵守其所在教育机构的学籍管理制度。包括入学注册，成绩考核，对升级、留级、转学、复学、休学、退学的处理，考勤记录，纪律教育，奖励处分以及对学生毕业资格的审查等管理规定。④遵守其所在教育机构的体育管理、卫生管理、图书仪器管理、校园管理等方面的制度。

【思考与练习】

1. 研读附录的《教育法》《教师法》《义务教育法》，了解三部法律文本的立法宗旨，主要内容，记住与己关联密切的法律条文。

2. 阅读案例：

2001年12月19日下午，某小学三（1）班学生在学校的音乐教室里上音乐课。音乐老师丁某弹钢琴时，坐在下面的王同学一直在说话。丁老师开始“警告”王同学：在课堂上不要讲话了，如果再讲话，就用胶带纸把嘴巴封起来。但9岁的王同学没有听老师的话，又开始自言自语。这回，丁老师火了，立刻站起来，走到王同学跟前，掏出一段封箱胶带纸贴在了他的嘴上。在场所有的学生一下子哄堂大笑，而此刻的王同学却大哭起来，但丁老师见状，没有理会，继续上课。就这样，王同学被封住嘴巴上完了大半截音乐课，在同学们的笑声中一路哭回了教室。

试分析：本案的涉案主体有哪些？当事人违反了什么法律，应当承担什么责任？本案对你有哪些启示？

3. 阅读案例：

某小学为方便统一管理学生上下学，与家长协商后每天用校车在约定的站点接送学生上下学，并收取一定费用。去年元旦前夕，学校决定12月31日下午2点半放学（比平时提前一小时），12月28日，学校将临时变动放学时间的通知提前两天写在教室的黑板上，让学生们向家长转告。当天下午2点半，校车把孩子们送到指定接送点，家长们一一将自己的孩子领走了。但7岁的陈某忘记将学校提前放学的通知告诉父母，家长不知变故，没有按照变动后的时间提前到接车点来接孩子。陈某从校车中跑出来后，没有看到家长来接，就急急忙忙跑向马路，准备自己回家。在路中央时，被一辆急速驶来的大货车撞倒，当场死亡。

试分析：对陈某的死亡，责任在谁？为什么？

主要参考文献

[1] 教育部师范司编．教师专业化的理论和实践［M］．北京：人民教育出版社，2001

[2] 檀传宝．教师伦理学专题［M］．北京：北京师范大学出版社，2000

[3] 苏霍姆林斯基．给教师的建议［M］．北京：教育科学出版社，1984

[4] 约翰·杜威．民主主义与教育（第2版）［M］．北京：人民教育出版社，2001

[5] 亚里士多德．尼各马科伦理学［M］．北京：中国人民大学出版社，2003

[6] 赵汀阳．论可能生活(修订版)［M］．北京：中国人民大学出版社，2004

[7] 叶澜．教师角色与教师发展新探［M］．北京：教育科学出版社，2001

[8] 钱焕琦．教师职业道德(第2版)［M］．上海：华东师范大学出版社，2011

[9] 傅维利．教师职业道德教育指南（第2版）［M］．北京：高等教育出版社，2009

[10] 艾·弗洛姆．爱的艺术［M］．上海：上海译文出版社，2008

[11] 迈克·富兰．变革的力量［M］．北京：教育科学出版社，2000

[12] 唐凯麟．西方伦理学名著提要［M］．南昌：江西人民出版社，2000

[13] 林崇德．教育的智慧［M］．北京：北京师范大学出版社，2007

[14] 陈大伟．创造幸福的教师生活（第2版）［M］．成都：四川大学出版社，2005

[15] 刘次林．幸福教育论［M］．北京：人民教育出版社，2003

[16] 教育部师范教育司组织编写．新世纪教师职业道德修养［M］．北京：教育科学出版社，2002

[17] 教育部师范教育司组织编写．中小学教师职业道德修养［M］．长春：东北师范大学出版社，1999

[18] 李春铃．教师职业道德［M］．北京：人民文学出版社，2005

[19] 黄正平，刘守旗．教师职业道德新编[M]．南京：南京大学出版社，2010

[20] 王忠桥．教师道德教程［M］．北京：教育科学出版社，1999

[21] 张桂华，陆伟英．思想道德修养［M］．北京：清华大学出版社，2004

[22] 刘晓明．关注教师的心理成长：教师职业道德的养成［M］．长春：东北师范大学出版社，2005

[23] 王可植．教师职业道德［M］．成都：四川教育出版社，2000

[24] 褚宏启．中小学法律问题分析（案例篇）［M］．北京：红旗出版社，2002
[25] 张乐天．教育法规导读(第 3 版)［M］．上海：华东师范大学出版社，2007
[26] 张光杰．法理学导论［M］．上海：复旦大学出版社，2006
[27] 张乐天．教育政策法规的理论与实践（第 2 版）［M］．上海：华东师范大学出版社，2009